新世纪的 ESG金融

邱慈观 著

ESG Finance
in the New Era

上海交通大学出版社
SHANGHAI JIAO TONG UNIVERSITY PRESS

内容提要

　　ESG投资与ESG实践突破传统格局,统摄多元视角,富含人文情怀,是当代全球前沿趋势。本书为国内第一本ESG专著,由金融权威学者撰写,全面论及ESG在国内外市场的现况及展望。内容循序渐进,深入浅出,梳理概念,勾勒框架,剖析ESG实践的理论基础、行业差异和绩效披露等议题,探索ESG投资的动机、数据、产品及回报等议题。本书特别聚焦于国内市场,探讨投资人构成、超额回报、碳中和目标等议题,并从前瞻性视角解析ESG的未来趋势。

图书在版编目(CIP)数据

　　新世纪的ESG金融 / 邱慈观著. —上海 :上海交通大学出版社,2021.11(2022.12重印)

　　ISBN 978-7-313-25606-5

　　Ⅰ.①新… Ⅱ.①邱… Ⅲ.①金融—文集 Ⅳ.
①F83-53

　　中国版本图书馆CIP数据核字(2021)第206106号

新世纪的ESG金融
XINSHIJI DE ESG JINRONG

著　　　者：邱慈观			
出版发行：上海交通大学出版社		地　　　址：上海市番禺路951号
邮政编码：200030		电　　　话：021-64071208
印　　　刷：常熟市文化印刷有限公司		经　　　销：全国新华书店
开　　　本：710mm×1000mm　1/16		印　　　张：18.75
字　　　数：241千字		
版　　　次：2021年11月第1版		印　　　次：2022年12月第3次印刷
书　　　号：ISBN 978-7-313-25606-5		
定　　　价：78.00元		

序

　　近代工业文明发展迅速,提升人类福祉之余,却也导致生态失衡以及一系列经济和社会问题。20世纪后期,温室效应、极端气候成为全球关注焦点,商业的社会责任亦引起广泛重视。中国工业化进程虽晚,但也面临经济和社会可持续发展方面的挑战,改革开放以来,如何促进经济增长、社会进步和生态文明的协调发展成为愈加重要的问题,在面对攸关人类命运的重大课题时,立足新发展阶段、贯彻新发展理念、构建新发展格局显示了中国的态度和决心。相较于老牌发达国家,相关任务比如环境生态对中国的挑战更为艰巨,尤其是2060年的碳中和目标,更需国际国内及各行各业通力合作,金融界不会更不应该缺席,专家学者亦当尽力,邱慈观教授关于ESG金融的专著此时出版,值得重视。

　　ESG金融为当代新兴领域,旨在运用金融工具引导企业协助解决环境问题和社会问题。国际上,有些国家较早涉足ESG领域,探索过程成败相参,累积不少经验。他山之石,可以攻玉,中国近年开始关注此一领域,本书对于国际前沿发展多有论述,亦可提供国内借鉴。为求达成ESG金融的预期成效,需要更深入的理论探讨与更详尽的实务解析。本书以前沿学术研究成果为基础,引介最新发展趋势,对相关理论进行细致梳理,更连接实践经验。凡此,不仅有助于深入认识ESG,更有助于实务之推动。面对世界局势,中国举足轻重,于ESG的贡献多一分,世界福祉也就增加一分,本书对于促进ESG中国与全球同道相向而行、携手并进亦有好处。

ESG 方兴未艾,环顾同类著作,本书有下述特点,颇值一提。首先,本书系统完整,理论框架清晰,厘清 ESG 实践和 ESG 投资的各自分际,并强调投资行为与企业实践之间的密切关系。其次,本书除了阐明 ESG 的基础性知识,亦对前沿性问题进行深入分析,兼顾基础性与前沿性。再者,本书不仅详述 ESG 的国际发展状况,同时特别着墨于国内的实际推动现况,将有助国际和国内进一步的交流与合作。最后,本书以 ESG 理论研究为基础,同时提出具体案例,加以解析。其间尤能展现理论和案例的深度结合:以理论说明案例,借以发掘案例的实践作用;以案例验证理论,有助于掌握理论的实质意义。

邱教授是本人在上海高级金融学院的同事,治学严谨,对学问执着而专注。她富含人文关怀,自许读书人当心怀家国天下而治学,亦期许钻研多年之金融专业能对人类福祉和社会发展做出更积极之贡献。她深知理想之实现非一人可成,而必赖众人之力,故于教学研究之余,提笔撰文,推广理念,更与业界、实践者保持密切互动,以期学术与实务相辅相成,共同促进 ESG 发展。在与邱教授的交流中我经常受到她专业素养的启发与人文情怀的感染,有缘共事,甚感荣幸。宏文大作,已先睹为快,大力推荐,也实为我愿。

是为序。

屠光绍

上海交通大学上海高级金融学院理事会执行理事

自　序

从 2006 年开始探索 ESG 相关议题，至今已十五年。起初是个机缘，当时我任教的海外高校新推出 Green EMBA 项目，请我开发一些绿色课程，包括企业社会责任、社会责任投资、碳金融等。在那个年代，ESG 一词尚未崛起，"ESG 实践"被称为"企业社会责任"（corporate social responsibility，CSR），"ESG 投资"是"社会责任投资"（socially responsible investing，SRI），而"碳金融"一词刚随着《京都议定书》开始生效而浮出台面。

那时亚洲高校罕见此类课程，涉足其中的学者仅零星几位。幸运的是，我找到一群志同道合的教授朋友，大家都被 ESG 的关怀维度所触动，都希望能不再围于技术、盈利目标和股东视角，而能以温润的人文情怀，迈向宽广的社会目标，涉及多方利益相关者。

为了砥砺新知，加深对 ESG 的理解，我们带着研究生组成读书会，定期研讨，解析学术研究观点，探讨实务应用方向。那段期间，凭着满腔热情，我们启动了不少项目，其中包括证券交易所的上市公司 ESG 披露研究课题、全球可持续报告纲领的编译，以及公司治理评级框架的拟订等。读书会持续了几年，努力逐渐累积，结成丰硕的果实。譬如，交易所课题后来落实为企业的 ESG 披露指南，全球可持续报告纲领的编译后来发展为我的学术论文，公司治理评级框架后来衍生出亚洲第一套 ESG 数据。此外，我们指导的研究生也不落人后，毕业后纷纷进入企业的 ESG 部门任职，帮助企业优化 ESG 实践，使之终至引领同侪，甚至入选道琼斯可持续发展指数，成为行业领袖。

由于开始投入 ESG 的时间较早,我同时见证了 ESG 投资积渐成变的历程。

ESG 是伞式术语,其下涵盖 ESG 实践与 ESG 投资两个领域。简言之,从实务层面看,ESG 实践的参与主体是企业,而 ESG 投资的参与主体是资产所有人和资产管理人。从理论层面看,ESG 实践属于管理经济学的领域,而 ESG 投资属于金融学的领域,需要投资组合理论的支撑。

ESG 实践的发展远比 ESG 投资要早,其背后的重要理论也在 1990 年代就已发展完整。ESG 投资则不然,它于 1970 年代在欧美启动,但在前三十年发展历程里一直相当边缘化,被视为一种特色投资方式,而未能纳入主流金融的殿堂。由于具体管理规模有限,ESG 投资难获主流金融学家的青睐,其背后理论也几未开发。因此,ESG 投资行业的先行者、KLD 数据库的联合创始人 Steve Lydenberg 曾写过一篇文章,探讨推动 ESG 投资所面临的挑战,特别是来自法律法规、社会价值、文化认知框架等机构因素的障碍。

不过,在我投入 ESG 的过程中,最明显的变化是 ESG 投资的主流化,无论实践或学术皆然。实践方面,ESG 投资由一个微弱市场演变为全球资产规模近四十万亿美元的市场,其平均投资组合占比已达 33%。换言之,全球投资人每投资一元,其中 0.33 元就落在 ESG 资产上。学术方面,在很长一段时间里,ESG 投资的学术论文一直未能进入金融学的三大顶级期刊,而只能登在管理学期刊及普通金融学期刊。这种情况在最近几年有所改变,基于 ESG 视角针对传统金融学进行修正的论文不断出炉,更陆续被纳入金融学的顶级期刊。特别是,三大顶级期刊之一的《金融研究评论》(*Review of Financial Studies*),2020 年推出气候金融专集,其中不乏诺贝尔奖级学者的论文,表明可持续金融受到的重视非比寻常。

这种改变当然有其外在因素。特别是,过去十五年里,世界上

ESG 相关的各种变化程度加剧、速度加快,其中包括气候异常、全球暖化、自然资源匮乏、人口结构改变、贫富差距恶化、种族分歧严重、贸易壁垒高筑等。这些变化虽然使世界更不公平,前景更不确定,但同时驱动了各方的反省和变革。在此,有利于 ESG 投资发展的机构背景也逐渐形成,如 ESG 投资相关新规则的制订、可持续发展导向价值观的兴起,以及企业文化向长期视角的转型等。

事实上,在读书会伙伴探讨 ESG 投资的日子里,我们常以 Steve Lydenberg 那篇《ESG 投资主流化的白日梦》相互激励,而未曾料想这类投资有朝一日真能成为主流。如今梦想成真,对于深耕 ESG 领域的老兵,这是鼓舞、喜悦,更是荣耀。

身为学者,我站在学术研究的基础上,形成个人对 ESG 议题的独特看法。在承接政府 ESG 相关课题及担任企业顾问的工作中,我累积了丰富的实务经验,也深化了自己对 ESG 具体运作的理解。作为知识分子,我关切社会发展与时事,更通过管理学和金融学理论基础所凝练出的判断力,对现实世界里的 ESG 予以剖析,写成近百篇专文,其中部分纳入先前出版的《可持续金融》,另一些则纳入这次出版的《新世纪的 ESG 金融》。

新书以"新世纪"和"ESG 金融"为名,是放在新时代前瞻性视角下看 ESG。新书内容以 ESG 投资为主,以 ESG 实践为辅,并以宏观的"金融"名之。《新世纪的 ESG 金融》有五部分,收录了 32 篇专文,撰写时间从 2020 年初到 2021 年中,各篇专文都已先后在《陆家嘴》、FT 中文网、新华社、澎湃商学院、财新网等平台发布。

本书第一部分为导论,从 ESG 实践和 ESG 投资两方面,予以概念梳理和框架勾勒。第二部分是 ESG 实践,对于相关的管理经济学基础、行业差异、绩效披露等议题,通过企业实践案例加以剖析。第三部分是 ESG 投资,对于投资策略、产品、财务回报、投资动机等议题,基于对国内外发展的观察而进行探索。第四部分是 ESG 数据和绩效评估,就相关数据来源、投资人回应及产品绩效披露等议题,基于世界最新发展而进行解析。第五部分是 ESG 在中国,这部分特别聚焦于国内市场,探讨散户投资人、投资人构成、超额回报、碳中和目标等议题。

本书能顺利完成,自然少不了多方的支持。上海高级金融学院提供卓越的教研环境,鼓励我学以致用。院领导屠光绍教授对 ESG 有恢宏格局和精辟眼光,时予点拨,受益良多。书成之日,更慨允赐序。严弘院长素来鼓励前沿领域开发,每于关键环节,必全力给予实质支援。本书相关研究由张旭华和王昊月协助,出版获得学院可持续金融学科发展专项基金赞助,诸多支持,铭感于心,不尽一一。

邱慈观

目　录

第一部分　导论 ……………………………………………………… 001

　　从ESG实践到ESG投资：概念梳理和框架勾勒 ……………… 002

第二部分　ESG实践 ………………………………………………… 019

　　与星巴克相比，瑞幸关心ESG吗 ……………………………… 020

　　咖啡背后的平衡 ………………………………………………… 026

　　特斯拉的ESG ………………………………………………… 034

　　由亚马逊经验看电商的ESG责任 ……………………………… 042

　　手机ESG：苹果的另一面 ……………………………………… 050

　　ESG会增加企业价值吗 ………………………………………… 057

第三部分　ESG投资 ………………………………………………… 073

　　疫情危机下的ESG投资 ………………………………………… 074

　　疫情下债券市场的特别行动 …………………………………… 086

　　社会主题债券五问 ……………………………………………… 094

　　企业绿债与漂绿疑云 …………………………………………… 100

　　ESG投资：固定收益领域的应用与挑战 …………………… 108

　　扭转苹果：股东积极主义在国内可行吗 ……………………… 117

　　解读ESG相关的ETF …………………………………………… 124

　　ESG投资能创造社会价值吗 …………………………………… 134

ESG投资有超额收益吗 ⋯⋯⋯⋯⋯⋯⋯⋯⋯⋯⋯⋯⋯ 143

影响力投资重塑了资本主义吗 ⋯⋯⋯⋯⋯⋯⋯⋯⋯⋯ 152

第四部分　ESG 数据和绩效评估 ⋯⋯⋯⋯⋯⋯⋯⋯ 161

金融科技赋能 ESG 数据 ⋯⋯⋯⋯⋯⋯⋯⋯⋯⋯⋯⋯⋯ 162

ESG 评级会影响基金申购吗 ⋯⋯⋯⋯⋯⋯⋯⋯⋯⋯⋯ 168

ESG 评级应该万流归宗吗 ⋯⋯⋯⋯⋯⋯⋯⋯⋯⋯⋯⋯ 176

ESG 影响力评估：机遇与挑战 ⋯⋯⋯⋯⋯⋯⋯⋯⋯⋯ 186

影响力投资：开发银行的借鉴 ⋯⋯⋯⋯⋯⋯⋯⋯⋯⋯ 196

防止装点门面：ESG 投资产品信息披露 ⋯⋯⋯⋯⋯⋯ 206

第五部分　ESG 在中国 ⋯⋯⋯⋯⋯⋯⋯⋯⋯⋯⋯⋯ 217

中国ESG市场：棕色投资人与超额回报幻象 ⋯⋯⋯⋯ 218

中国ESG市场：产品界定与 ESG-alpha 预期 ⋯⋯⋯⋯ 226

中国ESG投资：散户何时进场 ⋯⋯⋯⋯⋯⋯⋯⋯⋯⋯ 233

中国ESG：架起中外资本市场的桥梁 ⋯⋯⋯⋯⋯⋯⋯ 243

碳中和目标的投资想象 ⋯⋯⋯⋯⋯⋯⋯⋯⋯⋯⋯⋯⋯ 249

碳中和目标：丰收前的耕耘 ⋯⋯⋯⋯⋯⋯⋯⋯⋯⋯⋯ 256

中国公众急救领域的资本困局 ⋯⋯⋯⋯⋯⋯⋯⋯⋯⋯ 263

影响力投资英文教学案例：中国首发 ⋯⋯⋯⋯⋯⋯⋯ 269

可持续金融：课程定位和内容设计 ⋯⋯⋯⋯⋯⋯⋯⋯ 278

第一部分　导　论

● 从 ESG 实践到 ESG 投资：概念梳理和框架勾勒

自从 ESG 在国内兴起后，各种组织先后参与，热情拥抱。

观察后会发现，其中涉及两种 ESG 行为，一种由实体企业展开，另一种由投资人展开。实体企业展开的，是在管理流程中纳入 ESG，即一般所谓的 ESG 实践（ESG practice）。投资人展开的，是在投资研究、投资决定和投资管理流程中纳入 ESG，即一般所谓的 ESG 投资（ESG investing）。

ESG 实践与 ESG 投资的共同处在于二者具有相同的 ESG 价值趋向。这种价值趋向有更广阔的关怀维度，涉及多方利益相关者，不仅包括股东，也同时包括顾客、员工、供应商、社区、生态环境等。涉入 ESG 实践的企业，将有别于以股东为中心的传统实践，而关注多方利益相关者（Freeman，1984；Donaldson 和 Preston，1995；Mitchell 等，2016）。同样的，ESG 投资亦不同于只考虑风险和回报的传统投资，而会考虑资金对社会及生态环境产生的影响（Kurtz，2008）。

然而，无论是企业的管理流程或投资人的投资流程，当决策框架中纳入 ESG 时，复杂度增高，更衍生出很多问题，譬如 ESG 实践的动机、ESG 的度量方式、ESG 实践的社会价值、ESG 投资的回报等。这些问题受到高度关注，也产生丰富的市场报告及学术论文。

事实上，ESG 是最近十余年才流行的词语，过去无论是 ESG 实践还是 ESG 投资都另有正统名称，在学术研究上甚至一直沿用至今。广为人知的，企业社会责任（corporate social responsibility，CSR）是 ESG 实践的正统名称。ESG 投资的正统名称几经更迭，早期以"社会责任投资"较普遍，近几年则被包含在更宽广的"可持续金融"之下。

ESG 的发展历史悠久，企业实践先出现，投资实践后出现。企业的 ESG 实践始于 19 世纪下半叶，迄今已有 150 年历史。这部分的学术研究属于管理经济学领域，始于 20 世纪 1970 年代，迄今已半世纪，发展出丰硕理论（Carroll，2008）。ESG 投资实践崛起于 20 世纪 1970 年代，从负面剔除法、同类最佳法到影响力投资，迄今已发展出七种投资。这部分的学术研究属于金融学领域，之前少有发展，近几年快速跃进，以优化现代投资组合理论所欠缺的 ESG 为研究重点（Louche 和 Lydenberg，2010；Liang 和 Renneboog，2020）。

在时代背景下，多年前本人就启动了 ESG 研究课题，开发了几门课程，包括可持续金融、影响力投资、企业社会责任等。另外，本人关切社会发展与时事，通过管理学和金融学理论基础所凝练出的判断力，对现实世界里的 ESG 实践和 ESG 投资予以剖析，写成近百篇专文，其中部分纳入先前出版的《可持续金融》，其他部分纳入这次出版的《新世纪的 ESG 金融》。

新书以"新世纪"和"ESG 金融"为名，是放在新时代前瞻性视角下看 ESG。新书内容以 ESG 投资为主，以 ESG 实践为辅，并以宏观的"金融"名之。更重要的是，ESG 富有人文色彩，超脱了狭隘的盈利目标和股东视角，迈向宽广的社会目标，涉及多方利益相关者。

这篇导言从 ESG 实践论及 ESG 投资，除对相关概念进行梳理、对重要议题予以界定外，更将这些议题与书中专文相连，以勾勒新书框架。各篇专文于先前独立写成，内容反映本人近年主要关怀。框架勾勒系将各篇专文与相应的 ESG 问题相连，各入其类，各归其位。各 ESG 问题将于后续专文详论，故下述导言仅列问题纲目。

ESG 实践：范畴、议题、对应主体及问题

熟悉 ESG 概念的人士都知道，各方对 ESG 的看法未必相同，会依

外在的机构背景、时代背景、主观信仰、客观竞争环境等因素而造成差异。

在 ESG 的发展上,最早出现的是公益慈善行为,包括企业捐赠和志愿者服务,也形成美国企业 19 世纪及 20 世纪前半叶的 ESG 实践主流。1970 年代以后,ESG 实践渐趋多样化,先发展了社会维度 S,再发展环境维度 E,最后发展治理维度 G,也形成了完整的 ESG 实践(Carroll,2008)。不容否认,这些发展背后都有特殊的历史原因,譬如上世纪和本世纪之交所发生的多件会计弊案,凸显了公司治理议题的重要性。

范畴与议题

特别是,近年来学者、业者、民间倡议组织,乃至联合国、OECD 等跨政府组织都对 ESG 做了某种界定。ESG 包含环境、社会和公司治理三个范畴,各方对此看法比较一致,但对三个范畴下分别涵盖哪些主题与议题,以及其相对重要性,看法则相当不一致。比较这些界定后会发现,各方对 E 的共识最高,其次为 S,最不明确的是 G,其中涵盖的议题从股东权益保护到商业伦理相关的反垄断、反贪污、反诈欺、互联网平台治理等都有。

在具体界定上,ESG 常以三级方式界定,第一级是 E、S、G 这三支柱,第二级是主题,第三级是议题。为便于理解,我们以 MSCI 的评级框架说明。在此,三支柱下有 10 个主题,分别是 E 支柱下的气候变化、自然资源、污染及废弃物和环境机遇,S 支柱下的人力资本、产品责任、利益相关者反对意见和社会机遇,以及 G 支柱下的公司治理和企业行为。第三级有 37 个议题,包括碳排放、能源效率、产品安全与质量、供应链劳动力标准、隐私与数据安全、会计透明性、商业伦理等,细节可参考表 1(MSCI,2019)。

表 1　从 MSCI 的 ESG 评级框架看 ESG 议题

3 个维度（支柱）	10 个主题	37 个 ESG 关键议题	
环境	气候变化	碳排放 能源效率 产品碳足迹	环境影响力融资 气候变化脆弱性
	自然资源	水资源短缺 生物多样性和土地利用	原材料采购
	污染与废弃物	有毒物质排放与废弃物 包装材料废弃物	电子废弃物
	环境治理机遇	提高清洁技术的可能性	再生能源机遇
社会	人力资本	人力资源管理 员工健康与安全	人力资源发展 供应链劳动力标准
	产品责任	产品安全与质量 化学物质安全 金融产品安全	隐私与数据安全 尽职调查 健康与人口增长风险
	利益相关者反对意见	有争议的物资采购	
	社会机遇	社会沟通的途径 融资途径	医疗可得性 员工医疗保健机会
内部治理	公司治理	董事会 工资、股利、福利等	股东 审计与会计
	公司行为	商业道德 反竞争行为 纳税透明度	腐败与不稳定性 金融系统不稳定性

对应主体：利益相关方

更具体地，表 1 中的各 ESG 议题可对应于明确的利益相关方。譬如，生物多样性和土地使用议题直接对应的利益相关方是生态环境，但它们也会间接影响其他利益相关方。产品安全与质量议题对应的利益相关方是顾客，员工健康与安全议题对应的利益相关方是员工，供应链劳动力标准议题明显对应的是供应商。董事会议题包括董事会组成、独立性、多样性等特性,反映它代表股东监督职业经理人管理效能的质量,主要对应的利益相关方当然是股东。

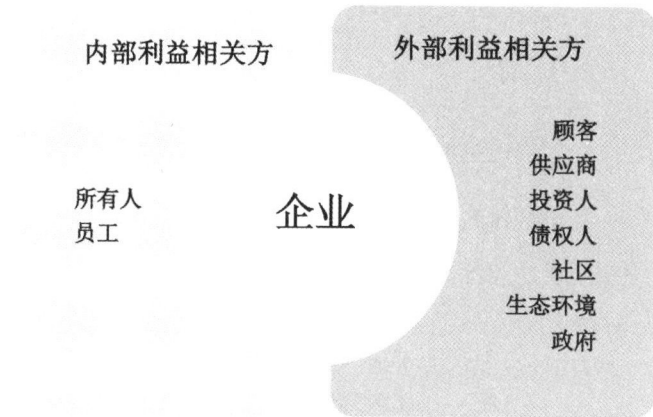

图 1　企业的利益相关方

MSCI 对 ESG 的界定只是现有的众多界定之一,但略微思考上表含义后,会发现其中涉及很多问题。譬如,企业实践 ESG 背后的动机为何? ESG 实践的成果如何度量? 如何披露? 这 37 个议题是否有跨国差异性? 行业差异性? 甚至个别组织差异性? 当企业资源有限时,应该把资源集中在 37 个议题中的哪几个? 企业实践 ESG 能为其创造价值吗? 另外,企业和其特定的利益相关方共同实践 ESG 时,受益者是单方抑或双方? 诸如此类,众多问题都值得深究。

问题与研究

上面这些问题都很重要,素为各方讨论重点,学者更展开了大量研究。有关 ESG 的内容,研究表明其中有法律法规层面的,也有超越法规的伦理层面(Carroll,1991;Windsor,2006)。有关 ESG 实践的动机,学者陆续发展出几套理论,分别从策略、机构、资源、商业、全球治理的视角,来解释企业何以涉入 ESG(Donaldson 和 Preston,1995;

Matten 和 Moon，2008；Jones，1995；McWilliams 和 Siegel，2001；Scherer 和 Palazzo，2007）。有关 ESG 实践的管理经济学基础，学者从股东优先说、契约联结说、利益相关者说、市场失效说等立场，分别形成理论，而诺贝尔奖级经济学家亦身列其中，包括 Friedman，Williamson 和 Tiróle（Friedman，1970；Williamson，1981；Benabou 和 Tiróle，2010）。有关 ESG 实践的披露，民间倡议组织和会计专家先后开发了几套披露准则，作为企业编写 ESG 报告的框架（Christensen 等，2021）。有关 ESG 实践与企业绩效之间的关系，通过对 ESG 实践内容的分类、企业绩效的诠释等工作，学者研究也有一定的发现（Deng 等，2013；Dai 等，2021；Lins 等，2017）。

如前所言，《新世纪的 ESG 金融》系通过本人基于学理所凝练出的判断力，用以剖析真实世界里的现象。以下先针对 ESG 实践，列出本书及《可持续金融》论及的问题，以及书中相对应的专文。

✓ 企业 ESG 实践的管理经济学基础：

《ESG 会增加企业价值吗》

✓ 企业 ESG 实践的行业独特性：

《特斯拉的 ESG》

《由亚马逊经验看电商的 ESG 责任》

《金融机构的 CSR》

✓ 企业 ESG 实践的动机：

《咖啡背后的平衡》

《责任与策略》

《CSR 的驱动力》

✓ 企业 ESG 实践与价值创造：

《手机 ESG：苹果的另一面》

《ESG 会增加企业价值吗》

✓ 企业 ESG 实践的绩效披露：

《ESG 影响力评估：机遇与挑战》

ESG 投资：价值链、策略界定、市场结构及问题

企业的 ESG 实践并不会直接产生 ESG 投资，因为后者是一种纳入 ESG 的投资方式，通常由 ESG 投资人驱动，由金融中介展开，以形成具体的 ESG 投资策略或金融产品。投资过程需要使用 ESG 数据，投资结果需要以 ESG 绩效来表明，凸显了它有别于未纳入 ESG 视角的传统投资。

价值链

简言之，ESG 投资是指把 ESG 纳入投资流程和相应的投资研究流程中。ESG 投资的参与主体是资产所有人（asset owner，AO）与资产管理人（asset manager，AM），而实体企业是被投资方。更具体地，从 ESG 投资价值链的上、中、下端看，上端为投资人或资产所有人，譬如养老基金、保险公司，甚至散户投资人等。中端是金融中介，也就是资产管理人，其中包括银行、资管公司、基金公司等。下端是被投资方，即 ESG 实践者。

多方研究表明，ESG 投资由上端向下端驱动，主要由投资方驱动，而作为受托人的金融中介则积极回应，形成各种 ESG 投资产品以供选择。在此，投资人对 ESG 价值观的拥抱、积极股东主义的盛行、金融中介对受托人职责的新诠释、ESG 标准内化于投资研究等因素，都足以推动 ESG 投资。在此过程中，实体企业会以强化 ESG 实践的方式来回应社会预期的改变，但由其倒逼而促成 ESG 投资则相当罕见。

投资策略界定

实务上，ESG 投资由旗下的七种 ESG 投资策略来界定，这是由联合国负责任投资原则、欧洲社会投资论坛等倡议组织所汇集的行业共识。七种策略包括负面剔除法、依公约剔除法、同类最佳法、可持续主题投资法、ESG 整合法、积极股东法，以及影响力投资。各策略崛起于

特殊的历史背景,形成其理念基础,且对投资之财务回报和 ESG 后果的相容性持有独特看法。

譬如,负面剔除法崛起于美国反战、反种族歧视的时代,在 1971 年首度由 Pax World Fund 推出,以激进方式释出不合乎价值观的持股。积极股东法于 1980 年代出现于美国,以改变持股公司的 ESG 政策、推动社会前进为行动基础。同类最佳法于 1990 年首度由 Domini 400 Social Index(现改名 MSCI 400 Social Index)推出,以融合财务回报与 ESG 绩效的方式来挑选投资标的。影响力投资一词于 2007 年崛起,具有以资本驱动社会前行的积极性,故其中有部分投资人愿意以接受让步回报率的方式来换取 ESG 影响力。

ESG 金融产品系金融中介通过这些策略的使用而设计的,七种策略可以单独使用,也可复合使用。产品设计会依理念、价值观及目标客群等因素而定。譬如,MSCI 的天主教价值观指数是依宗教价值观,通过负面剔除法排除某些不符教义的行业股,其中包括堕胎相关设施行业、干细胞行业等。又譬如,华宝绿色主题混合基金针对国内市场兴起的绿色诉求,模仿英国富时指数对"绿色收入"的界定,通过可持续主题式投资策略进行选股。

市场结构

全球各地区的 ESG 投资行业组织会定期基于七种策略,分别对基金经理人所管理的资产规模进行统计。依 2020 年全球可持续投资协会(GSIA)对全球规模统计,七大 ESG 投资策略中以 ESG 整合法所管理的资产规模最大(25.159 万亿美元),负面剔除法次之(15.031 万亿美元),积极股东法再次之(10.503 万亿美元)。接下来为依公约剔除法(4.139 万亿美元)、可持续投资法(1.947 万亿美元)和同类最佳法(1.385万亿美元),而影响力投资的资产规模则最小(0.352 万亿美元)。

表 2　七大 ESG 投资策略所管里的资产规模（单位：10 亿美元）

	ESG 整合法	负面 剔除法	积极 股东法	依公约 剔除法	可持续 主题法	同类 最佳法	影响力 投资
欧洲	4 140	9 242	4 743	3 074	145	572	212
美国	16 059	3 404	1 980		1 688	658	106
加拿大	2 302	1 042	2 045	803	37	16	16
澳大利亚	794	89			3	3	17
日本	1900	1254	1735	262	74	136	1
合计	25 159	15 031	10 503	4 139	1 947	1 385	352

来源：作者依 GSIA 数据整理

不过，ESG 资产在投资人整体资产中的占比，各地区的差异很大，反映了当地推进 ESG 投资的情况。以全球而言，比例大约是 36%，表示投资人每投资 3 元里，其中 1.08 元投资于 ESG 资产。欧美的 ESG 投资发展已久，不仅被许多国家纳入法规，更广为民众所接受，故 ESG 资产占比在欧洲、美国、加拿大和澳大利亚等地分别高达 41.6%、33.2%、61.8% 和 37.9%。日本原以传统投资为主，但在其政府社保投资基金积极推动后，ESG 投资蓬勃发展，目前占比已达 24.3%（GSIA，2018）。至于中国，ESG 投资起步晚，且市场结构、投资生态等都形成发展这类投资的阻碍，故目前占比还未及 1%。

表 3　各地区 ESG 资产占比

	欧洲	美国	加拿大	澳大利亚	日本	中国
ESG 资产占比	41.6%	33.2%	61.8%	37.9%	24.3%	0.6%
非 ESG 资产占比	58.4%	66.8%	38.2%	62.1%	75.7%	99.4%

来源：作者整理

ESG 投资背后有理念和价值观做基础，需要相当的底蕴才能理解，这也形成一种认知障碍，难以广受散户拥抱。因此，ESG 投资生态里的主角一直是机构投资者，多年来其占比一直维持在 80% 以上，而如何发掘培育个人投资者的 ESG 认知、如何发掘其 ESG 偏好，也成了先进银行财富管理部门所致力开发的前沿领域（Dyck 等，2019）。

问题与研究

传统投资在风险和回报形成的二维模式下进行，未顾及资金对社会及生态环境所造成的影响。ESG 投资关注风险、回报和 ESG 后果，投资流程在三维模式下进行。在此，决策模式增加一维，复杂度却增高很多，涉及不少问题。譬如，ESG 投资人可分成几类？投资数据如何形成？ESG 投资有超额回报吗？当投资回报和 ESG 后果抵触时，投资人愿意接受让步回报率吗？等等问题。

这些问题都很重要，学者也展开了大量研究，可归纳成几类。第一，ESG 投资对资产价格和投资回报的影响。这方面研究通常会以负面剔除法、ESG 整合法等具体的 ESG 策略展开，通过实证模型来比较"ESG 投资"与"非 ESG 投资"（non-ESG），探讨何者的财务回报较高（Barnett 和 Solomon，2006；Bolton 和 Kacperzyk，2020）。第二，通过实验来发掘投资人的非财务动机，并分析这类动机对投资行为的影响（Riedl 和 Smeets，2017）。第三，基于投资人对 ESG 信息的使用而进行分类，并解析各类投资人的回报预期（Pedersen 等，2021）。第四，基于投资品味理论，将 ESG 偏好纳入投资人的效用函数，以形成 ESG 调整的资本资产定价模型，以修正现代投资组合理论（Pastor 等，2021；Zerbib，2020）。第五，ESG 投资绩效的度量与披露（Berg 等，2019）。第六，绿色债券的收益率、环境绩效及投资人结构（Baker 等，2018）。第七，气候金融涉及对舒缓与调适气候变化予以支持的各种投资，相关议题包括碳的社会成本、气候风险的回避、破坏函数的明确化等（Barnett 等，2020）。

　　《新世纪的 ESG 金融》的重点为 ESG 投资，专文针对产品界定、策略应用、投资回报率、投资动机、市场结构、数据来源、价值创造、绩效披露、课程设计等都有所论及。以下列出书中所论问题，并表明对应专文。

　　∨ ESG 投资策略和产品：

　　　　《疫情危机下的 ESG 投资》

　　　　《疫情下债券市场的特别行动》

　　　　《社会主题债券五问》

　　　　《企业绿债与漂绿疑云》

　　　　《ESG 投资：固定收益领域的应用及挑战》

　　　　《扭转苹果：股东积极主义在国内可行吗》

　　　　《解读 ESG 相关的 ETF》

　　∨ ESG 投资的财务回报率：

　　　　《从 ESG 实践到 ESG 投资：国际学术前沿》

　　　　《ESG 投资有超额收益吗》

　　　　《中国 ESG 市场：棕色投资人与超额回报幻象》

　　　　《中国 ESG 市场：产品界定与 ESG-alpha 预期》

　　　　《影响力投资重塑了资本主义吗》

　　∨ 气候金融的财务回报率：

　　　　《碳中和的投资想象》

　　　　《碳中和目标：丰收前的耕耘》

　　∨ ESG 投资的动机：

　　　　《ESG 评级会影响基金申购吗》

　　　　《投资人何以持有 ESG 资产》

　　∨ ESG 投资的数据及相关问题：

　　　　《金融科技赋能 ESG 数据》

　　　　《ESG 评级应该万流归宗吗》

《ESG 影响力评估：机遇与挑战》

《影响力投资：开发银行的借鉴》

✓ ESG 投资与社会价值创造：

《ESG 投资能创造社会价值吗》

✓ ESG 投资的绩效披露：

《防止装点门面：ESG 投资产品信息披露》

✓ ESG 投资的市场和资本结构：

《中国 ESG 投资：散户何时进场》

《中国的影响力投资》

《中国公众急救领域的资本困局》

《影响力投资的资本结构》

✓ 课程设计及案例开发：

《影响力投资英文教学案例：中国首发》

《可持续金融：课程定位和内容设计》

结语

这篇导论以 ESG 为主旨，通过两种行为来说明 ESG。一种是企业的 ESG 实践，本文表明其范畴、议题、对应主体、问题及相关研究，另一种是 ESG 投资，本文表明其价值链、策略、市场结构、问题及相关研究。本文更就《新世纪的 ESG 金融》书中框架予以勾勒，针对 ESG 相关的重要问题，表明该书及《可持续金融》所对应的专文。

参考文献

1. BAKER M，BERGSTRESSER D，SERAFEIM G，WURGER J，2018. Financing the response to climate change：the pricing and ownership of US green bonds［R］. NBER Working Paper No. w25194，file:///C:/Users/saif/Downloads/SSRN-id3275327% 20

（2）.pdf，2021-7-25 查阅.

2. BARNETT M，BROCK W，HANSEN L P，2020. Pricing uncertainty induced by climate change［J］. Review of Financial Studies，33（3）：1026-1066.

3. BARNETT M，SOLOMON R，2006. Beyond dichotomy：The curvilinear relationship between social responsibility and financial performance［J］. Strategic Management Journal，27（1）：1101-1122.

4. BENABOU R，TIROLE J，2010. Individual and corporate social responsibility［J］. Economica，77（305）：1-19.

5. BERG F，KOELBEL J，RIGOBON R，2019. Aggregate confusion：The divergence of ESG ratings［R/OL］. MIT Sloan School working paper 5822-19，file:///C:/Users/saif/Downloads/SSRN-id3438533%20(1).pdf，2021-7-25 查阅.

6. BOLTON P. KACPERCZYK M，2020. Carbon premium around the world［R/OL］. CEPR Discussion Paper No. DP14567，https://papers.ssrn.com/sol3/papers.cfm? abstract_id＝3594188，2021-7-25 查阅.

7. CARROLL A，1991. The pyramid of corporate social responsibility：Towards the moral management of organizational stakeholders［J］. Business Horizon，July-August：39-48.

8. CARROLL A，2008. A history of corporate social responsibility：Concept and practices. In CRANE A，McWILLIAMs A，MATTEN D，MOON J，and SIEGEL D（eds.），The Oxford Handbook of Corporate Social Responsibility［M］. New York：Oxford University Press：19-46.

9. CHRISTENSEN H，HAIL L，Leuz C，2021. Mandatory CSR and

sustainability reporting: Economic analysis and literature review [J]. Review of Accounting Studies, Forthcoming.

10. DAI R, LIANG H, NG L, 2021. Socially responsible corporate consumers [J]. Journal of Financial Economics, Forthcoming.

11. DENG X, KANG J, LOW B, 2013. Corporate social responsibility and stakeholder value maximization: Evidence from mergers [J]. Journal of Financial Economics, 110(1): 87-109.

12. DONALDSON T, PRESTON L, 1995. The stakeholder theory of the corporation: Concepts, evidence, and implications [J]. Academy of Management Review, 20(1): 65-91.

13. DYCK A, LINS K, ROTH L, WAGNER H, 2019. Do institutional investors drive corporate social responsibility? International evidence [J]. Journal of Financial Economics,131(3): 693-714.

14. FREEMAN E, 1984. Strategic Management: A Stakeholder Approach[M]. Boston: Pitman.

15. FRIEDMAN M,1970. The social responsibility of business is to increase its profits [J]. The New York Times Magazine, September 13: 17-18.

16. Global Sustainable Investment Alliance (GSIA), 2021. Global Sustainable Investment Review 2020[R].

17. JONES T, 1995. Instrumental stakeholder theory: A synthesis of ethics and economics[J]. Academy of Management Review, 20 (2): 404-437.

18. KURTZ L, 2008. Socially responsible investment and shareholder activism. In CRANE A, McWILLIAMs A, MATTEN D, MOON J, SIEGEL D. (eds.), The Oxford Handbook of Corporate Social Responsibility[M]. New York: Oxford University Press: 249-280.

19. LIANG H，RENNEBOOG L，2020. Corporate social responsibility and sustainable finance：A review of literature［R/OL］. ECGI Finance Working Paper No. 701/2020，file：///C：/Users/saif/Downloads/SSRN-id3698631.pdf，2021-7-25 查阅.

20. LINS K，SERVAES H，TAMAYO A，2017. Social capital，trust，and firm performance：The value of corporate social responsibility during the financial crisis［J］. Journal of Finance，72(4)：1785-1824.

21. LOUCHE C，LYDENBERG S，2010. Responsible investing. In BOATRIGHT J（eds），Finance Ethics：Critical Issues in Theory and Practice［M］.New Jersey：Wiley：393-417.

22. MATTEN D，MOON J，2008. "Implicit" and "explicit" CSR：A conceptual framework for a comparative understanding of corporate social responsibility［J］. Academy of Management Review，33(2)：404-424.

23. McWILLIAMS A，SIEGEL D，2001. Corporate social responsibility：A theory of the firm perspective［J］. Academy of Management Review，26(1)：117-127.

24. MITCHELL R，WEAVER G，AGLE B，BAILEY A，CARLSON J，2016. Stakeholder agency and social welfare：Pluralism and decision making in the multi-objective corporation［J］. Academy of Management Review，41(2)：252-275.

25. MSCI，2020. MSCI ESG Ratings Methodology［R］. New York：MSCI ESG Research.

26. PASTOR L，STAMBAUGH R，TAYLOR L，2021. Sustainable investing in equilibrium［J］. Journal of Financial Economics，Forthcoming.

27. PEDERSEN L，FITZGIBBONS S，POMORSKI L，2021. Responsible investing：the ESG-efficient frontier[J]. Journal of Financial Economics，Forthcoming.

28. RIEDL A，SMEETS P，2017. Why do investors hold socially responsible mutual funds? [J]. Journal of Finance，72（6）：2505-2550.

29. SCHERER A，PALAZZO G，2007. Toward a political conception of corporate responsibility：Business and society seen from a Habermasian perspective[J]. Academy of Management Review，32：1096-1120.

30. WILLIAMSON O E，1981. The modern corporation：Origins，evolution，attributes[J]. Journal of Economic Literature，19(4)：1537-1568.

31. WINDSOR D，2006. Corporate social responsibility：Three key Approaches[J]. Journal of Management Studies，43(1)：93-114.

32. ZERBIB O，2020. A sustainable capital asset pricing model（S-CAPM）. Evidence from green investing and sin stock exclusion [R/OL]. Tilburg University Working Paper，file:///C:/Users/saif/Downloads/SSRN-id3455090%20(3).pdf，2021-7-25 查阅.

第二部分　ESG 实践

⬤ 与星巴克相比，瑞幸关心 ESG 吗

2020 年 4 月，瑞幸咖啡无疑是媒体曝光率最高的企业，被冠上财报浮报造假、大股东套现减持、高管前科累累等罪名。年初国际卖空机构浑水对瑞幸发布了负面报告，其后独立审查委员会组成，证券监管机构入驻调查，这阵子它形象重挫，声誉跌至谷底。

不过，瑞幸曾塑造了绚烂的中国形象，正面而风光。事实上，打从一开始，它就高调崛起，从无人零售、人人喝得起，到连锁咖啡独角兽，瑞幸的发展疾风迅雷，势如破竹。

瑞幸咖啡于 2018 年 1 月试营，通过线上引流加外卖、互联网式补贴、大数据精准选址等做法，从两轮融资到 2019 年 5 月美国上市，前后仅 12 个月，其兼程猛进，扶摇直上。

从一开始，瑞幸就对标星巴克，誓言超越：以 4 500 家的门店来对比星巴克的 3 300 家，以外送服务来对比星巴克的实体门店，以升级的西达摩豆来对比星巴克的阿拉比卡豆，不一而足（Kumar 等，2020）。瑞幸擅长营销，为自己塑造行业第一的形象：星巴克于 1999 年进入中国，21 年后开了 3 300 家门店，但瑞幸平均每 17 天攻城一座，2021 年向 10 000 家门店挺进，显然是超越了！

但是，除了开店速度快、商业模式新、勇于补贴、擅长营销外，无论是从其官网呈现的内容，或是从媒体对其高管的采访，我们对瑞幸所知相当有限，更难以理解它超越星巴克的本质何在。特别是，星巴克官网上披露了很多与咖啡相关的环境及社会关切，以及它与合作伙伴共同寻求的解决之道。这些关切都涉及星巴克的核心业务，包括提高门

店的能源效率、开发可重复使用的包装材料、加强咖啡种植的水资源保护、优化咖啡小农的技术培训、改善咖啡种植户的居住条件等。

反之，上了瑞幸官网，映入眼帘的是小鹿茶、小蓝杯及料多多，用字小里小气，营销力道却大手大脚。将其官网信息全部浏览一遍，即可发现，除了因应挂牌交易所要求而披露的三份公司治理委员会章程及伦理行为守则外，竟没有任何超越小商品的宏大关切。换言之，针对门店广设、咖啡生产、农民需求、客户资料保护、环境可持续性、社会影响力等和公司业务相关的重大议题，瑞幸官网对相应的组织策略和管理方式竟一字不提。除非瑞幸对此私下另有披露渠道，否则从过去两年多的媒体发言内容及具体行为看，它显然目光短浅，欠缺高瞻远瞩的宏大关切，更不曾想要在这些领域超越星巴克。

绿色门店

瑞幸 2019 年自定的战略目标是：新建门店 2 500 家，总门店数 4 500 家，而未来向 10 000 家门店挺进。在门店数方面，星巴克也提出 2025 年前全球 10 000 家门店的规划，只不过它兴建的是"更绿"的门店，而瑞幸则未曾关注过门店的"颜色"！

零售门店会产生环境后果，除了建筑物本身材料的碳排放以外，门店运营使用的水电及所产生的材料、餐盘等废弃物，都对环境造成负担，故广设门店通常被视为违反了环境可持续原则。因此，星巴克于 2018 年启动了"增强绿化的零售倡议"，与世界自然基金会及 SCS Global Services（科学认证系统全球服务组织）共同规划其门店成长项目，其中包括改善能源使用效率、提高可再生能源占比、保护水资源、降低废弃物等（Starbucks，2020）。

当然，绿化门店涉及绿色投资，故星巴克为此于 2019 年依据全球资本市场协会的绿色债券原则及可持续债券指引，发行了一只可持续债券，所募资金的一部分就用来投资门店。绿色建筑物与门店都须由外部的独立第三方认证,而星巴克每年会在官网披露获得认证的门店数,以及具体的绿色指标,包括同比节水量、同比节能量、同比废弃物减少量等(Starbucks,2021)。

咖啡豆供应链

有关咖啡豆来源,瑞幸讲得最多的是优选上等阿拉比亚豆、使用升级的西达摩豆,以及其咖啡豆荣获国际品鉴大审金奖。至于咖啡相关的供应链风险及管理措施,瑞幸从未言及。

咖啡豆供应链包括咖啡的种植、烘焙、销售及终端消费等环节,其中有种植户、合作社、各层大小经销商等,涉及多种风险。咖啡种植有地理位置和气候要求,知名产地大多在新兴国家,譬如埃塞俄比亚、墨西哥、坦桑尼亚、越南等,而相关的环境面风险有过度使用除虫剂、污染土壤、破坏水资源等,社会面风险有雇用童工、强制性劳役、工作环境不安全、工资低于法定标准等。另外,咖啡中间商有议价优势,其涉入会对农民形成剥削,让他们的付出与所得不成比例,在贫穷边缘挣扎(Sachs 等,2019)。

针对相关的供应链问题,全球咖啡行业设计了一些推动方案和认证系体,包括 Sustainable Coffee Challenge(可持续咖啡挑战)、SCS Global Services 及 C.A.F.E.(咖啡和种植者公平规范),以提高咖啡供应链的透明度,采购符合伦理标准的咖啡。星巴克一直是这些方案的重要推手:它是 Sustainable Coffee Challenge 的创始组织之一,是 C.A.F.E.的开发组织之一,也是 SCS Global Services 的合作组织之一。

C.A.F.E.于 2004 年即由星巴克和保护国际组织及第三方认证组织 SCS Global Services 共同推出,这是一种公平贸易的标志,针对咖啡生产的经济、环境与社会维度,依所界定的实践标准以计分卡评估,所涉项目有种植方式、除虫剂使用、减少耗水、工人健康及安全、工人培训等,而合格的咖啡可以获得认证(Lee 等,2007;Rothaermel,

2017）。星巴克为自己设订的目标，是 99% 的咖啡来源都符合 C.A.F.
E. 的伦理标准，而其供应链标准之审计框架及方法的监督，则由 SCS
Global Services 来负责。

当然，认证体系常因标准界定及潜在的利益冲突而遭到质疑，
C.A.F.E. 也不免有些问题，但至少到目前为止，尚未出现一套比它更有
效的供应链管理认证系统。

咖啡种植者支持中心

除了不关心咖啡豆供应链的管理外，瑞幸也未曾提过如何对阿拉
比亚豆、西达摩豆的农民给予培训，以更环保的方式来种植，以强化农
作物的稳定性及农地的可持续性。

C.A.F.E. 实践里，环境是其中一个维度。倘要降低咖啡生产对环
境带来的负面影响，则必须先对农民给予训练，教会他们如何以符合
标准的方式耕种。因此，星巴克在全球咖啡产区建立了九个咖啡种植
者支持中心，让农民学习最新的农艺技术，以增加单位产量及提高产
品质量。具体培训项目包括土壤侵蚀控制、除臭处理、遮阴管理，以及
如何缓和气候变化对咖啡种植的冲击。

另外，星巴克在哥斯达黎加成立了一个全球农艺研发中心，进行
咖啡品种的开发与种植技术的改善，而研究成果则以公开来源方式，
与各地的种植者支持中心分享。农艺技术研发及全球九个咖啡种植
者支持中心所需的资金，星巴克以发行可持续债券来募集。

普惠金融

除了不关心咖啡农民的技术升级外，瑞幸也未曾关心种植所需的
资金来源，其中涉及购买种苗、工具、除虫剂等物资的必要支出。瑞幸
可能不知道，全球有几千万咖啡农民，他们贫穷、教育水平低，欠缺银行
贷款所需的抵押品，也是最欠缺金融渠道的人群。

针对咖啡农民无法获得商业贷款的问题,有些组织已提出普惠金融解决方案,譬如以供应链订单作为抵押品或是以担保增强信用,其中包括瑞士的公募基金公司 ResponsAbility、美国的影响力投资基金 Root Capital、公平贸易渠道基金及美洲开发银行等。因此,星巴克成立了全球农民基金(Global Farmer Fund),金额五千万美元,与以上几家组织合作,由其落实微额贷款的审核、发放及管理等具体细节。

当然,星巴克涉入普惠金融,是为了让咖啡农民的产品达标,以强化咖啡豆供应链的来源。星巴克历年所发行的可持续债券,所募资金中的一部分都配置给全球农民基金作微额贷款,而受益农民迄今有四万多名。

贡献于联合国可持续发展目标
(Sustainable Development Goals,SDGs)

综合以上所言,星巴克的 ESG 参与可放在 SDGs 的框架下来看,归纳为推动经济发展、赋能农民、强化服务渠道与绿色建筑物等,而相关的可持续发展目标分别有 SDG♯12(负责任的消费与生产)、SDG♯1(无贫穷)、SDG♯2(体面工作与经济成长)、SDG♯9(产业、创新与基础建设),以及 SDG♯11(可持续都市与社区)。譬如,星巴克拟于 2025 年前在全球运营一万家绿色门店,所针对的就是可持续都市与社区的目标。

星巴克对各项 SDG 的涉及程度及贡献不一,理由与业务攸关性及成本效应等因素有关。但不容否认的,在可持续发展的宏观视野下,星巴克创造的不应是单纯的"第三空间",更应是能源与环境设计先锋组织认证的绿色门店;星巴克贩卖的不是单纯的咖啡豆,更应是负责任方式生产的咖啡豆;星巴克的咖啡豆不应只是源于一般的农民,更应是源于获得赋能而盈利增加、生活改善的农民!

固然,星巴克与瑞幸的发展阶段不同,前者已近半世纪,后者才启动两年多,故眼前关心的议题可能不同。但值得注意的是,企业创始人的视野、胸襟与诚信,是奠定组织方向的基石,唯有在稳定基石上建立的企业,才能长久运营,为股东创造价值,为供应商强化福祉,为消费者丰富经验,为环境保育资源,以共同推进人类的可持续发展目标。

[2020-5-6首发于新浪财经]

参考文献

1. LEE H,DUDA S,JAMES L,MACKWAN Z,MUNOZ R, VOLK D,2007. Starbucks Corporation:Building a sustainable supply chain[DB]. Stanford Graduate School of Business Case GS-54.

2. KUMAR N,MITTAL S,CHU S,2020. Starbucks China:Facing Luckin, the local disruptor [DB]. Singapore Management University Case SMU541.

3. ROTHAERMEL F,2017. Starbucks Corporation[DB]. McGraw-Hill Education Case MH0042.

4. SACHS J,CORDES K,RISING J,TOLEDANO P,MAENNLING N,2019. Ensuring Economic Viability and Sustainability of Coffee Production[R]. Columbia Center on Sustainable Investment.

5. Starbucks,2020. Global Social Impact Report[R].

6. Starbucks,2021. Global Environmental and Social Report[R].

⬤ 咖啡背后的平衡

2020 年 4 月,瑞幸咖啡财务造假事件曝光,股价暴跌,优惠券挤兑,其后证监会入驻调查,瑞幸更换高层主管。瑞幸高调崛起,从一开始就对标星巴克,环环相比,以凸显自己。但事实上,两者除了门店数量、咖啡单价等显性差异之外,有更多的隐含差异。

针对于此,笔者发表了《与星巴克相比,瑞幸关心 ESG 吗》一文,得到读者的热烈回应。现在以盈利和社会良心之间的平衡为题,谈谈这个未见瑞幸重视,星巴克却必须面对的议题。

咖啡的可持续发展挑战

2019 年底,美国哥伦比亚大学的可持续投资中心,发布了一份有关咖啡生产的研究报告,指出其经济可行性及可持续性,正面临着严峻的挑战。咖啡生产会涉及非法用工、中间商剥削、工作场所安全疑虑等问题,对社会可持续发展形成挑战。咖啡耕种会涉及污染土壤、破坏水源,对环境可持续发展形成挑战(Sachs 等,2019)。

全球有六千万农户以咖啡为生,正辛苦承担着气候变化对咖啡种植环境的负面影响,包括咖啡豆质量下降,咖啡树染病频繁。更糟的是,咖啡农户的日均收入低,其中很多竟不及 1.9 美元的极贫线,而无论消费者为一杯咖啡出价多少,最终只有很小一部分会流入咖啡农户手中。

星巴克创始于 1971 年,无论是可持续发展还是 ESG 的理念,那个年代都尚未浮现。事实上,当时社会上主导的是股东优先说,诺贝尔奖得主傅利曼教授的知名短文《企业的社会责任是增加其盈利》，更被奉为圭臬（Friedman，1970）。ESG 一词当时亦未见使用，社会上才开始讲 CSR（corporate social responsibility，企业社会责任），但相关的理论基础仍处于建构阶段，其中包括利益相关者说及企业目的说（Liang 和 Renneboog，2020）。

可持续发展的概念及 ESG 的理念，在 1990 年代由联合国及环境团体的倡导后，才开始受到重视。譬如，可持续报告准则的制订组织——全球报告倡议组织（Global Reporting Initiative，GRI），于 1997 年由联合国推动成立。全球第一个可持续性评级系统——道琼斯指数的企业可持续性评级（corporate sustainability assessment），于 1999 年推出。另外，企业的 ESG 实践与可持续发展之结合，也出现在这时期：可持续报告准则就以企业的 ESG 实践来界定其可持续发展责任，而可持续性评级体系对企业评估内容就是其 ESG 实践。

从股东优先说的立场，当企业以最大化股东价值为目的时，可以不面对 ESG 责任，这可能是星巴克最初所处的情况。但当星巴克步入成长期后，时代已经改变，新范式兴起，而它必须考虑股东之外的其他利益相关方，包括供应商、顾客、员工、运营社区、自然环境等。

对于星巴克，有消极与积极两层意义。在消极层面，它应该维持底线伦理，确保其运营不会违反"不伤害原则"，譬如污染土壤、破坏水源、损害工人健康等。在积极层面，它应该改善咖啡农民的技能和生活，提升顾客的体验，为股东创造更高的价值。然而这背后的关键，是星巴克必须顾及各种利益相关方的福祉，且在盈利与社会良心之间求取平衡。

可持续发展挑战下的标准

星巴克于 1992 年启动了可持续发展历程，设定各阶段的里程碑，将 ESG 融入日常运营流程，以平衡盈利与责任担当。

星巴克以咖啡豆供应链为命脉，商业模式以第三空间为诉求，但两者都因可持续性疑虑而遭受批评。因此,星巴克须以符合 ESG 标准的方式运营,才能获得社会认同(Argenti,2004)。

无论是咖啡豆供应链或绿色零售门店,当时相关的可持续性标准并不存在,故星巴克和其他组织联手合作制订标准,其中以 C.A.F.E.(咖啡和种植者公平规范)及 LEED for Retail Program(能源与环境先导设计的零售项目)最广为人知。

C.A.F.E.是一种公平贸易标志,2004 年由星巴克、保护国际组织和第三方认证组织 SCS Global Services(科学认证系统全球服务组织)共同推出。这套规范之目的,是为了提高咖啡生产流程的伦理标准,其中覆盖咖啡农场、合作社、加工厂及烘焙厂。相关流程中各单元的 ESG 实践,都依据设定的标准而以计分卡评估,合格咖啡才可获得认证(SCS Global Services,2016)。星巴克自订全部咖啡豆来源都符合 C.A.F.E.标准的目标,而 SCS Global Services 负责其供应链标准之审计框架及方法监督(SCS Global Services,2016)。

为了让咖啡豆来源能达到 C.A.F.E.标准,从 2004 年起,星巴克先后在全球建立了九个种植者支持中心,为咖啡农户免费提供种植、加工相关的知识培训和技术支持。另外,咖啡农户常因欠缺抵押品及收入证明而未能从银行融资,故星巴克又涉入普惠金融,对各地的咖啡农户发放小额贷款,以支持其生产运营(Peiper,2019)。

LEED for Retail Program 是将美国能源与环境先导设计(LEEDs)原先针对大型建筑物的规格进行调整,以适用于零售门店。星巴克于 2001 年和美国绿色建筑协会合作,发展出这套专门对标零售的新规格,为门店兴建及内部装修建立行业标准,其中包括用水、用电、排污等要求。

零售门店运营的环境后果,还包括过度使用能源、餐具及包装材料等。因此,星巴克于 2018 年启动了"增强绿化的零售倡议",与世界自然基金会及 SCS Global Services 共同规划其门店成长项目,包括改善能源使用效率、提高可再生能源占比、保护水源、降低废物等。星巴克更与麦当劳等企业联手,研发适合外卖使用的可溶解纸料,以更加环保的方式运营(Starbucks,2019)。

伦理采购的资金来源

伦理采购需要资金支持,除自有资金、银行贷款等来源外,星巴克从 2016 年开始发行可持续债券,至今已发行三只,累计金额 22 亿美元,在全球咖啡行业居首。

可持续债券是一种主题债券,出现在绿色债券、社会债券之后,而其资金投向包括环境暨社会相关的项目。星巴克于 2016 年首次发行可持续债券时,这类债券被视为创意金融工具,极受供需双方欢迎。因市场看好,星巴克于 2017 年发行第二只,2019 年再发行第三只。

主题债券的资金用途,须经由独立机构评审。星巴克的可持续债券亦然,由 ESG 评级机构 Sustainalytics 评审,而相应基础为国际资本市场协会 ICMA 所发布的三套相关规则,包括《绿色债券原则》《社会债券原则》及《可持续债券指引》。Sustainalytics 会基于这些规则,评估星巴克可持续债券的资金用途是否符合预订框架,譬如帮助经济发展、保障农民权利、满足社会基本服务需求等,而后出具一份审核报告。

除了 ESG 评级机构的报告外,针对由可持续债券所募集资金的投向及进度,在债券存续期间也会定期披露于"资金使用情况报告",让投资人理解是否符合募集条款的实质内容。资金使用情况报告通常由独立会计师提供意见,而星巴克可持续债券的独立意见,由德勤会计师事务所提供,其中确认了资金用途的一致性(Starbucks,2018)。

致力于相对平衡

在新时代的浪潮下,各行业中的大企业通常最早回应新范式,主动做出改变,星巴克亦然。在咖啡行业里,星巴克最早启动可持续发展里程，但在过程中，它的可视度高，获得的关注比较多，受到的批评也比较多。

各界对星巴克的批评，与本文相关的有两点，一是利益冲突，另一个是锦上添花。在利益冲突方面，有批评者指出，星巴克既是 C.A.F.E.标准的推动者又是执行者，存在一定的问题。在锦上添花方面，有批评者指出，可持续债券的资金主要用于咖啡采购，用在农艺研发、普惠金融等方面的都微乎其微，故有装点门面之讥。

另一些批评者则针对提供"独立意见"（independent opinion）的外部机构，质疑其独立性：他们的意见可信吗？还是在替企业有疑虑的行为背书呢？在以上所言情况里，外部机构包括审核星巴克伦理采购的第三方认证组织 SCS Global Services，审核其可持续债券框架的第三方评级组织 Sustainalytics，以及对其债券资金用途提供意见的德勤会计师事务所（Sustainalytics，2019）。

针对这项批评，凡是了解这类流程的人士都知道，任何使用者付费的服务，不免多少带有背书的成分，而难以完全中立客观。这种制度广泛应用于债信评级、股票分析师报告、企业财务审计报告等，而过去也的确发生过严重的利益冲突，最终导致一些相关改革。不过，除非能够设计出一套足以有效防弊、可行性又高的新制度，否则市场上仍将沿用现有制度。不过，有牌照的认证、评级及审计组织，一般都会为了自身声誉而尽量避免利益冲突。

事实上，这些批评有时过分激进，而不宜据以否定企业在可持续发展方面的努力。在新时代，当企业面对可持续发展的挑战，须对多种利益相关方负责时，就不可能再奉持傅利曼教授的名言，不能再以增加盈利为唯一的企业社会责任。取而代之的关键责任，是求取平衡：企业在盈利与社会良心之间求取平衡，在为股东增加价值与为农户谋求福利之间求取平衡，在保护自然生态环境与顾客商品多样化之间求取平衡，等等。

但是,平衡不容易做到,人世间也难有绝对的平衡,只有相对的平衡。以平衡经济行为与可持续发展为诉求的各种倡议,也是在为相对平衡而奋斗。这类倡议很多,咖啡行业有 C.A.F.E.,棕油行业有可持续棕油圆桌会议(Roundtable on Sustainable Palm Oil,RSPO),森林行业有可持续森林倡议(Sustainable Forestry initiative,SFI),金融行业有赤道原则(Equator Principles)(Martens 等,2019;Dentoni 等,2019;Moog 等,2015)。

致力于平衡经济行为与可持续发展的各种倡议,有几点特质。第一,它们是自愿性准则,有伦理约束性,但没有硬性法规的强制性。因此,违规者接受的是伦理制裁,而非法律制裁。第二,它们都有相应的商业化认证系统,为合格产品贴标,而 C.A.F.E.贴标咖啡、RSPO 贴标棕油等都是例子(Bowler 等,2017)。第三,它们都不是行业下唯一的标准,而面临其他差异化标准的挑战。譬如,C.A.F.E.对标的 Fair Trade Coffee,就是以国际公平贸易组织的标准来生产。

这些特质蕴含的后果,可以分别从正面或负面角度来看。譬如,自愿性标准是以高于法规标准的方式鼓励同行切磋琢磨,共同向善。但是,当一套自愿性伦理标准的存在,是为了解决商业问题时,盈利因素不免增添了复杂性,使原本单纯的伦理患得患失,锱铢必较。

这更凸显了一个事实:身处可持续发展挑战下的当代企业,必须同时为多种利益相关方谋福利,而如何在其间求取平衡是一个关键。这种平衡的求取是恒久的考验,也是持续学习的历程,而唯有能在盈利与社会良心之间权衡兼顾的企业,才能获得社会最高的认同。

[2020-5-22首发于 FT 中文网]

参考文献

1. ARGENTI P,2004. Collaborating with activists:How Starbucks work with NGOs[J]. California Management Review,47(1):

91-115.

2. BOWLER K, CASTKA P, BALZAROVA M, 2017. Understanding firms' Approaches to voluntary certification: Evidence from multiple case studies in FCS certification[J]. Journal of Business Ethics, 145 (2): 441-456.

3. DENTONI D, BITZER V, SCHOUTEN G, 2019. Harnessing wicked problems in multi-stakeholder partnerships[J]. Journal of Business Ethics, 150(2): 333-356.

4. FRIEDMAN M, 1970. The social responsibility of business is to increase its profits [J]. The New York Times Magazine, September 13: 17-18.

5. LIANG H., RENNEBOOG L, 2020. Corporate social responsibility and sustainable finance: A review of literature[R/OL]. ECGI Finance Working Paper No. 701/2020, file:///C:/Users/saif/Downloads/SSRN-id3698631.pdf, 2021-7-25 查阅.

6. MARTENS W, van der LINDEN B, WORSDORFER M, 2019. How to assess the democratic qualities of a multi-stakeholder initiative from a Habermasian perspective? Deliberative democracy and the Equator Principles framework[J]. Journal of Business Ethics, 155(4): 1115-1133.

7. MOOG S, SPICER A, BOHM S, 2015. The politics of multi-stakeholder initiatives: The crisis of the Forest Stewardship Council[J]. Journal of Business Ethics, 128(3): 469-493.

8. PEIPER H, 2019. Farmer Support Centers Help Ensure Coffee's Future, Farm by Farm[R].

9. SACHS J, CORDES K, RISING J, TOLEDANO P, MAENNLING N, 2019. Ensuring Economic Viability and Sustainability of Coffee

Production[R]. Columbia Center on Sustainable Investment.

10. SCS Global Services，2016. C. A. F. E. Practices：Generic Scorecard[R].

11. Starbucks，2018. Starbucks Use of Proceeds Report[R]. Seattle：Starbucks Coffee Company.

12. Starbucks，2019. 2018 Starbucks Global Social Impact Report [R].

13. Sustainalytics，2019. Second-Party Opinion：Starbucks Sustainability Bond[R].

⬤ 特斯拉的 ESG

电动汽车公司特斯拉今年第二季度数据超乎预期,股价一路上涨,2020 年 7 月 10 日收盘价达到 1 545 美元,市值逾 2 800 亿美元。这让特斯拉超过日本丰田,登顶全球市值第一大车企,其 CEO 埃隆·马斯克为此兴奋不已,专门推文,感谢特斯拉车主和投资者的大力支持。

特斯拉于 2003 年由两名工程师创办,马斯克在次年 A 轮融资中领投,成为最大股东和董事长。总部设在美国硅谷,以汽车及清洁能源为主业,产品有电动汽车、储能产品、太阳能板、太阳能屋顶等。特斯拉于 2010 年在纳斯达克上市,其后收购了几家新能源发电、电池及电动汽车设备公司,包括全球最大的光伏公司 SolarCity(Rothaermel 和 King,2015)。目前特斯拉除北加州工厂外,在美国内华达州、纽约州及中国上海等地都有超级工厂,全球员工两万余名。

2019 年特斯拉的充电式电动车是全球热卖榜冠军,其充电式设备市场占有率为 17%,纯电动式设备为 23%。2020 年特斯拉达到一个新里程碑:电动汽车生产量一百万台,Model S 交货量 50 万台。其上海超级工厂更在疫情后迅速复工,确保新车交付进度,前景相当光明。

不过,特斯拉也是全球争议最多的公司,从 2016 年开始连续四年,它的媒体曝光率都名列前茅。高曝光率的理由,除了其颠覆式创新,以及性格鲜明、锋芒肆放的 CEO 之外,还有很多与 ESG 议题有关,其中有些造成法律诉讼,有些引起政府调查,另一些导致积极股东提案。以法律争讼看,光是 2019 年 6 月份,特斯拉就有 620 件案子,涉及马斯克的"资金备妥"推文、CEO 绩效奖金、生产进度落后、SolarCity 并购案、对揭秘的吹哨者员工报复等,不胜枚举。

特斯拉面对哪些 ESG 议题

依据统计,全球五成的碳排量来自能源行业与运输行业。由此看来,特斯拉制造电动汽车及清洁能源,从产品角度看,它应具有正面环境效益,而可贡献于可持续发展。但一家公司生产绿色产品,是否表示它的 ESG 绩效就好呢?

ESG 框架涵盖三个维度,所涉议题很多,但并非都会影响企业的财务表现和运营绩效。对于各行业攸关重大、会影响财务绩效的 ESG 议题,可持续会计准则理事会(SASB)已经从经验中归纳出一些通则,进行梳理,并建立了一个完整的框架。关联于财务表现和运营绩效,ESG 议题分为实质性与非实质性两大类别:实质性 ESG 议题对企业绩效会产生重大影响,而非实质性 ESG 议题则影响较微。

从 SASB 的界定看,特斯拉的实质性 ESG 议题有:产品质量和安全、劳工健康与安全、产品设计和生命周期管理、原材料来源和效率、能源管理等。至于其他的 ESG 议题是否就不会对特斯拉形成重大影响呢?事实上,这取决于具体情况,而与所涉利益相关方所拥有的权力、身份的合法性、问题的紧迫性等因素有关。特别是,对于一家治理风格及企业文化都有待确立的年轻公司而言,未被 SASB 列为实质性 ESG 议题的公司治理因素,仍不容小觑[①]。

那么,特斯拉的 ESG 表现究竟如何?我们可以这么说,从它的 ESG 争议看,它的 E 表现不错,但 S 和 G 的表现则相对不足。

在环境议题方面,与传统的内燃机汽车相比,电动汽车的碳排量少了一半。当然,产品碳排量只是整体碳排量中的一部分,另需考虑企

---

① SASB 实质性地图: https://www.sasb.org/standards/materiality-map/,2021-07-25 查阅。

业生产流程的碳排量,而特斯拉的工厂设计独特,其能源效率模型独占鳌头。例如,内华达州工厂的屋顶有太阳能板、室内用 LED 照明设备、没有瓦斯管设备等,这些设计都大幅降低了碳排量。此外,重复用水系统和"无水洗车"方法,也提高了特斯拉对水资源的使用效率。

对比之下,特斯拉在社会议题方面的短板颇多。譬如,它一直面临产品安全和质量的争议,其中包括交货延宕、电池设计瑕疵、Model S 碰撞失火事故、太阳能板失火事故、自动辅助驾驶系统的安全疑虑等。另外,在工人管理、健康与安全等议题上,特斯拉的表现也不行,接连被指控拒付工伤员工医疗保险、枉顾员工隐私权、阻碍员工组成工会。在此,特斯拉也创下惊人纪录:对于美国劳工部职业安全与健康管理局所订标准,特斯拉加州工厂从 2014 年到 2018 年的违规件数,就是全美前十大车企违规事件总数的三倍。

不过,特斯拉最严重的 ESG 问题,出现在公司治理上。

公司治理问题

SASB 所列举的公司治理议题,有商业伦理、竞争行为、对法律法规环境的管理、重大意外的风险管理、一般性风险管理等。此处需要注意的是商业伦理,它涉及组织诚信与公平性议题,引申出反欺诈、竞争的公平性(反贪腐)、高管酬劳的公平性、利益相关方之间的公平对待等问题。另外,公司治理与组织领导有关,而问题源于所有权及经营权分离。

当现代企业的所有权及经营权分离时,常会产生代理人问题:经理人会追求个人目标,包括权力、高薪、个人地位与名声等,而不顾股东及其他利益相关方的利益,最后不只损害了股东财富,更可能造成公司的长期绩效不佳。因此,公司治理之目的在于建立一种制衡机制,给予经理治理指引、监督与评估,以维持企业运营的透明性与公平性。

但是,马斯克显然不愿被监督,从而引发了很多治理问题,其中以

SolarCity 并购案、马斯克的"资金备妥"推文、董事会独立性及 CEO 酬劳最严重,甚至引起股东提案及法律控诉。

SolarCity 并购案

SolarCity 于 2006 年由马斯克的两位表弟在美国硅谷创办,为太阳能发电系统供应商,提供系统设计、安装、融资与施工监督等全方位的太阳能服务,产品可供家庭及商业使用。

马斯克与 SolarCity 关系密切,不仅是原始投资人之一,且担任董事长。SolarCity 于 2012 年上市,最初几年受惠于政策倾斜,运作相当顺利,但其后的政策改变使它成本上扬,2015 年开始大幅裁员,甚至面临财务危机。

2016 年 8 月初特斯拉宣布了 SolarCity 并购案,马斯克鼓励投资人同意,更以一片太阳能板示众,事后却被发现有造假之嫌。SolarCity 收购价 2.6 亿美元,高得超乎常理,分析师对这件案子也持负面看法,认为并购未必能产生综效,又会让特斯拉分心,拖累生产目标的达成。另外,学者更以经理人因过度傲慢而产生的偏误,来看这件并购案的公司治理问题。

特斯拉股东在并购完成后,立刻提出七件法律诉讼,控告公司及马斯克隐瞒了 SolarCity 面临破产的事实、并购出价过高、忽视利益冲突、违反受托人职责、未充分披露并购相关事实等。特别是,在利益冲突方面,当时特斯拉 7 名董事里的 6 名,或为马斯克所掌控,或直接对 SolarCity 持股,而马斯克更同时是特斯拉和 SolarCity 的最大股东及董事长。

另外,机构投资者也对特斯拉治理政策的延滞不前深感不满。加州教师养老金及爱马仕股东服务公司更在并购案结束后不久,提出优化治理的要求:特斯拉必须对"万年董事会"进行整改,每年重选董事。针对于此,马斯克竟推文讥讽:"这些投资者应该买福特汽车股票,他们的公司治理太好了!"

对于 SolarCity 并购相关诉讼,特斯拉的董事们于今年年初以六千万美元和解了,留下马斯克为唯一的被告。但马斯克口无遮拦的推文,为他带来了更多诉讼(Agnihotri 和 Bhattacharya,2019)。

马斯克的"资金备妥"推文

2018 年 7 月,马斯克推文表示:"正考虑由管理层以每股 420 美元收购特斯拉,公司准备下市,资金备妥!"此推文立即引起注意,特斯拉股价迅速狂飙,但在信息被证明不实后又开始下跌。事实上,管理层收购并不存在,而"资金备妥"也只是马斯克开的一个玩笑!

管理层收购是大事,需要股东同意并经监管机关核准。显然这玩笑开得太大了,涉及不实信息,违反了企业诚信及公平披露原则,故美国证券暨交易委员会(SEC)对特斯拉提出欺诈控诉。其后特斯拉与 SEC 和解,条件包括提高董事会的监督功能与支付罚金,外加马斯克日后推文须经由特斯拉内部律师的审核。

对推文中错误信息不满的投资人,也在加州等地提出民事集体诉讼,迄今未获解决。

董事会独立性

SolarCity 的争讼凸显了特斯拉董事会有独立性疑虑,其中包括 CEO 双重性与内线董事问题。

CEO 双重性是指企业的 CEO 同时兼任董事长,这会造成 CEO 权力过大,特别是当董事会的多数成员都与董事长关系密切时,会使 CEO 欠缺监督而做出高风险的决定。特斯拉一直有 CEO 双重性及内线董事过多的问题,马斯克从 2007 年开始同时担任 CEO 及董事长,通过其近两成持股控制了董事会,而多数董事都与他关系密切,同时也是 SpaceX 的董事。

原先机构投资者就一直要求特斯拉把董事长和 CEO 人选分开，但马斯克击败了股东提案。不过，在推文案被 SEC 控诉欺诈后，马斯克终于卸任董事长，作为和解条件之一，而投资人对此给予相当正面的回应。针对提高董事会独立性，特斯拉也从 2018 年开始连续三年进行整改。首先，2018 年特斯拉增加了两位独立董事。其次，四名与马斯克关系密切的董事，在任期期满后将被停聘。再次，日本政府养老基金的首席投资官 Mizuno 于 2020 年 4 月出任独立董事。

高管酬劳

高管酬劳是公司治理中的重要关注，当其金额过高、与员工平均薪资差额过大，且与企业的 ESG 绩效不相干时，被认为有违公平原则，对公司长期绩效有害。

对于特斯拉，高管酬劳的焦点是 CEO 酬劳。依据 2018 年 3 月的一份协议，当特斯拉市值达到 6 500 亿美元时，马斯克将可获得价值 558 亿美元的股票和酬劳。这份协议虽然引起集体诉讼与个别诉讼，公众关注却并不多，理由与当时特斯拉股价下跌有关，显得协议不切实际。

不过，随着特斯拉股价的上涨，CEO 酬劳可能又会引起讨论。当特斯拉向前迈进时，公司治理制度也应该更优化，CEO 酬劳更要跟上可持续发展的趋势，反映新时代的 ESG 价值观。

ESG 影响力报告

特斯拉认为它存在之目的，是为了"加速世界向可持续能源转型"。但是，电动汽车到底比内燃机汽车绿了多少，多年来它却一直没有披露过具体数字。

机构投资者显然对此不满，表示数字不能只凭想象，而须真实呈现。因此，从 2017 年开始，Trillium Asset Management 等 ESG 投资机构就瞄准了特斯拉工厂的高工伤率开炮，要求它强化 ESG 披露。

Trillium 更以股东议案对特斯拉施压,要它公布 ESG 报告。

2019 年春季特斯拉公布了首份(2018 年度)ESG 报告,围绕着运营影响力、产品影响力、供应链、员工和文化等四个议题做出说明,还披露了一些重要数字和进展,譬如电动车所减少的碳排放量、能源事业线的能源产量、新电池回收系统的开发等(Tesla,2019)。

从特斯拉第一本 ESG 报告的标准看,这份报告的内容已超乎泛泛而谈,提供了相当多的信息。不过,机构投资者的标准毋宁更高,希望特斯拉能针对组织的 ESG 目标、水资源的使用、数据来源等方面提供更深入说明。针对于此,特斯拉在 2020 年发布的(2019 年度)ESG 报告书中做了改善(Tesla,2020)。

当然,从更专业角度看,特斯拉的 ESG 报告仍有两大缺点,一是未依可持续报告书的会计框架(如全球报告倡议组织的 GRI 准则)编制,另一个是未经外部第三方独立机构的校验和审计。但这些都需要在时间中优化,而两者都与特斯拉之 ESG 目标的设定、制度的建立、具体的进度、数据的收集和管理等有关。特别是,特斯拉迄今仍未设立一个 ESG 专责部门,由其统管相关事务,而随着机构投资者的鞭策,这个部门应该很快就会落实。

ESG 评级

对于同一家公司的 ESG 评级,不同评级机构的评级结果差异颇大。最近 MIT 教授以全球六大 ESG 评级公司为对象的一个研究指出,评级结果的相关性只有 0.54,背后理由涉及评级项目归类、度量方法与项目权重等。

各家评级机构对特斯拉的 ESG 评级也有很大分歧。MSCI 的评级强调产品的环境影响力,因此特斯拉评级为 A。正义资本评级公司(JUST Capital)强调劳资关系,而不满特斯拉频频传出的员工安全疑虑、对吹哨者员工报复等问题,给了它最低 10% 的评级。英国富时的

FTSE 评级重视企业的环境披露、人力资源政策及产品质量,也认为特斯拉这几方面都必须改善,因而给的评级也不好。另一家机构 Sustainalytics 则指出,特斯拉的 ESG 报告里的数字未经校验和审计,故其可信度有待提升。

评级结果的差异,除了与方法学有关外,可能还涉及其他偏误,包括因利益冲突而产生的不客观、不公正的评级结果。有鉴于此,欧盟正在规划对 ESG 评级建立一个明确的监管框架,要求评级机构提高方法学的清晰性与评分机制的合理性,以避免日益严重的"漂绿"问题。

结语

事实上,相比于标普 500 的成分股,特斯拉是一家 17 岁的年轻公司,它的颠覆式创新已经打开了一个新纪元,重塑了汽车产业的竞争格局。我们肯定特斯拉在科技上及商业模式上所建立的范式,但在它市值登顶、引领风骚的同时,它也必须沉淀下来思考 ESG 问题。当然,从这几年特斯拉在 ESG 管理及披露方面的表现看,它已充分意识到外部机构制衡力量的存在,也做出一些主动积极的回应。我们期待,在产品上路、生产达标之外,特斯拉能更重视 ESG,针对目标和战略,做出具有前瞻性的规划。

[2020-7-13 首发于财新网]

参考文献

1. AGNIHOTRI A,BHATTACHARYA C,2019. Elon Musk:Saving the fate of Tesla[DB]. Ivey Business School Case W19114.

2. Tesla,2019. Impact Report 2018. California[R].

3. Tesla,2020. Impact Report 2019. California[R].

4. ROTHAERMEL F,KING D,2015. Tesla Motor Inc.[DB]. McGraw-Hill Education Case MH0032.

● 由亚马逊经验看电商的 ESG 责任

　　最近一年,国内互联网巨头的争议不断,从挟资本而烧钱扩张、外卖小哥的时间困境,到社区卖菜冲击、所属行业争辩,以至政府反垄断调查等,无疑都是媒体的热门话题。

　　互联网巨头都深耕科技,极具突破性与创新力,其商业模式颠覆了传统,也模糊了行业边界。特别是,日前蚂蚁集团上市临时叫停,背后问题之一在于它的行业归属:横跨金融和科技两大行业的蚂蚁,究竟属于哪个行业? 判断标准为何? 依据为何? 监管意涵为何?

　　边界模糊化往往是颠覆性商业模式的后果之一,造成行业的内涵及外延不明确,也引发重新界定的必要性。然而,在新界定未能明朗化以前,必定带给模糊地带事务更多的争辩空间,而这情况也发生在 ESG 的责任归属。

　　例如,以实体门店为主的传统零售和百货行业,供应链管理是个重要的 ESG 议题,其中包括劳工议题、产品碳足迹、外包厂商的治理等。但是当零售和百货由线下搬到线上,通过互联网平台来进行交易时,其背后的劳工问题、碳足迹、治理监督等责任,应该由谁承担?

　　更具体地,对于传统百货行业,无论是自有品牌或外部卖方商品的碳排量,依据温室气体核算体系,都纳入百货企业名下,只有直接排放和间接排放的差异而已。然而,当同一批商品出现在互联网平台上时,相关碳排量未见减少,还增加了送货的碳排量,平台却往往表示与它无关。

　　国内有些电商甚至宣称,互联网零售平台有节能减排的效果,因为它省下了民众往来实体商店购物的碳排量。不过,由互联网巨头亚马逊所运营的购物平台看,事实并非如此,因为电商运营都涉及网络架构、云计算和物流服务,再加上相关产品,这些都产生了惊人的碳排量。

亚马逊于 1994 年由贝佐斯创办,以网络书店起家,其后逐渐多元化,跨足百货、消费电子产品、流媒体、网络服务、物流、生鲜、超市等行业,目前是全球最大的线上百货和网络服务公司(Wells 等,2019)。

在网络服务方面,亚马逊网络服务(AWS)提供信息技术基础架构和应用服务,包括数据库、计算、存储、机器学习等。目前 AWS 在全球 24 个地理区域运营,有 175 种产品与服务,客户包括企业、个人及政府。在物流方面,亚马逊的系统全球最大,有发货中心、车队和货机。它在全球有 300 个发货中心,70 架货机,3 万辆货车,2 万辆拖车。它持续为优选客户缩短快递时间,跨州送货从两天降到一天,市区送货更降到一小时。

亚马逊总部设在美国西雅图市,有员工一百多万,间接创造的工作岗位还不止此数,平台上有 300 万活跃供应商,在售货品 6 亿件(Wand 和 Miller,2020)。目前其市值逾一万亿美元,占标普 500 指数的 4%。

电商行业的 ESG 问题

企业的 ESG 问题通常与其行业及运营模式有关,亚马逊亦然。它涉足多个领域,但以线上零售和电子商务为主,通常被归入这两个行业之一。依据可持续会计准则理事会,最可能对电商行业之财务底线形成影响的 ESG 议题,有 E 维度下的能源管理、产品生命周期管理,有 S 维度下的产品设计、客户隐私、数据安全、员工参与和多样性。G 维度下的议题,攸关性则较弱。

在能源管理和产品生命周期管理方面,第一,云计算、资料储存等信息技术基础架构和服务涉及大量冷却用水和密集用电。第二,线上购物涉及货品包装,而包装材料及其处置方式关乎自然环境的可持续性。第三,生鲜超市常有剩余食物及垃圾,涉及污染和废弃物处理问题。第四,物流系统下的飞机、货车和拖车都须使用燃油,涉及碳排放、能源使用效率、气候变化与清洁能源契机等议题。

在产品设计方面,亚马逊购物平台上的货品,无论是自有品牌或第三方品牌,在原材料来源、产品质量、安全性、最终的废弃物处理等方面,平台都有依合理标准尽职调查的责任。

购物平台上有大量客户信息,包括个人身份、消费习性、信贷记录等,涉及客户隐私和数据安全问题;AWS 所开发的产品和服务也面临相同的问题,而这部分的责任归属在于平台。

员工参与和多样性方面的议题很多,包括招募的公平性、弱势社群的包容性、工资的合理性、工作环境的安全性、员工权益与福利、人力资本发展等问题。另外,缩短快递时间涉及送货员的考核机制,其设计合理性关乎企业的劳工管理的人性化标准。

对于电商行业,G 维度下的议题虽然相关性较弱,但并不是不存在,其中包括网络信息生态治理系统的建立、董事会的制衡性、游说政策的透明性等问题。

亚马逊的 ESG 争议

亚马逊曾发生过不少 ESG 争议,其中最广为人知的包括以下几个议题。

在环境影响方面,亚马逊一直不肯披露其碳排量,直到 2019 年才在社会舆论下不得不披露(Amazon,2020a)。2018 年它的碳排量为 4 400万吨,比微软、谷歌和脸书都高,但 2019 年又增加了 15%,升高到 5 100 万吨。依据专家估算,以亚马逊的能源使用密度,倘使其能源政策不见改变,则未来它将走在 4 摄氏度的轨道上,与巴黎协定的 2 摄氏度目标背道而驰。

在剩余食物处理方面,当全食超市被发现将大量剩余生鲜抛弃后,机构投资人对亚马逊的剩余食物管理制度展开调查,结果发现公司竟未做披露(ICCR,2019;2020)。这和行业精英的一般做法形成鲜明对比:沃尔玛及克罗格超市都对剩余食物制订了降低浪费的目标,更建立了量化披露标准,并针对目标定期发布进度报告。例如,沃尔玛和食物银行等慈善组织合作,推出济贫的社会项目,又把剩余食物用作堆肥、转化为动物饲料,并通过厌氧消化流程而开发为生物能源。

购物平台上,亚马逊的自有品牌和外部卖方产品各占一半,故而涉及供应链管理、商品内容的尽职调查、商品安全和质量管理等问题。亚马逊自有品牌的供应链管理标准长期处于不透明状态,外界无法得知其供应商挑选标准,例如是否使用统一的 ESG 计分卡、筛选门槛和考核机制等(Mark 和 Johnson,2018)。另外,平台不仅出现了惹人反感的言论,外部卖方还涉嫌侵扰性产品争议,因而亚马逊被认为负有未能尽职调查商品的疏失。

当然,亚马逊最被人诟病的,是在欠缺第三方独立机构的尽职调查和全面性代理人的监督下,径自把 AWS 开发的 Rekognition 卖给了某些独裁政府和军方警察部门。Rekognition 是一款人脸辨识监控软件,当它和巨量个人数据及摄像监控系统一起使用时,可用来追踪个人行为和人际互动,甚至可能被用于监控劳工和对立族群,产生令人不愿见到的负面后果。亚马逊的股东对此极为关切,发动了股东提案,除要求亚马逊立即停售 Rekognition 外,更要求由第三方独立机构对产品进行后果研究(ICCR,2019;2020)。

在劳工议题方面,亚马逊送货中心的问题曾多次被《华尔街日报》《时代》杂志及《大西洋月刊》等媒体披露。特别是,发货中心的员工数高达三四十万,素有"血汗工厂"之称,员工工时长、压力大,不仅被要求压缩如厕时间,还受到侵扰性监控系统的看管(ICCR,2020)。过去亚马逊员工的工资仅略高于贫困生活线,而工资低、环境差造成员工不满,德国、波兰、意大利等国都曾发生多起罢工事件,甚至针对工资和工作环境提起集体诉讼。

当然,亚马逊的 ESG 争议远不止于此。例如,它富可敌国,但大钻税法漏洞,2019 年竟然没付联邦税。又如,当股东于 2016 年提出更全面的员工薪酬统计披露时,亚马逊竟要求美国证监会阻挡该议案;当美国政府针对高科技行业进行反垄断问讯时,亚马逊的游说支出金额剧增但手法却更加不透明了。

这些争议同时也反映,亚马逊的 ESG 评级肯定不理想。事实的确如此,几家知名专业评级机构所给的评分虽然未尽相同,但方向一致,最多中等而已。譬如,MSCI 给了亚马逊 BBB 评级,Sustainalytics 给了 47% 的百分位数评级,这些中等评级明显与顶级企业应该承担更多 ESG 责任的社会期许相违。

亚马逊的 ESG 整治

企业的 ESG 整治通常针对其 ESG 短板,整治背后有基于法律规范、社会常轨、风险管理等各种理由,但基本上都与长期价值创造有关。

企业的 ESG 短板反映于其 ESG 争议,其中有些会形成要求企业改善的股东提案。企业的可持续报告书通常也围绕其 ESG 争议展开,披露其 ESG 改革重点,包括拟订的目标、建立的制度、推动的方案、具体的进展等。亚马逊亦然,其改革主要落在 E 和 S 维度。

首先,亚马逊针对最严重的短板——E 维度下的气候行动予以强化,承诺将做出符合联合国可持续发展目标、巴黎协定等国际重要公约的行动。譬如,亚马逊承诺 2040 年达到企业整体净零排碳、2030 年达到半数运货净零排碳、2025 年达到 100% 绿电等。在此,它采取了一些具体的推进措施,包括购置了 10 万辆电力车以降低运输的碳排量,启动了 1 亿美元的气候基金以推动造林项目和气候解决方案,更投资了 20 亿美元的气候宣示基金以开发去碳化技术与服务（Amazon，2020a）。

电商行业的环境痛点之一，是包装材料的降低、重复使用及循环利用。针对包装材料，亚马逊除了鼓励制造商使用 100% 的可再生包装外，更和厂商共同启动了可持续包装推动方案，利用机器学习来发掘尺寸最合适的包装箱，通过电脑辅助工程来设计包装箱，以达到用更少材料却又能保护客户货品的功能（Amazon，2020a）。

针对 S 维度下的短板，亚马逊亦进行整改，包括强化工作场所的安全性、提高员工权益、降低男女工资落差、提高员工参与、落实供应链标准等。特别是，对于长期被人诟病的工资问题，亚马逊于 2019 年把美国员工的最低工资提高到每小时 15 美元，达到法定最低工资的两倍。对于曾被喻为血汗工厂的工作环境，亚马逊和机构投资者共同启动了问题发掘和改善流程，包括现场访查、工厂经理对话、意外事故追踪、绩效指标设计等（Fisman 和 Luca，2018；Rockefeller Asset Management，2020）。在供应链方面，亚马逊加强了与全球供应商在 ESG 标准方面的沟通，并协助它们建立良好的工作环境。此外，亚马逊首度公布了供应商名单及其评估标准和具体流程，以提高供应链的透明性（Amazon，2020b）。

至于 G 维度下的短板改善，这方面亚马逊的进度落后，披露也最少。无论是 CEO 双重性、游说政策透明性、董事会强化网络信息生态机制的监督等，亚马逊非但未见回应，而且试图抵制美国证监会核准股东提案，以阻挡它们最终出现于股东委托书。

亚马逊经验的借鉴

亚马逊的 ESG 经验对电商或相关行业带来哪些启示？依笔者看，至少有以下三点。

第一，企业的规模愈大、盈利愈丰、可视度愈高，理应承担更多的

ESG 责任。背后的理由与社会责任系统下的自愿性责任配置及大企业的影响力有关，而形成社会对顶级企业的 ESG 责任预期，以多种方式传递，要求企业予以回应。这种预期是通则，无关乎行业，但依然反映于亚马逊经验，譬如民众将其 ESG 实践和同类最佳对比而以更高标准要求。

第二，亚马逊经验明显反映了 ESG 责任内化的时代趋势：企业必须把 ESG 责任内化于其商业模式和日常运营流程，而非外化于无关乎核心业务的边缘项目。这个趋势不只有理论支持，更反映于可持续会计准则理事会针对电商行业重大性 ESG 议题的界定。亚马逊以广设绿电厂来提供其运营的能源消耗、以开发创新来回应其包装材料问题，采取的正是内化式 ESG 路径。换言之，以公益造林方式来回应高碳排问题的电商，应该向亚马逊学习如何把问题内化。

第三，"创新＋跨界"并不表示企业可以避重就轻，游走于方便之门。商业模式类似、业务内容相当的企业，无论宣称自己是数字化经济平台、科技、零售或云服务公司，其相关的 ESG 责任并不会从空气中消失。譬如，当亚马逊以自有车来送货时，其碳排量被归入第一范围。当它以承包商拥有的车辆来送货时，碳排量绝对不会从大气层中消失，而是被归入第三范围。同理，当一家平台企业的创新模式产生了碳排时，纵使不是通过它的自有车队产生，却经由其创新模式产生并与其供应链相关，故有相应的归属责任。

总之，当企业因"创新＋跨界"而身处法规未及界定的模糊地带时，可能会由自利角度选择避重就轻，自我定位为跨界中较少监管的一边。但是，从社会整体的角度来看，跨界的企业仍然涵盖了一个以上的行业，它享有两个行业的资源，也应该同时承担两个行业的责任。另外，或许有些小商小贩会自我设限，仅愿负起直接可见的责任。但是，只要是稍有社会责任意识的企业，都不会做出这样降格的举措。同样，社会愈发展，民众也愈不认可这样自我降格的企业，政府也会跟着做出更明确的规范。我们相信,伴随着外界的规范与期许,再加上企业的自我定位日益提升,相关的 ESG 责任归属也会更明确,更有益于社会整体的发展。

[2020-12-21 首发于财新网]

参考文献

1. Amazon,2020a. All in:Staying the Course on Our Commitment to Sustainability[R].

2. Amazon,2020b. Amazon Supply Chain Standards Manual[R].

3. FISMAN R,LUCA M,2018. How Amazon's higher wages could increase productivity[R]. Harvard Business Review,October 10.

4. Interfaith Center on Corporate Responsibility(ICCR),2019. Shareholders to present a slate of proposals at Amazon's annual meeting[R].

5. Interfaith Center on Corporate Responsibility(ICCR),2020. New slate of ESG proposals at Amazon signal ongoing shareholder concerns[R].

6. MARK K,JOHNSON R,2018. Amazon.com:Supply chain management[DB]. Ivey Business School Case W18451.

7. Rockefeller Asset Management,2020. Amazon Case Study:Collaborating Towards Excellence[R].

8. WAND R,MILLER C,2020. How third-party sellers can make Amazon work for them[R]. Harvard Business Review. July 15.

9. WELLS J,WEINSTOCK B,DANSKIN G,ELLSWORTH G,2019. Amazon.com,2019[DB]. Harvard Business School Case 9-716-042.

◉ 手机ESG：苹果的另一面

2020年春季因疫情冲击，全球供应链中断，需求弱化，手机出货量大幅下滑。第一季度全球手机出货量同比下滑12%，仅2.76亿部。其中，苹果iPhone的销售量为3 670万部，而华为在美国贸易禁令之下，芯片供应及软件授权均受影响，手机销售量同比下滑17%至4 900万部。

对一家手机厂商而言，供应链至关重要。供应链中断会导致供需失衡、质量欠佳等问题。因此，苹果在供应链管理上也不遗余力，在供货速度、成本、质量等各方面都持续优化。

库克在2011年接替乔布斯成为苹果首席执行官，此前他是首席运营官。当时库克的主要职责是负责公司全球销售与运营事项，其中包括苹果供应链的管理。

苹果现在每年定期发布《供应商责任报告》《环境责任报告》，并要求供应商遵守相关的行业标准和行为准则。在社会压力之下，苹果还披露了供应商名单，其中包括两百多家供应商的名称和地址。这在十年前难以想象，当时苹果以保密为由，拒绝透露供应商信息。

苹果产品的精美有目共睹，但它在ESG方面的变革历程则少为人知。让我们从苹果的另一面，来谈谈手机行业的ESG。

苹果的另一面

在2020年新出炉的《供应商责任进展报告》中，苹果列举了供应商在社会、环境两方面的责任，并披露了它的新进展。报告同时提到，苹果是首家荣获中国公众环境研究中心（IPE）企业环境信息公开指数卓越品牌的企业。

苹果在 ESG 方面力求表现，这是时代趋势下所必需的改变，背后理由除了法律法规的要求、环保人士的监督外，还有来自股东的压力、行业同侪的期许。

从环境人士的监督看，九年前首先对苹果发难的，正是 IPE。当时它联合了自然之友、达尔问等民间环保组织，前后发布了两份报告，披露苹果手机亮丽外表后不为人知的阴暗面。

第一份报告以《苹果的另一面》为题，于 2011 年初发布，揭示了苹果在华供应链中存在的各种疑虑，涉及职工安全、环境污染、劳工权益等，问题多端（Friend of Nature 等，2011a）。例如，2008 年联建科技公司要求员工用正己烷替代酒精，擦拭手机显示屏。正己烷挥发速度快，可提升工作效率，降低次品率。但是，正己烷对健康有害，最终导致 49 名员工慢性中毒，造成神经损伤。2009 年更发生了举世瞩目的富士康员工坠楼事件，前后共 12 起，引发了世人对苹果供应商员工权益的疑虑（Guo 等，2012）。另外，苹果供应商的环境污染案例亦层出不穷，当年就高达 27 例，甚至有多家供应商在夜深之际以暗管非法排污。

对于这份报告所指问题，苹果迟迟未予以回应，这惹火了民间环保组织，决定更深入调查苹果供应链的问题，其后以《污染在黑幕下蔓延》为副标题，发布第二份《苹果的另一面》（Friend of Nature 等，2011b）。这份报告更把苹果和惠普、戴尔等公司相比，以凸显苹果的躲闪、逃避和不透明。在巨大的社会压力下，苹果终于开始转变态度，与 IPE 等民间组织展开对话。

股东积极参与

除了环保组织外，各利害相关方也对苹果施压，要求改正，包括苹果最不能忽视的投资者。

针对苹果产品对青少年用户的负面影响,笔者曾撰《扭转苹果》一文,提到股东以积极行动对付苹果,以期扭转其负面行为。事实上,股东对付苹果,早在 2007 年就已开始,当时 ESG 资管机构 Trillium 就曾依股东之意代行权利,向苹果提交股东议案,要求消除产品中的两种有毒物质:含溴阻燃剂和聚氯乙烯塑料。这类提案最终固可进入年度股东大会,成为被表决的议案,但更常见的诉求是成为一个抗议运动的集结点,借以要求企业改变不当行为。企业通常在考量利弊得失后,会同意自动整改,以交换提案在表决前就被撤销[①]。

这个方法果然奏效,苹果公司承诺在一年过渡期内,逐步放弃使用含有有毒物质的零部件。面对众多对苹果环保问题的指责,乔布斯更主动出面,坦诚苹果存在的问题:"苹果在创新领域是领导者,我们希望也能成为环境领域的领导者。"

2010 年,Trillium 的关注点是富士康的多起员工坠楼事件,它与其他四十多家投资机构共同发表公开声明,谴责苹果供应链工作条件恶劣的问题。不久之后,公平劳工协会(FLA)针对富士康的劳工权益及工作条件进行了调查,并要求富士康打开大门,由董事长郭台铭亲自带队引导媒体及劳工团体参观。一系列的积极行动,终于促成苹果及富士康的整改方案。

此外,苹果还遇到过一系列关于网络安全和隐私相关的争议问题。投资者也积极参与,提交股东议案,要求苹果就隐私及数据安全风险做出解释。

与其他企业一样,苹果的利益相关方有消费者、股东、员工、供应商、民间环境组织、运营社区等。苹果手机热卖,表示它受到消费者欣赏。苹果获利丰厚,富可敌国,表示它在分红上足令股东满意。但是,

---

① Trillium 向苹果提交股东议案,链接 https://www.trilliuminvest. com/leadership-corporate-engagement/spotlight-Apple-inc,2021-07-25 查阅。

今天股东看的不只是股利，还有公司的 ESG，而苹果这方面的行为显然令股东不满。正是股东的参与、非营利组织的呼吁，才驱动苹果的 ESG 变革。

实质性 ESG 议题

一家企业的 ESG 变革，应从何处入手呢？世界上有几套知名的 ESG 评级体系，包括 MSCI、Sustainalytics 等。打开任何一家的 ESG 议题表，发现真是琳琅满目，范围广、议题多。譬如，MSCI 的企业无形资产价值评级，就把 ESG 视为一个拥有 3 维度、10 主题、37 议题的庞大系统。但是，一家企业能致力于所有的 ESG 议题吗？还是在资源有限情况下，选择性地聚焦于某些特别相关的 ESG 议题呢？

从整体社会角度看，ESG 实践都应有助于可持续发展，至少可守住"不伤害他人"的底线。但是，当人力、财务及时间资源都有限时，企业的 ESG 实践不可能涉及所有的 ESG 议题，而应聚焦于某些对它攸关重大的特定议题。攸关重大应与企业的利益相关方相连，常涉及这些相关方的权力、身份的正当性、诉求的紧迫性等因素，而这些因素最终都落在企业的财务绩效上。

那么，企业如何发掘与它攸关重大、会影响其财务绩效的 ESG 议题呢？事实上，ESG 议题虽多，但各议题对不同行业下的实体企业，会产生不同程度的影响。譬如，S 维度下的数据安全性对通信行业攸关重大，但对农产行业则否。反之，E 维度下的土壤保护对农产行业就攸关重大，但对通信行业则否。现实世界里的很多案例，更凸显了企业对某些攸关重大的 ESG 议题疏失时，其财务绩效会受到损伤。

对于各行业攸关重大、会影响财务绩效的 ESG 议题，可持续会计准则理事会（SASB）已经从经验中归纳出一些通则，进行梳理，并建立了一个完整的框架。更具体地，ESG 议题可分为实质性（material）与非实质性（nonmaterial）两大类议题，而分类重点落在财务表现和运营绩效上：实质性 ESG 议题对企业绩效会产生影响，而非实质性 ESG 议题则影响甚微(Khan 等，2016)。

依据这个框架，可持续性议题可分为环境、社会资本、人力资本、商业模式创新、领导力和公司治理等五大类，其下可再分为 26 个子议题，包括空气质量、企业伦理、商业模型的稳健性、用户隐私等。另一方面，行业可分为食品饮料、健康医疗、基础建设等 11 个主行业，其下再分成 77 个子行业。基于这个框架，SASB 制订了一份实质性地图，把各议题对 11 个主行业的实质性分成三个等级：对行业下全部公司都有实质性、对行业下多数公司有实质性、对行业下少数公司有实质性[①]。

手机 ESG 与财务绩效

这个框架下的系统看来虽然庞大，其实并不复杂，企业只要能把自己归入所属行业，就能找到对应的 ESG 议题。

对于苹果，其主营业务的收入来源以 iPhone 手机销售为主，其 2019 年年报显示，iPhone 手机净销售额为 1 424 亿美元，收入占比超过五成，而整个硬件产品收入占比超八成(Apple，2020)。因此，依据 SASB 的行业分类，苹果属于技术及通信行业，而归为硬件类子行业。从 SASB 的实质性地图看，与硬件相关的实质性 ESG 议题有供应链管理、原材料采购、数据安全、员工多元性及包容性、产品周期管理等。

不过，苹果实际上并不单纯是家硬件公司，它还提供软件及内容服务。这就包括了苹果商店、音乐、电视、云存储等方面的服务。苹果的次要行业归属于互联网媒体及服务、软件及信息技术服务子行业。其相关实质性 ESG 议题就有用户隐私、数据安全、竞争行为等。

另外，苹果不是有边界的传统制造业，而是无疆界的新制造商。苹

---

① SASB 实质性地图：https://www.sasb.org/standards/materiality-map/，2021-07-25 查阅。

果只掌控研发设计,而生产组装等则由富士康等外包厂商处理。但苹果处于供应链的核心位置,掌握话语权、定价权,故其实质性 ESG 议题除了"供应链管理"外,亦包括供应商所对应的实质性 ESG 议题。

苹果公司实质性**ESG**议题

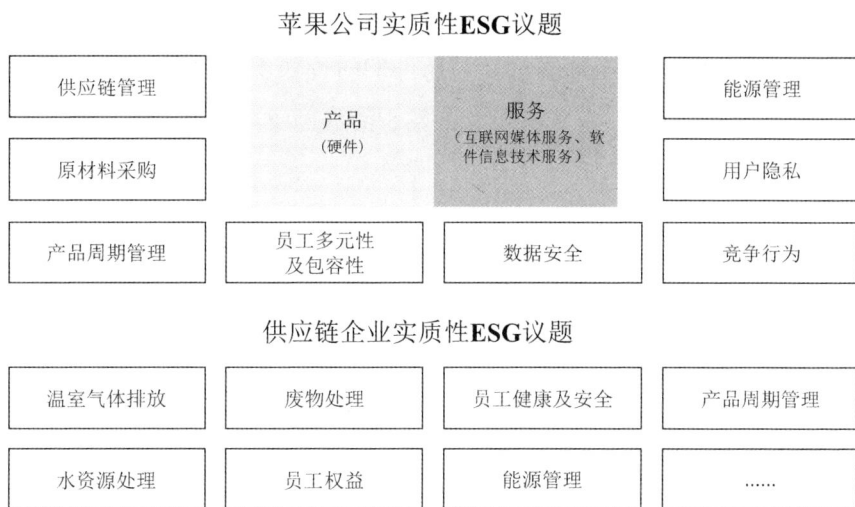

供应链管理	产品(硬件)	服务(互联网媒体服务、软件信息技术服务)	能源管理
原材料采购			用户隐私
产品周期管理	员工多元性及包容性	数据安全	竞争行为

供应链企业实质性**ESG**议题

温室气体排放	废物处理	员工健康及安全	产品周期管理
水资源处理	员工权益	能源管理	……

图 1　苹果公司及供应链企业实质性 ESG 议题

事实上,SASB 框架所指出的这些实质性 ESG 议题,正是苹果过去被挑战的痛点,也是它 ESG 变革的重点。特别是,打开苹果每年定期发布的《供应商责任报告》《环境责任报告》,其中指出的 ESG 目标及每年实践进展,也是以这些实质性议题为主。

当然,在 ESG 的时代趋势下,企业必须实践 ESG,也关心它对财务绩效的影响。过去曾有一种迷思,认为企业的 ESG 评级与财务绩效正相关:当企业的 ESG 评级总分高时,其财务绩效亦较佳。但 SASB 对实质性 ESG 与非实质性 ESG 的区分,显然打破了这个迷思。事实上,针对于此,学者进行了研究,结果有以下三点主要发现。

第一,企业在实质性 ESG 上的评级足以预测其财务绩效,实质性 ESG 评级较高的企业,其财务绩效优于那些实质性 ESG 评级较低的企业。第二,企业在非实质性 ESG 上的评级,不能据以预测其财务绩效。第三,企业在整体 ESG 上的评级,也不能据以预测其财务绩效。

总结而言,SASB 所建立的框架,能帮助手机及其他企业看清什么是攸关重大的 ESG 议题,而有助于优化 ESG 实践的焦点。倘使企业能再通过对自身及同行的理解,针对实质性 ESG 实践的具体细节予以深化和权宜平衡,则应能有利于其长期的财务表现和运营绩效。

[2020-6-5 首发于澎湃商学院,共同作者张旭华]

参考文献

1. Apple,2020. Form10K/Annual Report[R].

2. Friend of Nature,Institute of Public and Environmental Affairs (IPE),Green Beagle,2011a. The Other Side of Apple[R].

3. Friend of Nature,Institute of Public and Environmental Affairs (IPE), Green Beagle, Environfriend, and Green Stone Environmental Action Network,2011b. The Other Side of Apple II: Pollution Spreads Through Apple's Supply Chain[R].

4. GUO L,HSU S,HOLTON A,JEONG S,2012. A case study of the Foxconn suicides: An international perspective to framing the sweatshop issue[J]. The International Communication Gazette,74 (5): 484-503.

5. KHAN M, SERAFEIM G, YOON A,2016. Corporate sustainability: first evidence on materiality[J]. The Accounting Review,91(6), 1697-1724.

⬤ ESG 会增加企业价值吗

2020 年中国责任投资论坛以"ESG 探索与发展"为题,于 11 月上旬邀请政府监管单位、各界专家及学者举办线上会议。我受邀担任主讲嘉宾,针对"ESG 和企业价值"的议题,从学者视角梳理多年来的学术研究。

ESG 和企业价值之间的关系,一直是个受人瞩目的议题:企业的 ESG 实践究竟会提高企业价值还是降低企业价值,抑或不产生影响?(Waddock 和 Graves,1997;Khan 等,2016;Zhao 和 Murrell,2016;Cornell 和 Damodaran,2020)针对这个问题,学者从 20 世纪 70 年代就开始研究,前后持续了半个世纪,相关论文不计其数,刊登在管理学、会计学和金融学等领域的期刊上。

研究这个关系时,学者会基于管理经济学的理论说明企业实践 ESG 的理由,以提出 ESG 对企业价值影响的假说,再建立统计模型,挑选合适的 ESG 变量和企业价值变量,利用数据进行检验。在此,具体的 ESG 变量可以是环境维度的节能减排、社会维度的供应链管理、公司治理维度的董事会组成等,或企业的整体 ESG 实践,而企业价值变量可以是市场价值、市净率、盈利、成本、销货额等。

学者基于理论而拟定待检验的研究假说,那么,涉及 ESG 和企业价值关系的管理经济学理论有哪些?理论认为这关系是正面的、负面的,抑或不相干?在检验这些假说时,学者会遇到哪些挑战?如何克服?过去研究有什么重大发现?各方看法一致吗?

基于过去的学术研究及当下的发展趋势,本文针对上述问题,依序提出简要回答。

理论依据

ESG 和企业价值之间的关系究竟如何？若从一些个别的 ESG 项目看，有些企业会否定这个关系，譬如当企业涉及某项成本高昂的环境整改方案，未来盈利未必会提高。当然，也有企业会持相反看法，认为其员工持股计划吸引了不少优秀人才，形成产品创新，以致盈利增加。不过，个别企业的经验不够全面，我们需要参考比较全面的理论依据，以及数据给予的支持。

对于 ESG 和企业价值之间的关系，传统上有两个主要假说，分别基于两套不同的理论，一套对两者关系持负面看法，另一套对两者关系持正面看法。两套理论都从现代企业的经营和管理着手，提出企业何以参与 ESG，并论证 ESG 和企业价值之间的关系。

对 ESG 和企业价值关系持有负面看法的，主要基于委托代理理论（agency theory）（Jensen 和 Mackling，1976）。该学说和管理学里的公司理论相连，从股东视角看事情，属于相当传统的理论。特别是，现代企业因所有权与经营权的分离而产生代理问题；公司高管作为股东的代理人，负责企业的日常运营，但会基于自身利益行事，譬如通过参与一些成本高昂的 ESG 项目来提高个人名声。当企业由高管主导而涉入这种 ESG 项目时，形同以牺牲股东利益的方式来获取个人利益，最终却导致企业价值下跌。因此，依据代理学说建立的代理假说认为，ESG 和企业价值之间负相关——企业的 ESG 实践会降低企业价值。

代理假说虽由金融学教授 Jensen 于 1976 年提出，但相同思路已反映在先前另一篇知名度更高的专文——《企业的社会责任是增加盈利》（Friedman，1970）。该文由诺贝尔奖得主 Friedman 教授所撰，1970 年登在《纽约时报》上。此事距离今天已经整整半个世纪，当时

ESG 一词尚未崛起，而企业的相关行为被称为企业社会责任（corporate social responsibility，CSR），其中以慈善捐赠为主，亦是傅利曼教授在文中所大肆抨击的主题。不过，至今仍有不少人由企业内部治理问题来看待 ESG，诺贝尔奖得主 Tiróle 教授即是一例（Tiróle，2001；Benabou 和 Tiróle，2010）。

主张 ESG 和企业价值之间呈正面关系的看法，出现时间较晚，其背后有几套理论，而以利益相关者学说（stakeholder theory）最重要。它于 1984 年由 Freeman 教授提出，认为现代企业应该看清时代趋势，不能再局限于股东立场，而必须对多方利益相关者承担 ESG 责任（Freeman，1984）。现代企业的利益相关方，除了股东之外，还有员工、顾客、供应商、社区、自然环境，甚至债权人、各级政府单位等。

后续发展中，这些利益相关方的合理性大多已被法律所肯定，并反映于一些法规条文和法庭判例上。譬如，美国在 20 世纪 70 年代就制订了消费者保护法案，纳入企业对消费者的责任，更在 2009 年针对金融产品制订了投资者保护法案，考虑了原先未被纳入消费者群体的投资者。另外，各国都有劳动力就业保护法案、平等就业机会法案等，要求企业对员工承担责任。

Freeman 教授最先是从规范伦理学的视角提出利益相关者学说，但后来由多方学者共同发展，基于财产权、伦理学、合法性、经济性等角度予以深化，而形成了一套相当完整的学说（Donaldson 和 Preston，1995；Mitchell 等，1997；Jones 等，2007）。

依据利益相关者学说，企业的 ESG 实践就是在对各种利益相关者负责，譬如节能减排是对自然环境和整体社会负责，供应链劳动力标准是对供应商赋予责任要求，而产品安全是对顾客负责。利益相关者学说更表示，企业的 ESG 实践会提升企业价值，故两者之间正相关。

不过，除了利益相关者学说，有其他理论也支持 ESG 和企业价值之间的正相关性，譬如波特教授 2006 年的比较优势理论及 2011 年的共享价值创造理论。比较优势理论是从战略的视角来解析企业涉及 ESG 的理由，认为 ESG 实践可以为企业创造竞争优势，最终提高企业价值（Porter 和 Kramer，2006）。共享价值创造理论更推进了比较优势说，融入了利益相关者视角：当企业针对紧迫的社会问题，为利益相关者推出创意解决方案时，可以为双方创造共享价值，而反映于彼此价值的增加上（Porter 和 Kramer，2011；Crane 等，2014）。

对于企业 ESG 实践和其价值的关系，正向关系的看法常被称为"企业价值假说"或"企业绩效假说"，而反向关系的看法则被称为"委托代理假说"。学者通常利用现实世界里的数据测试"企业价值假说"，倘使数据支持正向关系时，则企业价值假说获得支持。反之，倘使数据不支持企业价值假说被拒绝，则表示它可能支持代理假说。

数据来源

传统财务报表上的数字，反映的是企业营收、支出和盈利的情况，其中并没有企业 ESG 实践的信息。传统财务报表是从股东立场来看企业创造的价值，而未能反映企业 ESG 实践对利益相关方所带来的价值。因此，在获取检验企业价值假说所需的 ESG 数据上，传统财务报表既无法提供企业的 ESG 数据，也无法提供企业 ESG 影响力的货币价值。

更具体地，如下图所示，传统财务报表上的数字反映的是纵坐标轴上的股东价值，而股东以外之其他利益相关方的价值则未被反映，导致此图的横坐标轴缺失，而这却是 ESG 关注的核心。因此，如何能通过另一种形式的报告，呈现出企业的运营及产品和服务对其他利益相关者的影响，并把这种影响直接纳入财务报表，则为当务之急（Serafeim 等，2019）。

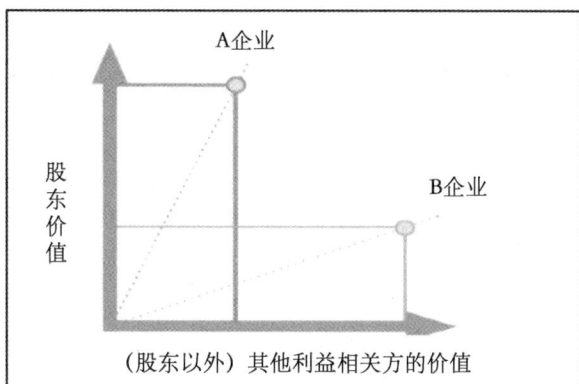

图1 企业对股东价值和其他利益相关方价值的看法

针对 ESG 数据及其货币价值的问题,多年来各界都在寻找解决方案,其中至少有三种努力。

第一种努力针对传统财务报表未纳入企业 ESG 信息的问题,主张在财务报表之外,单独以另一份报告披露之。推动方案从 20 世纪 90 年代开始,倡议企业发布可持续报告,以标准框架披露其 ESG 实践(Owen 和 O'Dwyer,2008)。具体努力落在披露准则的建立上,其中包括披露原则、分类标准等,而推动组织中最重要的是 1997 年成立的全球可持续报告倡议组织(Global Reporting Initiative,GRI)及 2011 年成立的可持续会计准则委员会(Sustainability Accounting Standard Board,SASB)。

第二种努力关乎 ESG 数据库的建立。可持续报告由企业发布,但数据库的信息来源不能仅限于此,还须纳入其他来源的信息,诸如政府对企业的奖惩信息、法庭对企业争讼的判决、媒体对企业的报道、行业分析师对企业的看法等。这类数据库可以是比较单纯的材料收集,也可以是相对复杂的 ESG 评级。

"相对复杂"是因为评级本身超越了材料收集,而蕴含对 ESG 相关概念的诠释及价值判断。特别是,评级包含如何建立评级框架,如何挑选各维度下的议题,如何赋予各议题权重等,其中必然涉及理念、解释、选择、排序等具有主观因素在内的流程，而评级机构本身的背景、特质、组织目的及客户对象等，都会对此造成影响（Eccles 和 Stroehle，2018；Christensen 等，2020）。

早期的 ESG 评级由怀抱理想的使命导向组织展开，其中以英国的 EIRIS、法国的 Vigeo 及美国的 KLD 研究暨分析公司最知名。KLD 于 1988 年推出的 KLD 数据库，以严谨客观著称，广为学者采用（Gond 等，2017）。近十年来，随着 ESG 投资的主流化，ESG 评级机构数量剧增。目前全球有六百多家，如 MSCI、Sustainalytics、Vigeo-EIRIS、富时罗素等（MSCI，2020；Sustainalytics，2021；Vigo-EIRIS，2020；Fish 等，2019）。但评级组织虽多，评级结果的相关性却很低，其背后原因与 ESG 评级的价值取向有关，本人已在其他几篇专文中做了解析，兹不赘述。

第三种努力更具突破性，致力于把企业 ESG 实践的影响力和财务报表相结合，并进行货币化的呈现。企业的影响力属于外部效应，有些为正（如创造的工作岗位），有些为负（如碳排放），而且有不同的度量单位。如何建立一个全面的会计框架，将它们货币化后和财务报表结合，以形成相同的度量单位（把企业创造的工作岗位及产生的碳排放量都转化为货币单位），这应该是比较理想的 ESG 数据。

事实上，这种努力已经进行了一段时间，其中包括 2011 年推出的综合报告（integrated reporting），尝试跳脱出传统财务报表之以股东为中心的视角，更全面地呈现企业运营和 ESG 活动所产生的价值。当然，更重要的突破是由哈佛大学孵化的影响力加权报表（impact-weighted accounting，IWA），将企业产品对消费者、社区、自然环境等利益相关者所产生的正负面影响货币化，最后并入企业的利润表（Serafeim 和 Trinh，2020；Rischbieth 等，2021）。

除了以上提到的 ESG 数据外，检验企业价值假说还需要企业价值方面的数据。在此，学者会考虑广义的企业价值，而不仅限于股市价值。无论何种诠释,这方面数据一般不成问题,常用指标有企业的市值、ROE 或 ROA 等盈利指标、收益、成本,以及托宾 Q 等。

总的来说,检验企业价值假说所面临的数据问题不在于企业价值相关数据,而在于 ESG 数据。这方面涉及会计框架对利益相关者的处理、ESG 评级框架的建立、ESG 的度量方法等。因其带有相当的价值判断,会受到组织特质、运营目标等内部因素的影响,也会受到时代背景、法律规章、文化思维模式等机构因素的影响。

研究发现

对企业价值假说的检验始于 20 世纪 70 年代,但当时没有全面的 ESG 数据,ESG 评级也还没出现,导致学者必须使用替代变量,譬如美国环保署的企业污染指标、企业年报里的环境披露、企业的声誉调查计分等。另外,当时的理论基础也比较薄弱,加上数据质量粗糙,以致研究结果不一。Ullman 教授对此做了梳理,于 1985 年在美国管理评论期刊上发表了一篇经典论文,呼吁学者开发相关理论和数据(Ullman,1985)。

比较完整的检验出现在 KLD 数据库出现后,其中有企业 ESG 的整体得分,也有这三个维度的分解得分,甚至各维度下某个议题的得分。学者据此做了很多研究,譬如检验 ESG 的整体得分和企业价值的关系,检验 S 维度下的社区参与和企业价值的关系,或是检测 E 维度下的环境处置和企业价值的关系(Krüger,2015;Bolton 和 Kacperczyk,2021)。此外,学者利用英国的 EIRIS 数据库进行类似的研究,在 ESG 评级数据覆盖全球多国后,学者更利用 ASSET4 等数据进行更全面的研究(Brammer 等,2006;Dyck 等,2019)。

因相关论文太多,在此无法备述,本文只提出三点主要的研究发现。第一,绝大多数的研究都发现,企业 ESG 和企业价值之间的关系为正,支持企业价值假说。第二,上述情况会受到数据特性的影响,譬如当使用企业的 ESG 分解得分时,研究结果会不同于整体得分。第三,当使用股价数据来代表企业价值时,研究结果取决于股市对企业正负面信息的反应,而反应差异会造成研究结果分歧。

亮眼成果

以下介绍三篇学术论文,它们以更细致的方法、更独特的数据来检验假说,因而特别亮眼。

Edmans 教授基于利益相关者学说和人力资源中心学说导出待检验的假说,利用美国数据,探究企业员工满意度和其股票长期回报之间的关系(Edmans,2011)。他并不直接检验企业价值假说,反之,他检验超额回报假说:由员工满意度较高的股票所构成之投资组合,相比于由员工满意度较低的股票所构成之投资组合,前者的投资回报是否高于后者?

针对这个假说,Edmans 教授以《财富》杂志"最佳雇主 100 强"里的一百家美国企业,构成一个投资组合,并和一个由员工满意度较低的企业所构成的投资组合相比,通过四因子模型来检验两者之间超额回报的差异,而实证结果支持原始假说。另外,该文还发现,员工满意度高的企业会有更多的正面意外收益,也有更高的事件宣布回报。

Khan 等三位教授的研究建立在 SASB 对实质性的界定上,其背后的理念很清楚:SASB 基于现实世界的证据,对各行业梳理出实质性的 ESG 议题及非实质性的议题,前者会对企业的财务底线造成影响,而后者则不会(Khan 等,2016)。因此,企业不应毫无选择地参与所有的 ESG 议题,反之,企业应该集中资源参与实质性的 ESG 议题,以提高长期价值。

SASB 这种界定,无疑是对 ESG 议题做了更细致的区分,而各行业因其特质有其独特的实质性 ESG,譬如水资源稀缺议题之于食品行业、数据保密之于信息科技行业,但反之则不然。

Khan 等三位教授不使用市场上现成的 ESG 评级数据,反之,他们基于 SASB 的界定而自行建构 ESG 数据,再检验超额回报假说,结果表明假说成立。亦即,与实质性 ESG 表现较差的企业股票所构成的投资组合相比,实质性 ESG 表现较好的企业股票所构成的投资组合具有更高的回报。反之,与非实质性 ESG 表现较差的企业股票所构成的投资组合相比,非实质性 ESG 表现较好的企业股票所构成的投资组合不具有更高的回报。作者对企业未来的会计绩效变化的分析进一步肯定了这个研究结果,并对 SASB 的实质性界定提供了初步证据。

Dai 等三位教授的研究基于利益相关者学说,但利用一个将企业与其供应商相互匹配的新数据库,通过细致的实证方法,呈现出亮眼的结果(Dai 等,2021)。供应商是企业重要的利益相关者,当供应链全球化后,企业的供应商遍布世界各地,譬如德国宝马汽车在全球有 87 家供应商,位于中国、韩国、日本、美国、墨西哥等国。但过去一直没有完整的相关数据库,以致研究未能展开。

新数据库出炉后,Dai 等三位教授检验共享价值创造假说,即企业和其供应商通过 ESG 实践而产生了共享价值。研究结果发现,当企业和供应商参与协同式的 ESG 时,会为双方创造经济价值,反映于销售成长、成本降低、市净率增加等方面,而这结果支持原始假说。

特别提醒

检验 ESG 和企业价值的关系时,主要是针对企业价值假说进行检验,与本文所引论文大体一致,Edmans 和 Khan 的两篇除外。不过,很多人会把企业价值假说和超额回报假说相混。

依据超额回报假说,当投资人持有如绿色固定收益基金、富时善指数基金、公司治理指数基金等 ESG 金融产品时,会获得超额回报 alpha。这是一个相当流行的看法,更被基金公司当作营销术语,以超额回报来吸引投资人认购。

不过,超额回报假说的理论依据完全不同于企业价值假说。特别是,它必须基于某种投资组合理论,论证 ESG 资产的回报何以会高于传统型资产,譬如 ESG 资产的 ESG 特质未被正确定价,或是 ESG 投资人的偏好足以影响这类资产价格,因而压低了预期回报和资金成本(Renneboog 等,2011;Dhaliwal 等,2011)。

至于超额回报的计算,实践者往往以单因子模型来看,亦即,一个金融资产的超额回报是它高于市场基准的部分,而市场基准就是这里所谓的单因子。不过,依据资本资产定价模型,决定某资产回报的因素不只有市场因子,还有规模因子、价值因子和动量因子等。因此,在检验超额回报假说时,比较合适的模型应该是 Fama-French 的三因子模型,甚至 Carhart 教授在 1997 年推出的四因子模型,用来计算某资产回报之高于市场、规模、价值及动量等因子的部分(Fama 和 French,1993,1996;Carhart,1997)。这样算出来的才是真正的超额回报 alpha。

学者对超额回报假说的检验,大概在 21 世纪后才开始,利用美国、英国、北欧、加拿大等国的 ESG 投资数据,通过三因子或四因子模型进行实证解析。大部分的研究结果表明,ESG 资产并不存在超额回报,其 alpha 甚至在某些国家竟为负值(例如,Bauer 等,2007)。

当时这个发现颇令人不解,很难通过传统的资本资产定价模型来解释。不过,随着可持续投资风潮的崛起,传统的资本资产定价模型愈发捉襟见肘,而其中对投资者的"单一颜色"假设已不适用。换言之,新模型必须假设市场上有不同颜色的投资人,其中有只追求财务回报的棕色投资人,也有同时追求财务回报和社会回报的绿色投资人。在新模型下,有些学者已经通过数学推导,证明了 alpha 为负值,而这结果也符合先前另一些学者的实证发现(Pedersen 等,2021)。

结语

ESG 和企业价值之间的关系,是个备受瞩目的议题。针对这个问题,学者基于委托代理理论、利益相关者理论、共享价值创造理论等多种学说,推导出了两者之间不同关系的假说。

检验假说需要数据,而相比于财务数据,我们对 ESG 数据的性质理解比较有限,对假说的检验也面临困难。特别是,有别于财务数据的价值中立性质,ESG 数据受到供应者价值立场的影响,包括其目标、使命、客户对象和机构背景等。

迄今为止,学者对 ESG 数据的微观问题和企业财务报表立场的宏观问题仍在进行研究。但利用现有的 ESG 数据、通过合适的统计模型检验,多数研究的结果都支持企业价值假说。换言之,当企业 ESG 实践更好时,以股市价值、市净率、营收等变量来度量的企业价值都更高。

历史研究结论整体上表明,当企业进行利益相关者管理时,会获得利益相关方的支持,诸如能吸引优秀员工的加入、能获得买方厂商的订单、能获得更好的融资渠道、能强化市场竞争优势、能提高企业形象等,最终造成企业价值的增加。

针对这系列研究背后存在的一些基本问题,学者也在努力克服中,其中包括现代投资组合理论的重塑、影响力加权会计框架的建构、更细微的 ESG 数据等。期盼多方努力终能修成正果,使这个领域的研究更臻完善。

[2020-11-17 首发于财新网]

参考文献

1. BAUER R,DERWALL J,OTTEN R,2007,The ethical mutual fund performance debate:New evidence from Canada[J]. Journal of Business Ethics,70(2):111-124.

2. BENABOU R,TIROLE J,2010. Individual and corporate social responsibility[J]. Economica,77(305):1-19.

3. BRAMMER S,BROOKS C,PAVLEIN S,2006. Corporate social

performance and stock returns: U.K. evidence from disaggregate measures[J]. Financial Management, 35(3): 97-116.

4. BOLTON P, KACPERCZYK M, 2021. Do investors care about carbon risk[J]. Journal of Financial Economics, Forthcoming.

5. CRANE A, PALAZZO G, SPENCE L, MATTEN D, 2014. Contesting the value of "creating shared value"[J]. California Management Review, 56(2): 130-153.

6. CARHART M, 1997. On persistence in mutual fund performance [J]. Journal of Finance, 52 (1): 57-82.

7. CHRISTENSEN D, SERAFEIM G, SIKOCHI A, 2020. Why is corporate virtue in the eye of the beholder? The case of ESG rating[J]. The Accounting Review, Forthcoming.

8. CORNELL B, DAMODARAN A, 2020. Valuing ESG: Doing good or sounding good[R/OL]. NYU Stern School of Business Working Paper, file:///C:/Users/saif/Downloads/SSRN-id3557432% 20(2).pdf, 2021-7-25 查阅.

9. DAI R, LIANG H, NG L, 2021. Socially responsible corporate consumers[J]. Journal of Financial Economics, Forthcoming.

10. DHALIWAL D, LI O, TSANG A, YANG Y, 2011. Voluntary nonfinancial disclosure and the cost of capital: The initiation of corporate social responsibility reporting[J]. The Accounting Review, 86(1): 59-100.

11. DONALDSON T, PRESTON L, 1995. The stakeholder theory of the corporation: Concepts, evidence, and implications[J]. Academy of Management Review, 20(1): 65-91.

12. DYCK A, LINS K, ROSS L, WAGNER H, 2019. Do institutional investors drive corporate social responsibility?

International evidence[J]. Journal of Financial Economics，131 (3)：693-714.

13. ECCLES R，STROEHLE J，2018. Exploring social origins in the construction of ESG measures[R/OL]. Säid Business School Working Paper，file:///C:/Users/saif/Downloads/SSRN-id3212685.pdf，2021-7-25 查阅.

14. EDMANS A，2011. Does the stock market fully value intangibles? Employee satisfaction and equity prices[J]. Journal of Financial Economics，101(3)：621-640.

15. FAMA E，FRENC K，1993. Common risk factors in the returns on bonds and stocks[J]. Journal of Financial Economics，33(1)：3-53.

16. FAMA E，FRENCH K，1996. Multifactor explanations of asset pricing anomalies[J]. Journal of Finance，51(1)：55-84.

17. FISH A，KIM D，VENKATRAMAN S，2019. The ESG sacrifice [R/OL]. Cornell University Working Paper，file:///C:/Users/saif/Downloads/SSRN-id3488475%20(3).pdf，2021-7-25 查阅.

18. FREEMAN E，1984. Strategic Management：A Stakeholder Approach[M]. Boston：Pitman.

19. FRIEDMAN M，1970. The social responsibility of business is to increase its profits [J]. The New York Times Magazine，September 13：17-18.

20. GOND J，VIGNEAU L，JOHNSON-CRAMER M，2017. How Do Measures Become Academically Acceptable? A Case Study of the KLD Database [J]. Proceedings of the International Association for Business and Society，28：68-81.

21. JENSEN M，MACKLING W，1976. Theory of the firm：

Managerial behaviour, agency costs, and capital structure[J].
Journal of Financial Economics, 3(4): 305-360.

22. JONES T, FELPS W, BIGLEY G, 2007. Ethical theory and
stakeholder-related decisions: The role of stakeholder culture[J].
Academy of Management Review, 32(1): 137-155.

23. KHAN M, SERAFEIM G, YOON, A, 2016. Corporate
sustainability: First evidence on materiality[J]. The Accounting
Review, 91(6):1697-1724.

24. KRUEGER P, 2015. Corporate goodness and shareholder wealth
[J]. Journal of Financial Economics, 115(2): 304-329.

25. MITCHELL R, AGLE B, WOOD D, 1997. Toward a theory of
stakeholder identification and salience: Defining the principle of
who and what really counts [J]. Academy of Management
Review, 22(4): 853-886.

26. MSCI, 2020. MSCI ESG Ratings Methodology[R]. New York:
MSCI ESG Research.

27. OWEN D, O'DWYER B, 2008. Corporate social responsibility:
The reporting and assurance dimension. In CRANE A,
McWILLIAMS A, MATTEN D, MOON J, Siegel D. (eds.),
The Oxford Handbook of Corporate Social Responsibility[M].
New York: Oxford University Press: 384-409.

28. PEDERSEN L, FITZGIBBONS S, POMORSKI L, 2021.
Responsible investing: the ESG-efficient frontier[J]. Journal of
Financial Economics, Forthcoming.

29. PORTER M, KRAMER M, 2006. Strategy and society: The link
between competitive advantage and corporate social
responsibility[J]. Harvard Business Review, December: 78-92.

30. PORTER M，KRAMER M，2011. Creating shared value[J]. Harvard Business Review，January/February：62-77.

31. RENNEBOOG L，ter HORST J，Zhang C，2011. Is ethical money financially smart? Nonfinancial attributes and money flows of socially responsible investment funds[J]. Journal of Financial Intermediation，20(4)：562-588.

32. RISCHBIETH A，SERAFEIM G，TRINH K，2021. Accounting for product impact in the consumer-packaged foods industry[R]. Harvard Business School Working Paper 21-051.

33. SERAFEIM G，TRINH K，2020. A preliminary framework for product impact-weighted accounts[R]. Harvard Business School Working Paper 20-076.

34. SERAFEIM G，ZOCHOWSKI R，DOWNING J，2019. Impact-Weighted Financial Accounts：The Missing Piece for an Impact Economy[R]. Harvard Business School.

35. Sustainalytics，2021. Sustainalytics' ESG Risk Rating Research Methodology[R]. Amsterdam：Sustainalytics.

36. TIROLE J，2001. Corporate governance[J]. Econometrica，69 (1)：1-35.

37. Vigeo-EIRIS，2020. ESG Assessment Methodology：Executive Summary[R].

38. ULLMAN A，1985. Data in search of a theory：A critical examination of the relationships among social performance，social disclosure，and economic performance of U.S. firms[J]. Academy of Management Review，10(3)：540-557.

39. WADDOCK S，GRAVES S，1997. The corporate social performance-financial performance link[J]. Strategic Management Journal，18

（4）：303-319．

40. ZHAO X，MURRELL A，2016. Revisiting the corporate social performance — financial performance link：A replication of Waddock and Graves［J］. Strategic Management Journal，37（11）：2378-2388．

第三部分　ESG 投资

◉ 疫情危机下的 ESG 投资

自 2020 年初爆发新冠疫情以来,短短数月间,全球股市震荡,各种金融产品的净值大幅下滑,而唯一的例外是 ESG 投资。危机下,MSCI ESG Leader Indices、FTSE 100 ESG Leader Index 等 ESG 指数的下跌幅度,远比大盘要小。事实上,过去几次危机也表明,ESG 指数的抗跌性强,这个特质使它鹤立鸡群,引起高度瞩目,而各方更积极探索 ESG 投资在疫情下能发挥的功能。

在此背景下,我于疫情期间应媒体邀约,专文解析疫情危机与影响力投资之间的关系。

当前疫情危机

对于世界各国的公共卫生医疗系统来说,这次疫情危机可谓最严厉的检验。稍有不足,即破绽百出。除了医疗物资缺乏的窘况,更大的"破洞"来自系统反应迟缓、统筹整合不足。

为防止疫情扩散,阻绝隔离是必要手段。如此一来,势必波及许多行业,而弱势群体更是雪上加霜。我们由新闻中看到,美国有大量人口因疫情造成的经济停顿而失业,每天大排长龙等着领失业救济金,人数高达一千七百万。知名经济学家、诺贝尔奖获得者克鲁格曼教授预测,美国在疫情期间失业率可能高达 20%。另外,全球供应链因疫情而严重间断,根据美国《财富》杂志的问卷调查,有九成全球大企业或多或少都为供应链受阻问题所困扰。

疫情对各方冲击不一，脆弱群体情况最糟

这次疫情更特殊的是，原本最脆弱的群体受到的影响最严重，包括老人、慢性病患、临时短工、低收入人口、偏远地区人口等。譬如，全球十亿小学生必须上网课学习，网费大增，若没钱买网卡，学习就会受阻。国内几家公益基金会因此买了网卡，分赠给无力负担网费的学生，让学习不至间断。美国也有类似情形，约两成学生住在没有宽带的乡下，网络断断续续，效果不好，而另一些贫困学生的家庭则无法负担网费。因此，疫情加剧了原本存在的"数字落差"，更凸显其中的城乡差距与贫富区隔。

当这类危机发生时，最先形成的应急方案往往针对最脆弱群体，给饭吃、给地方住，让大家活下去。这在国内比较罕见，但美国纽约、荷兰阿姆斯特丹等国际大都市本来就有很多游民，平日露宿、乞讨食物，但现在断炊了，也不能露宿街头，怕会传播病毒。因此，最近美国一些慈善组织就忙着解决游民问题，以临时小套间供住，再供餐，还要忙着募款，否则怎么供房供餐呢？另外，美国很多弱势家庭的小朋友也因疫情而没饭吃，以前每天能在学校吃一顿免费热食，现在停学了，连这顿午餐也没了。

有几家金融机构对疫情危机也做出立即回应，知名的资产管理业者贝莱德为其一。3 月下旬它宣布将拿出五千万美元的捐赠款应急，其中一千五百万和食物银行及社会服务组织合作，让穷人有饭吃，让街头游民有暂时栖身之地。

除各界捐赠外，受到疫情影响的各国政府更是以各种手段做出承诺，一则稳定民心，二则纾解困难，三则刺激经济。除实施宽松货币政策外，各种消费券、失业救济金、政府融通贷款等，都陆续上路，而这次欧美政府纾困规格之大堪称史无前例，甚至超过 2007 年、2008 年的全球金融危机。

由宏观框架看疫情暴露的问题

当前疫情所暴露的问题,倘要放在一个宏观的框架下,联合国的十七个可持续发展目标(Sustainable Development Goals,SDGs)最合适。受疫情影响最严重的领域,可以用这十七个可持续发展目标里的四个来表示,分别是 SDG♯2"零饥饿"(no hunger)、SFG♯3"良好健康与福祉"(good health and well-being)、SDG♯4"优质教育"(quality education),以及 SDG♯8"体面工作和经济增长"(decent work and economic growth)。

背后理由很明显,因为目前疫情危机凸显了食物短缺、健康威胁、学校关闭,以及大规模失业和经济中断。另一方面,针对四个受疫情影响最深的领域,我们必须思考如何能以系统性改变来解决问题。例如,疫情冲击下最先失业的人,往往从事的是技术含金量比较低、容易替补的工作,那么当事人是否可借此契机提升技能,成功地进行技术转型,而在未来有更好的抵御力? 各种职能培训中心,是否可找出有效干预方式、开发出成功的培训方案呢?

当前局势下的 ESG 投资

ESG 投资是把 ESG 因素纳入投资分析、投资决定和投资管理流程里。这类投资传到国内才五六年,但它在欧美发展已近半世纪,无论是业者的实践或学者的研究都有相当成就。

在实践上,ESG 投资是以七种投资策略来界定,其中包括负面剔除法、依公约剔除法、同类最佳法、可持续主题投资法、积极股东法、ESG 整合法,以及影响力投资(GSIA,2021)。七个投资策略背后各有理念、崛起时间不同,各地区的市场规模也不同。值得注意的是,七个 ESG 投资里,只有三个和本次疫情相关,分别是可持续主题投资法、积极股东法与影响力投资。

疫情下为何 ESG 投资特别重要

疫情下何以要特别关注 ESG 投资？这和 ESG 投资的特质有关。首先，ESG 投资通常要求长期持股，因其关乎企业的 ESG 实践，必须在长期中才能显现效果。因此，ESG 投资的持股人以社保基金、保险公司等机构投资人为主，它们持股期长，持股比高，力量也大，更能对被投资企业的 ESG 实践予以监督，促其在时间中酝酿，最终发酵（Starks 等，2018）。

其次，在 ESG 投资的三个主题里，这次疫情和环境维度 E 的关系小，和治理维度 G 有些关系，但主要涉及社会维度 S，包括去除饥饿、医疗渠道、优质教育和就业问题等。

第二个原因涉及 ESG 投资与传统投资的分际。传统投资是单底线投资，投资人以最大化财务回报为目标，但 ESG 投资是双底线投资，投资人不只追求财务回报，还追求社会回报。某些影响力投资人有以资金去推动社会前行的动机，其中有些人的动机甚至强烈到把资金视为达成目标的工具，以致愿意牺牲一部分的财务回报，以换取社会回报（Cole 等，2020）。

肯定金融的力量，注意资金需求模式的阶段性差异

目前情况下，我们应该思考如何能利用这个危机所引发的契机，把短期应急方案转化为可持续的系统性改变，以产生长期影响力。特别是，无论是 ESG 投资价值链上端的资产所有人、中端的资产管理人，还是下端的被投资企业，都应该扩大视野，承担责任，推动社会前行。

在此强调两点。第一是肯定金融的力量，针对疫情危机下的社会问题，通过合适的金融工具来注资。有关这点，从新冠疫情爆发迄今，几种金融工具已陆续进场，包括过桥贷款、债务融资、结构型金融商品及催化型资本。第二，危机下的资金需求模式有阶段性差异，而合适的金融工具也随之不同。在疫情危机的复原阶段，应注资于能解决就业及医疗问题的实际方案，但在疫情危机后的振兴阶段，应注资于能解

决根源问题的创新方案。

过去也曾发生过几次金融危机,如 1997 年的亚洲金融风暴、2007 年到 2008 年的全球金融危机等。这些经验表明,危机下的资金需求模式分成三个阶段,可用三个 R 分别表示:第一是应急阶段(response phase),第二是复原阶段(recovery phase),第三是振兴阶段(resilience phase)。前两个阶段在时间上有重叠,第三个阶段发生的时间较晚(GIIN,2020)。

应急阶段涉及的是紧急需求,从食物的供给、医疗设备的到位,以至企业周转金的融通,皆属燃眉之急,必须立即回应。这里需要的资金金额极为庞大,一般是以政府紧急援助金及民间公益慈善捐赠等方式提供。美国联邦政府以特别手段释出的医疗设备援助金,属于这类应急资金。世界银行旗下之 IFC(国际金融公司)在三月中旬释出 80 亿美元的疫情相关融资准备金,帮助小微企业及外贸公司渡过付款危机,也属于应急资金。

复原和应急两个阶段在时间上有所重叠,涉及对受损的基建进行修补、对未受损的基建维持运营。譬如,当医药供应链因疫情而受阻时,医疗物资无法进入重灾区,其修补就刻不容缓。政府在复原阶段里仍会介入,通过财政政策来防止失业或给予就业支持,另以发放消费券来刺激经济,而美国政府发放的"救急金"就属于此。除政府外,民间投资人也会在这阶段介入,以过桥贷款融通资金,帮助受困企业渡过难关,或是投资方放松被投资方的信贷条款等。

振兴阶段出现的时间会更晚一些,因为这个阶段拟针对疫情凸显的源头问题,譬如供应链集中化、公共卫生破洞、技能落差等,以可持续系统性方案来解决。解决长期问题需要中长期资金,而相关的资产类别有中长期债权资产、催化型股权等。

疫情相关的三种 ESG 投资策略

如上所言,和疫情危机处理相关的,有三种 ESG 投资策略。它们或在一级市场以风险投资（VC）或私募股权（PE）的方式募资，或企图改变持股公司的 ESG 政策，而其所募集之资金、所投资之标的或所改变之企业 ESG 行为，都与疫情有关。

在此，第一种策略是可持续主题式投资，针对这次疫情凸显的可持续发展相关主题进行投资。第二种策略是积极股东法，股东通过其提案权和投票权，督导持股公司在疫情下把 ESG 做好，尤其是与疫情特别相关的社会政策。第三种策略是影响力投资，通过资金力量去推动社会项目，特别是以让步型资本来催化市场。

策略一：可持续主题式投资

这种投资以疫情危机下出现的社会债券（social bonds）为主。社会债券的概念比较新，但可拿绿色债券来类比。这类债券需要一个发行框架，针对资金用途、项目评估、资金管理和披露等四项事宜做出明确要求，由国际资本市场协会拟订的《绿色债券原则》（Green Bond Principles）就是一个国际公认的框架（ICMA，2021a）。当然，各国可以拟订其国内的发行框架，譬如人行的绿色债券标准，各金融机构也可依国内外规格拟订其独有的发行框架（人行等，2021；HSBC，2015）。社会债券方面，目前国际发行依循《社会债券原则》（Social Bond Principles），由国际资本市场协会于 2021 年拟订，其中包括资金用途、项目评估、资金管理和披露等四个原则（ICMA，2021b）。

社会债券虽可与绿色债券类比，但前者的发展远远落后于后者。第一只绿色债券于 2007 年由欧洲投资银行发行，第二只在次年由世界银行发行，但社会债券比它大概晚了十年，IFC 于 2017 年才拟订社会债券框架。这里的落差也凸显了社会问题的复杂性，不仅样貌繁多，项目评估标准也难以量化，才造成其推展比较落后。不过，这次疫情形成一个机遇，反映了以社会债券来为社会项目募资的可能性。

例如，IFC 针对这次疫情发了十亿美元的社会债券，非洲开发银行发了三十亿美元的社会债券，而这是有史以来面额最大的社会债券。

欧洲投资银行以 SDG♯3 为影响力目标,针对可负担医疗渠道,用瑞典克朗发行"可持续性意识债券"(Sustainability Awareness Bond)。这只社会债券受到欧洲机构投资人的高度青睐,在市场上供不应求。欧洲开发银行协会也针对疫情发了另一种类型的社会债券——"社会包容债券"(Social Inclusion Bond)。

有关社会债券的资金用途,我们可以通过 IFC 新发的 COVID-19 Social Bond 来说明。债券目的是维持就业的稳定性和降低疫情的经济影响,IFC 对此提供了案例解析,指出资金用途。更具体地,这只债券以 SDG♯3(良好健康与福祉)及 SDG♯8(体面工作和经济增长)为框架,将所募资金配置给药物化学、金融中介机构与制造三个行业,以对抗冠状病毒对人类的健康威胁、防护性医疗资源的短缺、维持企业资金平稳与减轻停工后果等问题。特别是,所募资金可挹注于药物化学公司,针对冠状病毒的检测、诊断及治疗等进行研发;可挹注于医疗设备的制造公司,生产目前最短缺的口罩、防护衣及呼吸器等设备;亦可挹注于新兴国家的银行,加强流动性,才能对小微企业放款。

策略二:积极股东法

从联合国负责任投资的六项原则看,积极股东策略是其中的第二项:持股人应该利用所拥有的投票权与提案权,敦促及推动持股公司的 ESG 政策,以落实 ESG 实践。

疫情下企业的社会政策受到特别关注,其中包括劳工政策、健康及安全政策、供应链关系等。譬如,企业的劳工政策是否包括给予员工支薪假、弹性工作机会? 企业的供应链政策是否包括供应链关系维护? 实践上,联合国负责任投资原则针对这次疫情发布了一个公告,就负责任投资人应该如何回应疫情,给予了一些指南。

另外,无论是一级或二级市场,都有基金在疫情下仍力行积极股东策略。在二级市场里,Domini Impact Investments 基金就草拟了一份投资人声明,纳入多项监督条款,要求持股公司保护员工工作、提供支薪病假、维持供应商关系等,由股东自愿签署后统一提交给企业。在一级市场里,投资方更能紧密地和被投资方站在一起,通过投后管理流程发挥其积极持股权,帮助对方渡过难关,尤其是当被投资方是资源少、规模小、运营资金吃紧的新创公司时。英国的 Big Society Capital 就在欧洲疫情暴发后的第一时间,表示它的疫情回应以三点为主:分享信息、调整既有合同的条款及探讨新的融资可能性。另外,荷兰的 DOEN 基金会、美国的 RSF Social Finance、Vital Capital 等多家影响力投资基金,也通过投后管理流程善尽积极股东的责任。

策略三:影响力投资

影响力投资以 VC 方式在一级市场进行风险投资。但疫情危机下市场动荡,风险高飙,投资标的难找,因此影响力基金大多尚无动静,只有规模大、财力雄厚的少数几只影响力投资基金开始行动。3月初盖茨基金会宣布,它和顶好超市集团基金会及万事达信用卡基金会,共同拿出 1.25 亿美元的种子基金,投资于病毒疗法加速方案(Therapeutics Accelerator),目的是使新冠病毒疗法能快速化和普及化。

迄今世界上已发展出几种对抗新冠病毒的疗法,但仍处于蓝图阶段,尚未进行严谨测试、重复化试点等步骤,以完成验证阶段。唯有经过验证阶段,充分证明了有效疗法后,才能建立系统、商业化及规模化。这中间流程很长,涉及世界卫生组织、政府、民间投资人、药物化学公司、医药监管部门等多种单位,相关的不确定也很高。盖茨基金会拿出的这笔催化型资本(catalytic capital),目的就在于降低风险,加速流程,以吸引更多商业投资人进场投资。我要强调,这笔资金不是慈善捐赠,而是催化型的股权投资,当它进场吸收掉一部分市场风险后,商业投资人才愿意进场(GIIN,2013;GIIN,2018)。这种混搭式资本结构,常见于影响力投资(Convergence,2020)。

除了盖茨基金会,从事影响力投资的索罗斯经济发展基金,也在寻找合适的投资项目。它设定两个优先领域，一是病毒疫苗的开发，另一是医疗基础建设的推进，例如远程医疗。这个机遇领域由本次疫情所凸显，当医护人员为病人插管时，病人会唾液四溅，把医护人员暴露在高风险下。因此，倘医护人员能够为病人远距插管，则可降低临场风险。基金会愿提供的资产类型极具弹性，从运营资金、弹性债权融资到让步型项目融资都有。让步型资本（concessionary capital）类似于催化型资本，属于影响力投资领域，适合推动医疗健康领域的基础建设。

社会影响力债券（social impact bonds，SIB）是一种影响力投资工具，又称"成功才付款"（pay-for-success，PFS）债券。在设计上，它属于结构型金融商品，有一个内嵌式的选择权，故风险较高。第一只 SIB 于2012 年在英国诞生，极受政府欢迎，认为可以把项目风险由政府转嫁于投资人，但迄今 SIB 并未规模化，背后理由与影响力度量困难、交易成本过高等有关。SIB 聚焦于一些长期社会问题，譬如预防医疗、职能培训等，社会上已针对解决方案发展出一些有效的干预方法，但其大规模试点需要很多资金。政府通常不愿对试点投资，故先由民间投资人拿出前置资金，当项目成功时才由政府付款，而失败时则由投资人承担亏损（Cooper 等，2016；Edmiston 和 Nicholls，2018）。

这次疫情所凸显的欧美社会问题，像街头露宿、学习落差等，都已发展出一些干预方法，也适合以 SIB 进一步扩大试点，故在影响力投资领域引起了相当讨论。但 SIB 最终需要和政府签订合同，其中涉及提供干预方法的社会服务组织、评估成果的第三方组织等，故协商流程很长，目前尚未见行动。

常见问题

问题 1：全球疫情下，ESG 投资应重点关注哪些行业？哪些领域迎来了新发展机遇？

前面已表明，关注重点应是疫情危机所凸显的行业，比如远程医疗、远程教学等,而应该针对问题寻求系统性的解决方案。

前面也已表明了新发展机遇。新兴领域是以一级市场投资为主,以处于蓝图期的新创公司为投资目标。因投资风险高,通常只有催化型资本愿意进场。当经过蓝图期步入下一阶段验证期时,不确定性还是很高,传统 VC 可能仍不愿意进场,而要靠影响力投资来催化市场。当新创公司步入起飞期或更后面的扩规期时,风险变小了,传统 VC 才愿意进场。

新兴领域需要由耐心资本来推动,目前还没法形成二级市场的 ESG 投资产品。

问题 2:当前 ESG 投资需要特别关注企业的哪些能力?

如前所言,当前疫情危机和 E 比较无关,和 G 有一些关系,和 S 关系最高。

目前 G 维度下的重点关注是董事会对企业的监督,特别是高管对疫情的危机处理,包括供应链受阻的处理、劳工关系的处理等。另外,企业的薪酬制度是 G 维度下的议题,当企业盈利因疫情而亏损时,董事会应该监督谁最先减薪。如果高管仍坐领高薪而员工却被迫减薪,这家企业的薪酬制度显然有问题,董事会也必须关注。

目前 S 维度下的重点关注是企业的劳工政策、供应链危机处理、股东关系管理等。譬如,企业的劳工政策是否让劳工享有弹性工作方式?是否有支薪病假? 企业的供应链危机处理包括关系维持、应急措施等。企业的股东关系管理涉及它对积极股东要求的回应,包括维持现有岗位的稳定性、加强财务审慎性等。当然,疫情下企业最重要的社会关切是员工健康与安全。

总结

当前危机由新冠病毒带来,其中的严重问题可以通过联合国可持续发展目标中的五个来表明,包括去除饥饿、健康与福祉、优质教育及体面工作和经济增长。面对当前局势,ESG投资非常切题,因为它强调社会关切,同时追求财务与社会回报。

重要的是,疫情危机凸显了一些存在已久的问题,必须通过可持续的系统性改变来解决。在此,我们以《孟子·离娄篇》的智慧来共勉:"七年之病,当求三年之艾"。希望我们能以疫情危机为借鉴,肯定资本市场的力量与ESG投资的特质,高瞻远瞩,针对源头问题做好长远准备。

[2020-4-15首发于《陆家嘴》]

参考文献

1. 中国人民银行、国家发改委、证监会:绿色债券支持项目目录[R]. 2021 - 4.

2. COLE S,GHANDI V,BRUMME C,2020. Background note: Examining the case for investing for impact[DB]. Harvard Business School Case 9-218-083.

3. Convergence,2020. The State of Blended Finance 2019[R].

4. COOPER C,GRAHAM C,HIMICK D,2016. Social impact bonds: the securitization of homeless[J]. Accounting, Organization and Society,55(c):63-82.

5. EDMISTON D,NICHOLLS A,2018. Social impact bonds:The role of private capital in outcome-based commissioning[J]. Journal of Social Policy,47(1):57-76.

6. Global Impact Investing Network(GIIN),2013. Catalytic First-Loss Capital[R].

7. Global Impact Investing Network(GIIN),2018. A Resource for Structuring Blended Finance Vehicles[R].

8. Global Impact Investing Network(GIIN),2020. The Impact

Investing Market in the COVID-19 Context：An Overview[R].

9. Global Sustainable Investment Alliance（GSIA），2021. Global Sustainable Investment Review 2020[R].

10. HSBC，2015. HSBC Green Bond Framework[R].

11. International Capital Market Association（ICMA），2021a. Green Bond Principles：Voluntary Process Guidelines for Issuing Green Bonds[R].

12. International Capital Market Association（ICMA），2021b. Social Bond Principles：Voluntary Process Guidelines for Issuing Social Bonds[R].

13. STARKS L，VENKAT P，ZHU Q，2018. Corporate ESG profiles and investor horizons[R/OL]. University of Texas Working Paper，https：//papers.ssrn.com/sol3/papers.cfm? abstract_id＝3049943，2021-7-25 查阅.

◉ 疫情下债券市场的特别行动

　　2020 年初新冠病毒迅速传播，至四月中旬，全球累计确诊病例已超过二百万，近 200 个国家受到不同程度的影响。疫情冲击下，各国陆续面临诸多难题：医疗设备如何补全？资源如何不被挤兑？隔离封城对经济打击多大？如何救助失业人群及小微企业？

　　为了应对疫情，各国政府先后出台了各类救助项目。3 月下旬美国通过了 2.2 万亿美元的经济刺激计划，针对公共卫生、个人、小微企业、大公司、各州政府等，提供不同程度的救助资金，其中包括失业救济金、消费刺激券、企业纾困贷款等。疫情局势下，发展中国家尤其脆弱，更需外界支持。3 月 11 日，世界卫生组织宣布新冠疫情"全球大流行"的当天，世界银行属下的 IFC（国际金融公司）成功发行了一只"抗疫社会债券"（COVID-19 Social Bond），专门用于稳定就业和降低疫情的经济冲击。

　　这只社会债券发行规模为 10 亿美元，发行期限 3 年，由美国银行、巴克莱银行等多家金融机构联合承销。参与此次债券认购的投资机构高达 59 家，认购倍数超过 2.5 倍，但最终的发行利率仅比同期限美国国债收益率高出 4.4bp，凸显了市场的认可度。

何为社会债券

　　为什么 IFC 发行的社会债券受到如此追捧？尤其是 ESG 投资机构，在发行过程中一路追到最后，其中有瑞士的蓝色果园影响力债券基金、北欧的社保基金等。究其原因，该债券带有的"社会"标签，是发行溢价的来源。社会债券,又名"社会责任债券",是指募集资金用于具有积极社会效益项目的债券。

什么是社会效益项目呢?这类项目具有针对性,以特定人群为对象,旨在帮助它们解决特定的社会问题,以达成积极社会效应。在此,特定人群常是边缘化群体,如贫困人口、残障人士、失业人群等,特定社会问题涵盖基础设施、健康医疗、平价住房、食品安全、教育和职业培训、金融服务、就业机会等。为沟通方便,近年来积极社会效应更常被放在联合国十七项可持续发展目标的框架下,譬如健康医疗对应于第3个目标、教育和职业培训对应于第4个目标、就业对应于第8个目标、基础设施对应于第9个目标等。

新冠病毒疫情凸显了公共卫生系统的"破洞",在防疫意识不足与欠缺准备下,医疗物资严重缺乏,尤其是呼吸器、口罩及防护衣。但疫情的影响不止于此,还有严重余波和间接影响。间接影响方面,为降低疫情传播,必须封城隔离、停工停学、关闭边境,严重波及很多行业,如餐饮业、旅游业、制造业等。另外,疫情也造成全球供应链间断,据美国《财富》杂志的调查,有高达九成的全球大企业都面临供应链受阻的问题。

这次新冠病毒疫情另有一个特殊之处:原本最脆弱的群体,如老人、慢性病患、临时短工、贫穷人口、偏远地区民众等,受本次疫情影响最严重,中外皆然。譬如,全球近十亿小学生因疫情而必须上网课,网费大增,但若没钱买网卡,学习就会受阻。因此,疫情加剧了原本存在的数位落差,更凸显了其中的城乡差距与贫富区隔。

在此情况下,医疗资源的紧缺、民众收入的锐减、运营资金的匮乏、企业库存的积压、供应链中断的修补等,都形成亟待解决的问题。当然,资金永远是解决问题的关键,而社会债券身为一种专项债券,能快速将资金引入特定领域,堪称及时雨。

国际上,除了IFC发行的10亿美元社会债券,三四月份陆续发行的社会债券还真不少。例如,非洲开发银行发行了 30 亿美元、三年期的"抗疫社会债券",用于缓解新冠疫情对非洲经济的冲击,其规模在历来社会债券中居首。欧洲投资银行以全民可负担医疗渠道为目标,针对抗疫发行了一只瑞典克朗计价的"可持续性意识债券"(sustainability awareness bond),受到北欧投资人青睐。此外,欧洲委员会开发银行发行了一只 10 亿美元、七年期的"疫情防控社会包容债券"(social inclusion bond)。这只中期社会债券利率为负,但认购热情不减,参与的投资机构 60 余家,认购倍数高达 4 倍。

如何界定

在社会债券之前,ESG 投资者更早关注的是绿色债券。2007 年欧洲投资银行发行了世界上首只绿色债券,次年世界银行发行了第二只,其后这类债券一直由开发金融机构主导,专为气候方案募资。绿色债券真正发展是在 2012 年以后,随着气候专家对"绿色"做出明确界定、摩根斯坦利等金融巨擘启动行业对话,才引起民间供需双方的兴趣,驱动了市场体量。2014 年国际资本市场协会(ICMA)推出《绿色债券原则》,针对资金用途、项目评估、资金管理和披露等事宜,建立了一个行业公认的框架,以提升市场透明度。该原则已更新三次,目前最新的是 2021 年版(ICMA,2021a)。当然,各国可在此基础上拟订其国内的发行框架,各金融机构也可依此拟订其独有框架。

社会债券方面,在其名称崛起前,市场上已经出现了以解决社会问题为目标的债券,例如 2012 年法国液化空气集团发行的 SRI Bond(社会责任投资债券),2014 年美洲发展银行发行的 EYE Bond(教育、青年及就业债券)。从 EYE 的英文全名"Education,Youth,and Employment"可知,发债资金专门用于青年的职业教育发展,相当符合社会债券的理念。但当时没有合适的发行框架,这些债券只能借助于并非全然合适的《绿色债券原则》。

第一只冠名"社会债券"者于 2015 年 1 月出现,由西班牙国营信用局发行,资金用于经济受困地区中小企业的贷款担保。第二只于同年由西班牙巴斯克地区的库沙银行发行,资金用于兴建低收入区的平价住房。为了将发行标准更明确化,ICMA 仿效先前对绿色债券的做法,于 2016 年制订了《社会债券原则》(Social Bond Principles,SBPs),作为行业自愿性的流程指引。这套 SBPs 随后依实践经验而进行修正,形成目前最新的 2021 年版本(ICMA,2021b)。

更具体地,SBPs 包含四大核心要素:①募集资金用途;②项目评估和遴选流程;③募集资金管理;④披露与提报。更直白地说,只有满足SBPs 里的四大核心要素,才能贴上社会债券的标签。倘使条件不满足而被发行人或承销商贴上标签,在内行人眼中,其实很容易被看穿。

SBPs 还建议引入独立外部评审机构,通过验证、认证、评分评级的方式,来完成社会债券的评估,提升社会债券的可信度。在披露方面,ICMA 发布了一个统一框架,建议报告披露社会效益项目的类型、相关的联合国可持续发展目标、目标人群、资金使用情况、社会影响力指标等信息。投资者也可以将募集前后披露的信息纳入决策流程,以做出更有效的投资决策。

推动有困难吗

社会债券虽然在性质上、发行框架上都可和绿色债券类比,但其发展远远落后于绿色债券,而落差不只反映于崛起时间,更反映于发行规模、实体企业的参与等方面。例如,依 ICMA 统计,2018 年绿色债券的全球新发行量为 1673 亿美元,社会债券仅 43 亿美元,前者几乎是后者的 40 倍。另外,发行绿色债券的发行者,早从最先的开发金融机构迈向实体企业、金融机构及各国政府。但社会债券却不然,仍旧以开发金融机构为主要发行者,而鲜有实体企业以社会债券为组织内的社会项目融资。

社会债券进度落后的原因,迄今欠缺系统的分析,应和以下三点有关。第一点关乎社会项目的内容,特别是从发行方的角度看。目前民间企业主要涉入的,是组织内部的 CSR(企业社会责任)项目,聚焦于慈善捐赠、员工福利等,其内容并不符合社会债券的要求。第二点关乎融资工具,特别是小微企业贷款及平价住房等大型社会项目。欧美多国早就对此推出了一些创意法规和金融工具,譬如美国的低收入住房抵税条款,而社会债券未必能再行超越。第三点和社会问题的复杂性有关:这类问题样貌繁多,项目评估标准难以量化,其影响力度量也不易落实,以致推动时左支右绌,难以伸展。譬如,平价住房与食品安全都为社会债券所支持的项目,但两类项目的评估标准不同,其社会效益的度量方式也不同,再加上有些社会效益难以直接度量,都增添了社会债券的推动难度。相比之下,绿色债券的环境效益度量就有普遍认定的标准,减排量为其一,其数量还可经外部第三方组织审计,以增加可信度。

或许是大不幸中可庆幸之事,这次新冠病毒大流行反而成了一个机遇,反映了以社会债券为社会项目募资的可行性。借此时机,IFC 特别准备了一些案例,作为抗疫社会债券在发行目标、目标人群、资金使用情况、社会影响力指标等方面的指引(IFC,2020)。发行目标上,抗疫社会债券以联合国可持续发展目标中的第 3 个(健康与福祉)及第 8 个(体面工作和经济增长)为框架,以降低新冠病毒对人类健康的威胁、防护性医疗资源的短缺,并纾解企业运营冲击。在资金用途方面,发债所募资金将具体配置到三个行业:①药物化学公司,以研发冠状病毒的检测、诊断及治疗;②制造公司,以生产目前最短缺的口罩、防护衣及呼吸器等医疗设备;③新兴国家的金融机构,以增加小微企业放款的流动性及防止失业。

在社会效益评估方面,IFC 也提供了一些具体指标。譬如,在降低病毒传染方面,药物化学公司针对病毒所生产的检测剂、药物和疫苗,其产量和接受医治的人数等,可作为度量成效的指标。在医疗安全设备的制造方面,口罩、防护衣、呼吸器及卫生设备等的产量,可作为度量成效的指标。在提高金融机构流动性和维护就业方面,贷款笔数、创造的新工作岗位数量、保有的既有岗位数量等,可作为度量成效的指标。

不过,社会效益的评估不易,这是所有社会项目必须克服的困难。特别是,防疫社会债券之资金所配置到的三个行业,相关项目的预期结果是病毒的预防、健康安全的改善及金融服务渠道的持续,其中涉及的不只是定量指标(如疫苗产量),还有定性指标(如健康改善)。在此,项目的最终目标应该就是它的社会效益,实质改善人类健康。但疫苗只是产品,其产量多寡尚不足以保证达成改善健康的最终目标。例如,疫苗的价格与分配原则,也是影响成败的要素。如何能以合适的指标来更好地度量"健康的改善",且把这项结果与造成的原因(如疫苗)相连,则有待更多思考。

国内的疫情防控债

国内债券市场在疫情发生后,也迅速回应。中国银行间市场交易商协会在 2 月 3 日发布通知,积极支持两类企业的债券注册发行。一类是疫情影响较重之地区和行业下的企业,例如在湖北省注册和经营的企业;另一类是参与疫情防控的企业,其募集资金主要用于卫生防疫、医药产品制造与采购、科研相关等行业。

为提高疫情下资本市场的回应度,相关规定放宽了限制:当债券所募资金中有 10% 符合以上要求的,就可冠名为"疫情防控债"。例如,九州通医药是湖北省内直接参与疫情防控的企业,已连续发行三期疫情防控债,融资规模达 20 亿元,募集资金中的一部分将用于满足营运资金需求,承担武汉市医疗物资采购、配送等工作。截至 4 月初,疫情防控债发行数超过 270 只,发行总规模超过 1 800 亿元人民币,发行种类主要以一年期以内的短期融资券为主。

从资金用途角度看,国内的疫情防控债相当接近 SBPs 定义下的社会债券,但发行人无须针对后续的资金管理、使用及效果作信息披露。主流投资者也并未从投资标准和价值理念层面,将疫情防控债与其他普通债券作差别对待。疫情防控债以短期应急为主,在注册发行的便利性方面具有优势,虽未必称得上社会债券,但倘若能以更宏观的视野看待,建立一个与国际接轨的发行框架,实不失为一次良好尝试。依 SBPs 框架界定四大核心要素,或许是思考方向。

关注后疫情时代

面对此次新冠疫情,国际及国内债券市场均作出及时反应,借助社会债券等疫情主题债券,将资金导入特定领域,有助于缓解弱势人群和受困企业的疫情冲击。

经此一疫,市场参与者也关注到社会问题的多样性,不只需要研拟长期解决方案,也需要以合适的金融工具来募集所需资金。针对急迫的社会问题,社会债券是一种新融资工具,但由于发展时间较短,仍需监管者、行业组织、发行人、投资者、金融中介机构等市场参与者共同完善相关的发行框架、评估标准及具体指标,才能形成市场共识,提升信息透明度,以产生积极社会效益。

[2020-4-22 首发于 FT 中文网,共同作者张旭华]

参考文献

1. International Capital Market Association（ICMA），2021a. Green Bond Principles：Voluntary Process Guidelines for Issuing Green Bonds[R].

2. International Capital Market Association（ICMA），2021b. Social Bond Principles：Voluntary Process Guidelines for Issuing Social Bonds[R].

3. International Finance Corporation（IFC），2020. Social Bonds：Illustrative Use-of-Proceeds Case Studies：Coronavirus[R].

◉ 社会主题债券五问

近日，笔者在 FT 中文网发表了《疫情下债券市场的特别行动》一文，引发了一些固定收益从业者的关注与讨论。疫情发生以来，大家或多或少听到一些疫情类主题债券。例如，各类国际开发机构发行的抗疫社会债券，国内由企业发行的疫情防控债，其资金将以直接或间接的方式参与对抗疫情的行动。

事实上，疫情类主题债券属于社会主题债券，对于这类债券，市场参与者会有一些疑惑：这些主题债券有何特别之处？由谁发行？买方是谁？存在发行溢价吗？未来发展趋势如何？就上述问题，我们展开以下讨论。

主题债券有何特别之处

最简单的回答是，可以说有特别之处，也可以说没有。

为什么说没有呢？主题债券的落脚点是"债券"，因此其募集过程、发行条款、监管方式及交易场所，与普通债券并无多少差异。例如，疫情防控债最终也是"贴牌"到中期票据、短期融资券上的，并不是一个新品种。再比如，国家开发银行于 2019 年发行的三年期绿色金融债券，大部分发行条款安排与普通债券并无二致。

为什么说有呢？主题债券的定语落在了"主题"二字，资金用途的定向性、特殊性也决定了其特别之处。国际资本市场协会（ICMA）相继发布的《绿色债券原则》《社会债券原则》《可持续债券指引》《可持续挂钩债券指引》等，都明确了募集资金用途、项目评估和遴选流程、募集资金管理、披露和报告等四大核心要素。这就体现出了主题债券"专款专用"的特别之处(ICMA,2020;2021a;2021b;2021c)。

贴上"疫情"或"社会"标签的债券,属于"主题债券"(thematic bond),其募集资金会用于特定主题领域,解决特定问题。严格意义上的主题债券,以绿色债券最常见,其次是社会债券和可持续债券。除了疫情债券,我们还会听到"一带一路债券""社会效应债券""扶贫债券"等名目众多的债券。广义来说,这些都属于主题债券,部分可依实际资金用途归入绿色债券、社会债券或可持续债券等次类别。

主题债券由谁发行

三到四月份海外有多只疫情主题债券发行,其发行人主要是国际开发类金融机构,包括世界银行下的国际金融公司、非洲开发银行、欧洲投资银行、欧洲委员会开发银行等。但国内的疫情防控债主要发行人为非金融企业,譬如九州通、复星医药、深圳航空等,都属于这次受疫情影响比较大的物流、医药及航空等行业,需要以发债来募集运营资金。疫情防控债虽未必符合国际界定的社会债券,但仍不失为一种新尝试。此前,国内已成功发行过社会效应债券、扶贫票据等主题债券,发行机构也基本都来自非金融企业。

事实上,绿色债券、社会债券及可持续债券的发行规模在不断增长。据气候债券倡议组织(Climate Bonds Initiative)2020年报告统计,当年绿色债券发行量为2 900亿美元,同比增长9%,而社会债券发行量为2 490亿美元,同比大增1 017%。绿色债券发行人数最多,全球55个国家,超过634家发行人在2020年发行了绿色债券,其发行主体包括国际开发类金融机构、政府、银行、企业等(CBI,2020)。

从国内情况看,中国人民银行在2015年发布39号公告,积极推动金融机构发行绿色金融债。此后,上海交易所、深圳交易所、银行间市场交易商协会等相继发布通知和指引,鼓励企业发行绿色债券。政策性银行、商业银行、政府支持机构及其他非金融企业,都有发行案例。

主题债券的买方是谁

主题债券的买方主要是机构投资者,尤其是关注 ESG 议题的投资者,其中包括银行、养老基金、共同基金、保险公司、主权基金等。主题债券获得 ESG 投资者青睐的原因在于:ESG 投资者为双底线投资者,既追求财务回报,也追求社会回报,而主题债券除能满足它们定期获得稳定收益的财务要求外,又能满足它们参与 ESG 项目的社会要求。在此,笔者强调,传统投资者被认为是单底线类型,除追求财务回报最大化、风险极小化外,并不在意其资金所产生的 ESG 后果,因而与双底线投资者不同。

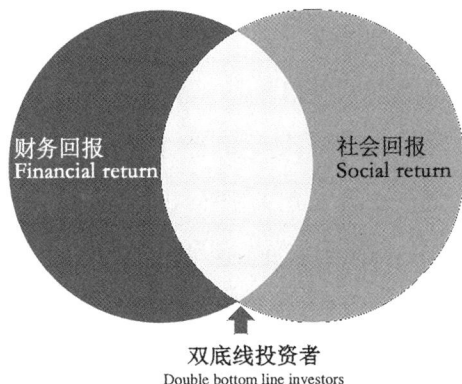

图 1 ESG 投资者为双底线投资者

不过,要投资人接受社会回报的观念,并非一蹴而就,而必须在长时间里养成,背后涉及投资人所处的法规环境、所持有的价值取向、所形成的思维模式等机构因素。这些因素在欧美经过长达三十年的发展才逐渐成熟,而机构投资者通过旗下的专业部门,通常对此比较能掌握精髓。因此,主题债券的买方最可能是有 ESG 关切的机构投资者,以欧洲委员会开发银行于四月份发行的"疫情防控社会包容债券"为例,其中 39%的认购量来自银行,31%来自资产管理公司,24%来自主权基金,其余量由养老金等认购。参与机构总共有 60 多家,而其中大部分是已有先例的 ESG 投资者。

国际上主题债券市场的发展,投资者的需求是重要的推动因素,但需求会经由培育而茁壮,其间有赖金融中介机构的努力,具体做法包括行业组织的建立、专题论坛的举办、投资人教育的提供、创意产品的开发等,以促进市场的发展和完善。

怎么定价

债券的定价主要由供需双方因素决定。债券发行者是供给方,其发行期限、发行规模、主体评级、募集方式、担保情况等因素,当然会影响价格。同时,投资者作为需求方,也是决定价格的重要因素。在主题债券供给有限的情况下,双底线投资者参与度越高,越可能会压低发行利率,即赋予主题债券以溢价。

那么,主题债券的溢价真的存在吗?学者及实践者对此都进行了研究,但受限于样本数目,迄今并未得出一致结论。在学术研究方面,荷兰蒂尔大学的 Zerbib 教授以绿色债券为例,基于 2013 年至 2018 年的绿色债券及可比普通债券做的研究,发现两者相比后,绿色债券的利率平均要低 2 BP(−0.02%)(Zerbib,2019)。换言之,主题债券的投资者可能愿意在收益率上做出一些折让,以换取心目中想达成的 ESG 目标,只是溢价幅度并不大而已。不过,其他学者做的研究却表明,绿色债券的发行利率与其他特质都相同的普通债券相比,在统计上并没有显著差异(Larcker 和 Watts,2020;Flammer,2021)。

投资者是否会为主题债券的资金用途"买单",有时取决于具体情境,需要通过个案来分析。例如,国际金融公司在三月份发行的"抗疫社会债券",发行利率仅比同期限美国国债收益率高出 4.4 BP。有些投资者甚至为此惊呼:"糟糕,信用利差这么窄。"发行人也没想到能发到这么低的利差水平,只得归因于投资者对"抗疫"主题的深度认可。

总而言之,主题债券的定价仍然基于传统的债券定价框架,在此之上再考虑 ESG 投资者是否会对资金用途所产生的社会或环境效益"买单"。

主题债券的未来发展趋势如何

从市场规模角度看,主题债券增加了债券市场的多样性,但作为其中有机部分,它们仍会依据整体市场的规律而发展。同时,随着 ESG 理念的兴起,投资者对风险和回报之外的因素更加关注,譬如气候变化、供应链劳工标准、反贪腐等。另外,相关法律法规的制订也更加完善、落实更加彻底,譬如各种环境保护及排污限制的法规等。还有,金融中介机构本身的 ESG 学习、对主题债券的设计,也和其他变化交织融和,驱动了资本市场生态的改变。

从统一标准角度看,现有的几种主题债券有所差异。绿色债券因发展时间最久,全球共识的基础最稳固,争议较低。社会债券所对应的社会效益,相比于环境效益较难有一致性标准,度量上也有一定的瓶颈,未来有赖市场参与者的努力,才能达成行业共识。可持续债券横跨环境及社会两种主题,同时也遗传了双方的长短优劣,在标准发展上可能也比较慢。

从信息披露角度看,针对募集资金用途的监督管理和信息披露,有助于投资者持续跟踪投资组合中的债券,会加强投资者与发行人及项目之间的关联性。亦即,投资者不仅在发行之初对主题债券进行评估,还需要持续跟踪后续的资金去向和投放进度。当然,这离不开外部独立评审机构的介入,从而为投资者提供客观可靠的资金用途数据,便于投资者进一步分析与决策。

国内债券市场日趋多元化,从单一的国债品种迈向多类别,期限从 3 个月到 30 年,发行人从财政部到非金融企业,行业从钢铁煤炭到食品饮料。主题债券以资金用途作为新的分类标准,更加迎合了投资者超越风险与收益之外的第三维需求——社会及环境效益。投资人在 ESG 理念及行为上的变革，会影响供给方，而融资方在本身参与并引入投资参与 ESG 议题上的变革，也会影响需求方。银行及资管行业等金融中介机构的参与和牵头，更会加强市场力道，形成动能。

疫情终将过去，以抗疫为主题的债券会随之减少，而其他主题债券则会不断发展。污染防治、可再生能源、清洁交通、水资源保护等相关的环境问题，以及健康医疗、平价住房、食品安全、教育和职业培训、金融服务、就业机会等相关的社会问题，将成为我们长期关心的主题。

［2020-5-7 首发于 FT 中文网，共同作者张旭华］

参考文献

1. Climate Bond Initiative（CBI），2020. Sustainable Debt Global State of the Market 2020［R］.

2. FLAMMER C，2021. Corporate green bonds［J］. Journal of Financial Economics，forthcoming.

3. ICMA，2020. Sustainability-Linked Bond Principles：Voluntary Process Guidelines［R］.

4. ICMA，2021a. Green Bond Principles：Voluntary Process Guidelines for Issuing Green Bonds［R］.

5. ICMA，2021b. Social Bond Principles：Voluntary Process Guidelines for Issuing Social Bonds［R］.

6. ICMA，2021c. Sustainability Bond Guidelines［R］.

7. LARCKER D，WATTS E，2020. What's the greenium［J］. Journal of Accounting and Economics，69(2)：1-25.

8. ZERBIB O，2019. The effect of pro-environmental preferences on bond prices：Evidence from green bonds［J］. Journal of Banking & Finance，98(c)：39-60.

◉ 企业绿债与漂绿疑云

绿色债券是一种债务融资工具,通过这种工具可以对环境友好型项目融资,其中包括绿色建筑、低碳交通、清洁能源、生态保护等。

世界上第一只绿色债券由欧洲投资银行于 2007 年发行,第二只由世界银行于 2008 年发行,而此后五年间,绿债市场一直由开发金融机构主导,直到 2013 年情况才改观。其后,绿债的发行主体逐渐由开发金融机构扩及实体企业、主权机构、地方政府及金融机构等,而市场规模也快速攀升,2019 年的新发行量更高达 2 300 亿美元。

企业绿债是近年来公司金融的新发展,市场以惊人速度增长。依据气候债券倡议组织(CBI)的统计,2013 年企业绿债发行额才 50 亿美元,但 2019 年已超过 600 亿美元。它们的平均期限为 7.7 年,其中七成五为固定票息债券,平均票息 3.7%,(标普)信用评级的中位数为 A—。

图 1　绿色债券历年发行量情况(单位:亿美元)

资料来源:作者依 CBI 数据整理。

许多跨国企业都发行了绿债，几家知名的企业更被媒体大幅报道，譬如联合利华和苹果。两家公司分别于 2014 年及 2017 年发行 2.5 亿英镑及 10 亿美元的绿债，利用所募资金来降低其设备和供应链的废弃物和碳排放，并改善水资源管理。

不过，企业绿债也有难以摆脱的问题，而漂绿（greenwashing）疑云即为其一。

什么是漂绿

心理学家、伦理学家都对漂绿做出相当专业的定义，而维基百科则给出比较通俗的定义。依据维基百科，漂绿是一种蓄意的操纵行为（an intention to manipulate），企业对其环境承诺做出误导性宣称（misleading claim），目的在于促成第三方的错误印象（false impression）。换言之，依据这个定义，企业的漂绿行为有三个构成条件：①对环境承诺做出宣称；②该项宣称具有蓄意误导之目的；③该项承诺未获事实支持而为虚假（Lyon 和 Montgomery，2015）。

事实上，当企业意图漂绿时，它有多种手段可以达到操纵之目的，包括选择性披露、炫惑宣传、形象包装等，而发行绿债应该只是一种可能选项。那么，在多种可选择的工具里，企业有必要以发绿债来漂绿吗？其实，为了确保绿色的真实性，绿债常由第三方机构认证，相关成本甚高。由此可见，如果企业发绿债只是为了漂绿，它大可诉诸其他低成本的操纵工具，而选择绿债并不符合成本效益的原则。

漂绿是个高度瞩目的议题，相关论述经常出现于媒体，但以严谨方式分析漂绿假说的文章却极少见。从漂绿行为的构成条件看，其间涉及诸多因素，值得深究。首先要问的是，企业绿债为何会扯上漂绿疑云？

漂绿疑云由何来

与各级政府所发行的绿债相比，企业绿债的漂绿嫌疑较重，这或与发行主体的非官方性质有关。依一般看法,政府虽然官僚,但政府作为法规制订与监督机关,其作假可能性相对较低。

企业绿债会扯上漂绿疑云,原因可能有两个。一个与国际绿债市场的治理模式有关,目前的民间治理模式被认为太自由,造成发债所募资金流入项目的绿色真实性不足。另一个与某些国家对绿债采取相对宽松的界定有关,造成发债所募资金未能全数流入绿色项目。

关于漂绿疑云的第一个由来,目前国际绿债市场所依据的民间治理模式,系由自愿性规范及相应的认证系统所形成。这里涉及两套自愿性规范,一是由 CBI 所制订的气候债券标准(Climate Bonds Standard,CBS),其中对能发行气候债券的绿色项目依现有科学证据予以界定,而具体分成能源、交通、水资源、建筑废弃物处理等八大范畴(CBI,2018;CBI,2019)。另一是由国际资本市场协会所制定的绿色债券原则(Green Bond Principles,GBP),其中对发债所募资金给予管理指南,包括资金用途、项目挑选标准、资金管理和提报等四方面(ICMA,2021)。

绿色债券目的在于把资金引入环境友好型项目,而项目的绿色真实性需要检证。目前所仰赖的是一套复杂的认证系统,由气候债券倡议组织理事会授权第三方机构认证,其中涉及认证机构、核查机构、评级机构等。但是,绿债认证是第一步,只确认募集资金是否流向符合 CBS 界定的绿色项目,后续另有对资金用途合规性的监督和提报,而这些流程都涉及相当费用。因此,并非所有绿债都有认证。就企业绿债而言,大约只有六成多获得认证。

换言之,从绿债认证的视角看,漂绿比较可能发生于两种情况。一种是绿色真实性较低的绿债,譬如未经认证的绿债,因其未能确实履行绿色承诺而有某种虚假发生。另一种是发生绿色违约(green default)的认证绿债,亦即企业无法维持其环境承诺的情况。绿色违约并不常见,后果也相当严重,其绿色认证会被气候债券倡议组织取消。

这两种情况里，最后的事实都不完全符合先前承诺，而存在着虚假。但是，漂绿还有"操纵意图"这个构成要素，而当它不存在时，漂绿也未必成立。譬如，涉及绿色违约的企业，在原先申请认证时可能并没有操纵意图，因为这种违约的成本高到不值得去试。

重要的是，绿色真实性较低是否就构成漂绿，这必须通过事后证据的检测，包括企业发债后绿色绩效的改善，诸如碳排量的降低、能源效率的提升等。当事后证据显示企业绿色绩效达到预期的改善时，则企业并未"对其环境承诺做出误导性宣称"，而漂绿的指控也不成立。

关于漂绿疑云的第二个由来，涉及某些国家所制订的之相对宽松标准。CBS 是国际标准，规定企业发行绿债所募资金必须全数用于绿色项目。但一些新兴国家以促进经济发展理由，赋予绿债多重目的，因而对"绿色"采用更宽松的定义，对资金用途给予更大的范围。特别是，有些浮泛的"绿色"定义甚至纳入有科学争议的项目，而资金用途范围也容许把发债所募的部分资金用于非绿色项目。

这种过于宽松的界定造成资金未能充分、真正地引入绿色项目，以致发债企业最终的绿色绩效不佳，这并不难想见。这里涉及漂绿的，可能是提出这些宽松界定的主体，而未必是企业。换言之，企业是否以发绿债来漂绿，必须依据漂绿的构成条件来判断，譬如在相对宽松的界定下，企业是否有意误导而做出虚假炫惑的环境宣称，而最终并未履行承诺。

漂绿假说如何检测

漂绿既有三个构成要素，拟检测漂绿假说是否成立，自然需要取得企业的操纵意图、误导性环境宣称、第三方的错误印象等实据，并且检测其间的因果关系。但实据未必存在，就算存在，检测其间因果关系也很难做，以致迄今没有相关研究。

相较之下,另一个与漂绿假说相竞争的信号假说,不仅在检测上更可行,意涵也更丰富。

依据信号假说,绿债发行企业送出一个绿色信号,以降低它和投资人之间的信息不对称。企业通过这个信号,向投资人做出环境承诺,表示发债所募资金会用来提高其绿色绩效。这个信号应该真实可信,而这可以由几方面来看,包括企业绿债的发行成本、认证成本,以及后续的行政管理成本、合规成本等。

特别是,除非政府对绿债给予补贴,否则以现行制度看,如果企业发债是为了募资,则相比于发行成本高、资金用途受限的绿债,更灵活的策略是发行一只传统债券而将资金用于绿色项目。因此,绿色本身显然对于发行绿债的企业具有实质意义,而这意义应该超乎传统债券及漂绿行为之上,最终反映于绿色绩效的改善。

信号假说提供了几个可供验证的观点。第一,对于企业送出的绿色信号,股票市场如何回应?特别是,当投资人支持企业的生态友好政策时,会通过股价来给予正面回应。另外,股市对于认证绿债的回应势必更强,因其承诺的可信度更高。第二,企业发行绿债后,其环境绩效应会有所改善,而反映于其碳排量的降低、环境评级的提升等。第三,绿债会对关切环境的投资人及长期投资人形成吸引,故企业发行绿债后,这类投资人的持股可能会增加。

学者通过事件研究和复杂的样本配对等方法,针对这三个观点进行统计检测,结果发现所有观点都获得数据的支持(Flammer,2021;Larcker 和 Watts;2020)。

首先,在股市回应方面,投资人对于企业发行绿债给予显著的正面回应,这反映于超额回报上。这个反应明显是针对债券之"绿色特质"的回应,因为股市对债券发行本身通常不作回应(Flammer,2021;Tang 和 Zhang,2020)。其次,就企业发绿债后的环境绩效改善而言,无论是从 ESG 评级里的环境计分看,或是从碳排放量看,都有显著的进步。换言之,企业发债所募资金确实产生了绿色绩效,造成其环境评分增加,碳排量降低。第三,在股权结构方面,绿债发行后,企业的绿色投资人持股比和长期投资人持股比都显著增加,表示他们肯定企业对自然环境所赋予的价值(Flammer,2021)。

整体而言,学者利用三个观点来检测信号假说,发现它获得数据支持:企业通过发行绿债释出环境承诺的信号,其后会履行承诺,而具体反映于绿色绩效的改善。因为企业放出的是真实信号,故与漂绿假说相抵触,也间接否定了漂绿假说。

绿色证据确凿吗

以上的假说检测,主要基于欧美企业绿债的数据,研究结果支持信号假说,否定漂绿假说。这样的证据确凿吗? 如果我们使用新兴国家的企业绿债来测试这些假说,会得出相同结果吗?

针对于此,有几点需要提示。

第一,如前所言,某些国家对绿债的界定比较宽松,而可能造成企业发债后绿色绩效不显著。因此,利用这些国家的数据来检测相同假说时,可能会得出不同结果,譬如支持漂绿假说。

第二,当政府对绿债予以补贴时,会降低企业成本,造成一些扭曲,因而产生不同的研究结果。因此,利用中国或新加坡等地的企业绿债数据时,必须审慎处理政府补贴问题。

第三,企业绿债市场目前仍然处于早期发展阶段,现有规模尚不及全球整体债市的 0.1%,故目前的实证结论未必能扩及未来。特别是,企业绿债迄今支持的仍以唾手可得的绿色项目为主,譬如地理位置优异、易于兴建、减碳效果明显的大型风电厂。当这些项目枯竭后,企业的绿债资金势必要用在条件较差、绿色绩效较不明显的项目上,因而可能会支持不同的假说。

当然,最重要的关键,是必须对绿色债券所产生的绿色影响力给予更好的评估。如何以可行的、严谨的方式针对影响力进行评估,一直都是学者和业者努力的方向,而这种评估方法既可用于比较狭义的绿色项目,亦可用于相对广义的 ESG 项目。当然,影响力维度很多,环境面有相关于能源效率的碳排放量,社会面有相关于工作场所安全性的工伤率,公司治理面有相关于公平性的高管对员工薪酬比。影响力维度不同,其影响力度量方式不同,所使用的指标及单位也不同,而如何能相互比较甚至加总,更为相关领域学者关切(Serafeim 等,2019)。

所幸这几年不少学者对影响力度量的研究有重大突破,其中尤以哈佛大学会计学教授所开发的影响力加权财务报表最知名,目前已对汽车制造、药物化学、公共事业、食品等几个行业进行试点(Serafeim 和 Trinh,2020;Rischbieth 等,2021)。期待这套框架背后的会计原则能早日完善,并形成一套普遍接受的准则,如此才可具体应用于绿色债券,以精准评估其绿色影响力。

[2020-10-22 首发于财新网]

参考文献

1. Climate Bonds Initiative(CBI),2018. Climate Bonds Taxonomy [R].

2. Climate Bonds Initiative(CBI),2019. Climate Bonds Standard Version 3.0.[R].

3. FLAMMER C,2021. Corporate green bonds[J]. Journal of Financial Economics,forthcoming.

4. International Capital Market Association(ICMA),2021. Green Bond Principles:Voluntary Process Guidelines for Issuing Green Bonds[R].

5. LARCKER D,WATTS E,2020. What's the greenium[J]. Journal of Accounting and Economics,69(2):1-25.

6. LYON T，MONTGOMERY A，2015. The means and end of greenwashing[J]. Organization and Environment，28：223-249.

7. RISCHBIETH A，SERAFEIM G，TRINH K，2021. Accounting for product impact in the consumer-packaged foods industry[R]. Harvard Business School Working Paper 21-051.

8. SERAFEIM G，TRINH K，2020. A preliminary framework for product impact-weighted accounts[R]. Harvard Business School Working Paper 20-076.

9. SERAFEIM G，ZOCHOWSKI R，DOWNIN J，2019. Impact-weighted Financial Accounts：The Missing Piece for an Impact Economy[R]. Harvard Business School.

10. TANG D，ZHANG Y，2020. Do shareholders benefit from green bonds[J]. Journal of Corporate Finance，61(c)：1-18.

⬤ ESG 投资：固定收益领域的应用与挑战

近期债券市场信用风险事件频发，如永煤控股未能按期偿还到期的短期融资券、华夏幸福两次发布违约公告等，都引起市场恐慌。信用债市场风险由低评级主体逐渐向高评级主体扩散，进一步向投资者敲响了警钟。

然而，外部信用评级所能提供的信息相对有限。信用债存量规模已达 30 万亿，五千多家发债企业的主体信用评级大多集中于 AAA、AA＋及 AA 三大类，其中 AAA 评级的就高达千余家。这些数字无疑表明，投资者不能借助外部评级来评估企业的真实信用资质。

为能更深入评估发债企业的信用风险，投资者常会建立内部的信用评审流程，利用多方渠道信息对主体进行多维度检视。在此，以 ESG 相关的非财务信息对企业展开信用分析是一个新趋势。那么，ESG 投资在固收资产如何应用？存在哪些挑战？本文对此进行解析。

ESG 投资在固收领域的应用

ESG 投资是指在投资分析、投资决定及投资管理的流程中，将环境、社会及公司治理三项议题纳入考量。ESG 投资在权益类资产上的应用已久，方式也比较深入，具体实践以负面剔除法、正面剔选法、可持续主题投资法、ESG 整合法、主动参与法及影响力投资等七大策略为主。

相对而言，ESG 投资在固收资产上的应用则慢了很多，背后原因涉及两种资产在信息披露、风险特点、交易方式、投资者结构及权利等方面的差异。比如，债券发行人多为非上市公司，信息披露程度低于上市公司。又比如，债券通常有期限，股票则无，这也造成不同的投资逻辑。另外，银行是债券的重要投资者，而非股票，因此银行的目标函数及约束条件会影响 ESG 投资策略的应用。

基于可行性、相关性等考虑，ESG 投资策略在债券方面的应用以 ESG 整合法、可持续主题投资法、筛选法等三种为主，其他策略则仍在摸索中。

ESG 整合法：为信用分析提供新信息

ESG 整合法是以明确的、有系统的方式将 ESG 因素纳入投资分析及决策中。在固收领域，投资者关注利率风险、收益率曲线风险、流动性风险及信用风险；利率风险与宏观层级的经济基本面、通胀等因素有关，而信用风险则聚焦于特定发行人。

债券投资者不仅会分析宏观环境、产业政策、行业属性及竞争格局等整体情况，也会分析发行人的资产负债结构、盈利能力及偿债能力，并关注股东背景及外部支持力度，而公司治理因素更早就是信用分析的重要环节。因此，ESG 整合法在信用分析方面的应用最直接可行。

ESG 方面的非财务信息对信用分析固然有价值，但会依行业、发行人及债券期限而有差异。比如，在社会维度方面，客户隐私议题对通信行业的影响不容小觑，但对煤炭企业则未必；反之，工作场所的健康与安全议题对煤炭行业有关键影响性，但对通信行业则未必。

换言之，并非所有 ESG 议题都具有实质性，都会影响企业经营情况与财务绩效。投资者真正关心的是实质性 ESG 议题，因为只有它们会影响企业的信用评估，最终体现于债券定价。因此，企业在实质性 ESG 议题上的风险暴露程度、期限及管理能力，形成信用分析的重点。

现实世界有许多这方面的案例，加拿大的资产管理机构 BMO、穆迪、标普等国际大型评级机构都在其列。例如，BMO 就认为，实质性

ESG 风险管理会影响企业长期主体信用资质,故在原有信用评级的基础上纳入了 ESG 因素,进而调整评级结果。BMO 更对纳入 ESG 与未纳入 ESG 的评级做了对比,以显示两者造成的差异(BMO,2020)。

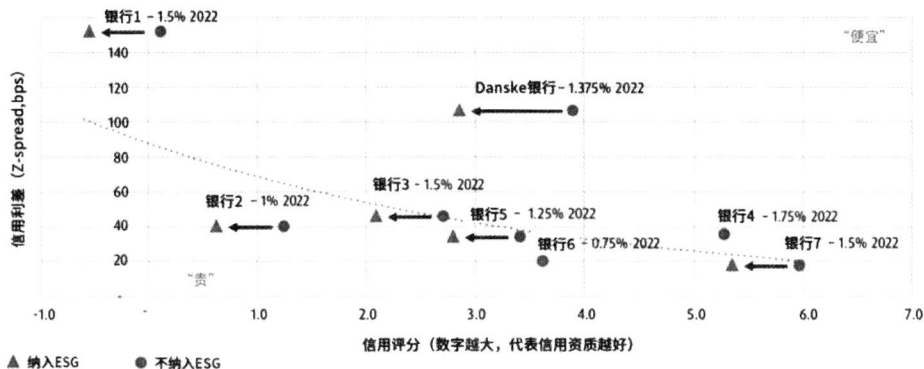

图 1　2019 年 BMO 的 ESG in Fixed Income 报告(来源:作者整理)

主权债券是 ESG 整合法的另一个应用领域,理由关乎各国政府对 ESG 议题的管理能力。当管理能力高下有别时,长期主权信用资质也会不同,债券风险随之而异。

可持续主题投资法:固收投资新渠道

主题债券包括绿色债券、社会债券、可持续债券、转型债券等,当 ESG 投资者对其投资时,在获得票息的同时还能提高环境和社会效益。主题债券与普通债券的差异在于募集资金的用途。但投资者参与主题债券时,如何确保其募集资金如其所愿,用于支持特定项目呢?

有关于此,国际上迄今所仰赖的是一套去中心化的自愿性规范系统,以及相应的评估、认证及核实等流程,其中包括对债券主体资质的界定、对募集资金的使用规定、对项目挑选与评估的流程设定以及相关的披露要求等。

以主题债券中发展最早的绿色债券为例,它涵盖"绿色"与"债券"两个维度,前者必须仰赖科学证据的支持,而后者则必须符合资本市场的债务工具要求。更具体地，绿色资质必须由科学家依科学证据予以界定，故目前国际上以气候债券倡议组织（CBI）发布的《气候债券标准》为准，其中界定了交通、能源、水资源、建筑等具有绿色潜能的八大领域（CBI，2018）。但债券所募资金必须符合债务工具在投向、偿付等方面的要求，故目前以国际资本市场协会（ICMA）发布的《绿色债券原则》为准，其中包含了资金用途、项目遴选、资金管理及披露报告等关键要素（ICMA，2021）。

除了国际公认标准外，各国可依其国情特殊性，发展一套符合自身要求的主题债券标准。人民银行于 2015 年发布的《绿色债券支持项目目录》就属这种性质。但随着国家碳中和目标，国内对绿色债券拟定了更与国际接轨的标准，而反映于 2021 年 4 月人民银行、发改委及证监会联合发布的新目录（人民银行等，2021）。

现实世界里，需要资金的新领域持续浮现，须界定的主题范围扩大，演化出更多主题债券类别。譬如，2020 年年底国际资本市场协会发布的《气候转型债券金融手册》，以巴黎协定的"2 度 C"为目标，针对拟募集绿色转型资金的企业而发（ICMA，2020）。该手册在绿色转型框架下，明确界定了资金用途，以发行者的气候转型策略及治理、商业模式的环境实质性、气候变化策略之目标及路径的科学依据、执行透明度等四项为关键。

由于主题债券依据一套自愿性规范系统来运作，故针对所募资金是否真能推进该主题，一直存有疑虑（Flammer，2021）。而这涉及主题债券的绩效度量问题。譬如，当绿色债券所募资金投向某绿色项目时，该项目的绿色绩效如何度量？是否以其降低的碳排量、净化的水资源量，抑或发行方的 ESG 评级呢？另外，绿色债券是否应持续披露其绿色绩效的改善，以供投资者参考呢？

国际投资者虽然关切各类主题债券的"主题真实性"问题，但除非能找到合适的环境及社会绩效度量，否则这个超越收益及风险的新投资维度,仍会继续成为关注重点。

此外,主题债券的类别虽已多样化,但市场规模及投资者结构却未尽如人意。在国内,2019 年底绿债的累计发行规模为 1.1 万亿元,存量为 9 772 亿元。以该年底国内债市存量的 96 万亿计,绿债占比仅约 1%。从投资者结构看,商业银行的绿债持有量占比为 52%,其次是广义基金,占比为 34%。因此,绿债市场在规模及投资者多元性方面占优,未来发展空间甚大。

主动参与法:固收投资者的积极行动

主动参与是指投资者与被投公司进行互动和沟通,旨在影响企业的 ESG 政策和行为。

股票投资者在主动参与方面经验丰富,投资者可通过邮件、电话与公司管理层沟通,或提交股东提案要求公司回应,甚至可利用自身投票权对相关问题表达支持或反对意见。

债券投资者并没有股东权利,其主动参与因而受到限制,但仍可在债券发行前,针对 ESG 议题,利用其话语权与发行人进行沟通。有关于此,2018 年联合国负责任投资原则对 422 家作为资产所有人的签署机构进行调查,发现其中 66% 的机构在固收投资中涉及一定程度的主动参与,背后动机包括获得更多 ESG 信息、引导发行人处理 ESG 风险与机遇、产生积极效益等(PRI,2018)。

事实上,债券投资者在债券发行前和存续期均有主动参与的机会。在发行前,投资者可以要求发行人披露特定的 ESG 信息,补足第三方数据源的缺失,以帮助投资者做出知情投资决策。投资者也可以就碳中和等特定政策,与发行人沟通交流,评估发行人应对风险、发掘机会的能力和意愿。在存续期,基于债券条款,并考虑到发行人的再融资需求,投资者仍可持续与发行人进行沟通。

海内外都不乏主动参与的例子。国内方面,华夏银行于 2019 年发行了 ESG 理念的固定收益类理财产品,重点投向环保产业、乡村振兴、普惠金融等相关领域。该银行在选择投资标的时，就要求发行人披露更多 ESG 相关的信息，辅助其完成投资决策。国外方面，美国老牌 ESG 投资机构路博迈对主动参与策略的应用不仅相当彻底，且记录完整。它在固收领域的主动参与累计 1 092 次，其中公司治理议题的比例最高，达到 51%，而社会、环境议题分别占比 28% 和 21%。特别是，路博迈曾与一家能源公司进行沟通，要求它基于 SASB（可持续会计标准委员会）的行业指引原则，针对碳足迹、员工健康与安全等实质性 ESG 议题披露信息。该公司作了回应，使路博迈能进行更合理的风险定价（Neuberger Berman，2020）。

ESG 投资在固收领域的挑战

ESG 投资在国内崛起才几年，在固收领域的发展仍处于萌芽状态，而它所面临的固收领域挑战可分为普遍性挑战与特殊性挑战两种。

普遍性挑战

普遍性挑战并不局限于固收类资产，而是 ESG 投资在现阶段面临的共同问题，其中包括 ESG 信息披露不足、ESG 框架标准缺位、投资者价值观有待建立等三点。

首先，信息披露不足已成为 ESG 投资的紧迫问题。当 ESG 信息不可得，且缺乏连续性、完整性、可靠性、客观性时，ESG 投资就欠缺基石，成了摇摇欲坠的危楼。依据平安数字经济研究院，截至 2020 年 5 月份，沪深 300 上市公司发布 ESG 报告的占比为 85%，但其中仅 12% 经第三方审计（平安数字经济研究院，2020）。依此，连上市公司的 ESG 信息都相当不足，更遑论未上市公司。

然而，债券发行者偏以非上市公司为大宗，其 ESG 信息就更显贫乏，也形成数据公司及分析机构目前的开发重点。MSCI、妙盈科技等都是其中要角，它们通过多方渠道，利用科技力量，挖掘公司的 ESG 信息，提供基础数据及相关产品或服务。

其次，仅靠第三方数据并不能解决问题，更重要的是从本质上改变 ESG 信息披露的逻辑，而 ESG 披露框架的建立及落实更是基础。有关于此，会计学学者及四大会计师事务所等实践者从 20 世纪末开始携手合作，陆续制定了几套 ESG 议题的披露原则，其中以 SASB 的原则最提纲挈领，披露重点落在实质性 ESG 议题止，降低了信息披露成本，也提高了投资决策的有效性。

但披露框架比较抽象，使用者较难掌握，因此亟需具体的披露指引予以协助落实。此项工作往往由交易所承担，除编制详尽的 ESG 实践指引外，并培训企业，引导其落实。

再次，国内关注 ESG 投资的机构仍属少数，且整体投资价值观仍有待转变。在关注 ESG 投资方面，几项调查的结果都指出，已开始关注并实践 ESG 投资的机构极少（华夏理财和深高金，2020；中国证券投资基金业协会，2020）。在整体投资价值观上，学者研究亦发现，国内投资者的关注仍落在风险与回报这两个维度，尚未扩及第三个维度——ESG 绩效（邱慈观，2021）。就算有少数基金经理关注 ESG，他们也只意识到 ESG 信息的工具价值，利用 ESG 信息来降低风险或提高回报，而未能体认 ESG 本身的价值，将其视为值得追求的目的。

特殊性挑战

特殊性挑战涉及 ESG 投资在固收领域所面临的独特问题，包括以下三点：一是债券的异质性；二是主题债券认证及效益计量；三是债券投资者、发行人的结构及权利。

首先，债券品种丰富，期限各异，即使是同一发行人，其发行的债券也存在异质性，包括是否含权、偿债顺序、担保条款等。这些异质性会影响投资决定，使债券投资者的选择流程有别于股票投资者，除了公司主体特性外，还须考虑各色债券条款。正因债券条款的差异，加上期限差异及发行规模限制，ESG 投资的应用面临更多困难，尤以指数投资为甚。

其次,主题债券是可持续主题投资的重要选项,但其在认证及后续资金使用的披露上都较为不足。至于其度量问题已如前所言,倘未获解决,则主题债券将难以证成其标榜的主题。

再次,商业银行是债市的重要参与者,其直接或间接持有的占比较高。出于流动性管理、监管指标及客户维护等考虑,商业银行偏向于ESG 中立,而更加关注资产的久期、风险、流动性等因素。对照之下,基金、银行理财、养老保险等资产管理机构的立场会有所不同,因其负有受托责任,当资产所有人要求 ESG 时,它们更可能推动固收类的ESG 投资。

总之,虽然 ESG 投资在固收领域的应用起步较晚,却有不容忽视的发展潜力。无论固收投资者看到的是其工具价值,以评估信用风险,或者看到的是其目的价值,以促进社会效益,应该都能各得其所。当然,发展过程中面临的挑战和难题,有赖投资者、发行人、监管单位等多方共同研拟化解之道,方能披荆斩棘,向前推进。

[2021-3-29 首发于财新网,共同作者张旭华]

参考文献

1. 中国人民银行、国家发改委、证监会:绿色债券支持项目目录[R].2021 - 4.

2. 平安数字经济研究院,2020. ESG 在中国:信息披露和投资的应用与挑战[R].

3. 华夏理财和深高金,2020. 中国资管行业 ESG 投资发展研究报告[R].

4. 中国证券投资基金业协会,2020. 中国基金业 ESG 投资专题调查报告 2019[R].

5. 邱慈观,2021. 中国的 ESG:产品界定、回报预期与市场展望[R].

6. BMO,2020. ESG in Fixed Income[R].

7. Climate Bonds Initiative（CBI），2018. Climate Bonds Taxonomy [R].

8. FLAMMER C，2021. Corporate green bonds [J]. Journal of Financial Economics，forthcoming.

9. International Capital Market Association（ICMA），2020. Climate Transition Finance Handbook：Guidance for Issuers[R].

10. International Capital Market Association（ICMA），2021. Green Bond Principles：Voluntary Process Guidelines for Issuing Green Bonds[R].

11. Neuberger Berman，2020. 2020 ESG Annual Report[R].

12. Principle for Responsible Investment（PRI），2018. ESG Engagement for Fixed Income Investors[R].

◉ 扭转苹果：股东积极主义在国内可行吗

哔哩哔哩视频网站推出的《后浪》演讲视频，引来无数讨论。作为"后浪"的年轻一代，在打开哔哩哔哩手机 App 时，经常会收到一个提醒框："是否进入青少年模式？"在青少年模式下，手机 App 的单日使用时间和观看内容将受到一定限制。此举意在解决青少年沉迷手机的问题，从而促进他们健康成长。

事实上，青少年手机成瘾，并不是新问题。早在 2018 年 1 月，苹果公司董事会就收到了一份邮件，被要求认真面对这个问题。谁会如此正经八百地写邮件给苹果公司呢？这封邮件来自两家苹果公司的机构投资者，一是 CalSTRS（加州教师养老金），另一个是 JANA 对冲基金公司，而两家当时合计持有苹果 20 亿美元市值的股份。

邮件指出，青少年过度使用手机后，会导致上课不专心、抑郁、睡眠不足，甚至自杀率提高等。因此，两位股东希望苹果公司能关注这个问题，建议它成立专家委员会，进行相关研究，提供新选择，以此减少青少年过度使用 iPhone 或 iPad 的情况。

养老金携手对冲基金：葫芦里卖什么药？

CalSTRS 创设于 1913 年，如今是全球第一大面向教师群体的养老金。截至 2020 年 4 月底，CalSTRS 管理的资产组合规模有 2 400 亿美元。作为长期投资者，CalSTRS 投资组合中有一半的持仓为权益类资产，而微软、苹果、亚马逊等都是其中持仓量较大的股票。

与传统的长期投资者有所不同，CalSTRS 做投资决策时，非常重视 ESG 议题,即在追求财务回报的同时,也希望世界能更加美好。

JANA 是一家对冲基金公司,创立于 2001 年。JANA 主要关注那些经营不善或者存在瑕疵的公司,大量买入公司股票后,再要求公司进行变革,以提升经营绩效。改变前后的股价变化,形成 JANA 的获利来源。从创立至今,JANA 已经参与投资过苹果、蒂芙尼、全食超市等公司。

不过,CalSTRS 并未委托资金给 JANA 管理,两家机构是怎么走到一起的?

缘由是两者都奉行"股东积极主义"策略,希望通过行使股东权利来影响公司管理层,促使公司做出相应的经营策略调整,从而达成其自身的投资目标。在此,一边是关心青少年手机成瘾问题的 CalSTRS,另一边是积极投资经验丰富的 JANA,两者一拍即合。

给苹果公司的邮件奏效了。苹果正面回应了两位积极股东的诉求,于当年 6 月份宣布,后续的 iOS 12 操作系统上将会新增"屏幕使用时间"功能。家长可以为孩子设置 iPhone 或 iPad 的使用时间,也可以预设特定 App 的时间限额。

养老金携手对冲基金写信给苹果公司,并获得了积极回应,这表示机构投资者可以从被动持股的角色转为主动参与的角色,通过沟通及互动,来改变持股公司的行为。当机构投资者的这种角色转变与 ESG 议题相连时,更对股东积极主义赋予新意义,甚至开启一个新纪元(Eccles,2018)。

股东积极主义简史

股东积极主义可追溯至 20 世纪 70 年代。1971 年成立的公司责任跨信仰中心(ICCR)及 1972 年成立的投资者责任研究中心(IRRC),都促进了关心社会议题的股东提案,要求企业承担更多社会责任。当时还有一些社会活动家,例如拉尔夫·纳德(Ralph Nader),

积极致力于公众利益的游说和消费者权益的保护。而他这样的积极呼吁与行动，也影响了后来的股东积极主义。

此后的 1980 年代，公司治理相关的股东积极主义开始涌现，其主要的参与者为机构投资人。面对公司治理相关的问题，他们不再遵循"华尔街规则"，即"用脚投票"，卖出股票。反之，他们会以股东身份积极介入公司治理，选择"用手投票"，向公司管理层施加压力或施以援手，促使上市公司完善治理结构，实施发展战略。机构股东服务公司（Institutional Shareholder Services，ISS）和机构投资者委员会（Council of Institutional Investors，CII）两家组织于 1985 年成立，进一步保障养老金等机构投资者对股东权利的行使。

2000 年之后，在积极股东方面，对冲基金扮演的角色日益重要。相比于养老金和共同基金的"防御型"股东积极主义，对冲基金则以更具进攻性的方式来行使股东权利。在此，事前行动是一种常见方式：对冲基金先锁定表现不佳的公司，获得目标公司相当规模的股份，在掌握话语权和主导权后，再积极促成公司在经营战略及管理团队方面的变革，从而释放公司的潜能。这种做法常会造成公司股价上涨，而对冲基金会借此卖出持股，兑现收益。正因如此，对冲基金的积极主义也备受争议。批评者认为，对冲基金来者不善，是"公司门口的野蛮人"：他们追求短期利益，却未能支持公司的长期发展，因而损害了其他利益相关方的福祉（Cheffins 和 Armour，2011）。

不过，有学者提出不同观点，表示以上假说未获证据支持。特别是，就"对冲基金的干预会提升公司短期绩效而损害长期发展"的假说，一个由法、商等跨领域学者所形成的研究团队，利用 1994 年至 2007 年的数据进行了实证检验，结果发现欠缺证据支持（Bebchuk 等，2015）。

2008 年金融危机后，美国通过了金融改革法案，其中有涉及公司治理的专门章节，加大了股东代理投票及董事提名等机制的实践空间。随后，美国证监会还制定了 14a-11 规则，确认了股东可以行使委托书提名董事,但却遭到由大企业组成的商业圆桌(Business Roundtable)的申诉,认为这样的规则只是有利于部分投资者。

在不断博弈中,股东积极主义由养老金等机构投资人推进发展,又由对冲基金丰富深化,这实质地促进了公司治理的发展,推动了法律法规的完善。

股东积极主义的新常态

令人侧目的股东积极主义行为,甚至可以引起投票权争夺战。譬如,谷歌曾在 2012 年收购了摩托罗拉移动。在此之前,知名的积极股东卡尔·伊坎就一直增持摩托罗拉股票,并向管理层施压,要求拆分摩托罗拉。当然,他也从摩托罗拉拆分及谷歌收购两案中,获得丰厚的利润。

不过,更多的积极股东会选择比较温和的方式,如直接与公司管理层进行沟通和互动。譬如 CalSTRS 与 JANA 向苹果董事会发送联名邮件,就是一种温和方式。另外,积极股东还可通过股东提案的方式,针对特定问题提出自己的建议,甚至在年度股东大会上争取投票表决。

过去几十年中,养老金、共同基金、对冲基金、个人投资者等,都扮演着积极股东的角色。当然,以养老金、共同基金等为代表的机构投资者,因其持股比例高,会比个人投资者有更强的话语权,更可能对公司产生实质影响(Dimson 等,2015;Doidge 等;2019)。

机构投资者通常是长期投资者,其中还有很多是指数型基金。贝莱德首席执行官劳伦斯·芬克就曾表示,作为指数基金投资者,即使对持股公司的前景存疑,也没法直接卖出股票。此时,与公司的沟通互动和代理投票权就更显重要。在多数情况下,机构投资者很难"一走了之",而会偏向股东积极主义,驱动目标公司变革,释放公司长期潜能,以降低其投资组合的风险。

　　如果以积极股东的意图来分类，可分为财务驱动型和可持续性驱动型两种。前者关注的是管理层替换、资本分配及回报、公司拆分、并购等，通过积极行为来实现投资收益。后者则更加关注董事会多元性、员工留存率、环境影响、供应链标准等，而更涉及 ESG 相关问题。CalSTRS 与 JANA 共同"扭转"苹果公司，关心的就是青少年的健康成长，而非只是苹果公司短期盈利指标，故可归为可持续性驱动的积极股东。

　　机构投资者对公司长期价值关注、对 ESG 议题的关切，赋予了股东积极主义新意义，也被期待将成为未来的新常态。

股东积极主义在国内可行吗？

　　股东积极主义在国外已不是新鲜事，而国内也曾出现过相关案例，其中以 2015 年的宝万之争和 2014 年的泽熙投资两案，比较广为人知。在前案里，宝能系资本当时强势增持万科股份，万科管理层暗指宝能系为"公司门口的野蛮人"。在后案里，徐翔的泽熙投资向一家电力上市公司提出议案，要求改变利润分配方案，其激进行为也被认为是举牌抗议的野蛮人，而有违"以和为贵"的传统价值。

　　当然，国内股东积极主义的发展环境仍在培养中，以期能导向更正面、更有益于整体社会的方式。特别是，从法律法规角度看，最新修订的《证券法》专门设置了投资者保护章节，针对股东的提案、表决等权利给予更多支持。最新的《公司法》也提及股东在提案、代理表决等方面的权利。这些修订都是在法律法规层面，为股东积极参与公司治理提供基础保障。

　　另外，2014 年，经证监会批准设立了中证中小投资者服务中心。投服中心持有各类证券品种，可以作为股东身份或证券持有人身份行权，也可以接受投资人委托，提供纠纷调停、公益性诉讼等服务。在一定意义上，投服中心就是国内股东积极主义的示范实践者。

　　不过,国内发展股东积极主义策略,也面临一定的挑战,其中包括投资者结构和股权结构两方面。投资者结构方面,国内机构投资者持股占比虽逐年提高,但目前市场仍由散户主导。散户的 ESG 认知相对不足,亦欠缺和持股公司对话的力量,故难以实现由可持续性驱动的股东积极主义。在股权结构方面,国内上市公司的股权的集中度相对较高,大股东拥有较大的控制权,而这会使机构投资者力量相对有限,难以实现股东积极主义策略。

　　总结来说,随着国内法律法规的完善,投资者结构的优化,资本市场的深化发展,以及机构投资者对 ESG 认知的精进,股东积极主义将会进一步发展。股东积极主义未来面临的问题,不是"要不要做",而是"该怎么做"。事实上,股东积极主义也是 ESG 投资的七大策略之一。这类投资方式被监管机构所肯定,在国内日益瞩目。我们期待中国能发展出适合民情的股东参与方式,让积极股东发挥力量,驱动企业的 ESG 实践日臻完善。

[2020-5-26 首发于澎湃商学院,共同作者张旭华]

参考文献

1. BEBCHUK L,BRAV A,JIANG W,2015. The long-term effect of hedge fund activism[J]. Columbia Law Review,115: 1085-1156.

2. CHEFFINS B,ARMOUR J,2011. The past,present and future of shareholder activism by hedge funds[J]. Journal of Corporation Law,37(1):51-103.

3. DIMSON E,KARAKAS O,LI X,2015. Active ownership[J]. Review of Financial Studies,28(1):3225-3268.

4. DOIDGE C,DYCK A,MAHMUDI H,VIRANI A,2019. Collective action and governance activism[J]. Review of Finance,

23(5): 893-933.

5. ECCLES R. 2018. Why an activist hedge fund cares whether Apple's devices are bad for kids[R]. Harvard Business Review, January 16.

6. JANA Partners & CalSTRS, 2018. Letter from JANA Partners & CalSTRS to Apple[R/OL], https://www.calstrs.com/sites/main/ files/letter_from_jana_partners_and_calstrs_to_Apple_inc._ board_1.6.18.pdf, 2021-07-25 查阅.

◼ 解读 ESG 相关的 ETF

截至 2020 年 6 月,全球知名资产管理公司贝莱德旗下管理的 ETF,规模已达 2.93 万亿美元。其中与 ESG 相关的 ETF(以下简称 "ESG 类 ETF"),基金规模为 653 亿美元。换言之,在贝莱德管理的所有 ETF 里,"ESG 类 ETF"占比大约 2%。

依上个月贝莱德发布的可持续投资报告,目前"ESG 类 ETF"规模虽小,前景却相当看好。国内方面,这两年 ESG 投资呼声渐高,资产管理公司掌握契机,努力学习国外产品,其中自然也包括"ESG 类 ETF"。然而,近期媒体上几篇关于"ESG 类 ETF"的文章,对策略应用、组合构建、绩效跟踪等议题都未详加梳理,对相关衍生品亦欠合理说明。本文解读"ESG 类 ETF",并回答相应疑点。

ETF 概览

解读"ESG 类 ETF"前,我们先对 ETF(Exchange Traded Fund)做个简介。ETF 是"交易所交易基金",又称"交易型开放式指数基金"。

首只 ETF 出现于 1993 年,由道富集团发行,跟踪标普 500 指数。这只 ETF 发展至今,规模已达 2 500 亿美元。但 ETF 真正开始蓬勃发展,发生在 2000 年以后,与贝莱德、先锋领航等资产管理机构的陆续进场有关。发展过程中,ETF 的种类逐渐多元化,不但有股票型、债券型、商品型等各类资产的 ETF,还出现了反向型、杠杆型、主动管理型等创新设计的 ETF。

国内方面,ETF 有 15 年的发展史,首只 ETF 基金"华夏上证 50

ETF"于 2004 年募集成立,迄今仍是国内规模最大的 ETF 之一。据中证指数统计,截至 2020 年 3 月,国内 ETF 数量达 256 只,规模 6 268 亿元。另外,相对来看,美国 ETF 量超过 1 600 只,规模 3.50 万亿美元。

ETF 的特点

ETF 有三个重要特点:交易型、开放式、指数型。"交易型"是 ETF 最重要的特点,即 ETF 可在交易所上市和交易。"开放式"是相对"封闭式"而言,表示 ETF 在一级市场上开放申赎。"指数型"是指大部分 ETF 属于被动型基金,会跟踪特定的指数,例如标普 500 指数。

在股票投资方面,投资者可以自行购买个股,建立投资组合,也可以购买共同基金,委托基金管理人来管理组合。随着被动投资理念的盛行,指数型基金更受欢迎,而 ETF 作为交易型开放式指数基金,也益发受到关注。

ETF 的"指数型"特点,决定了其管理费率低、透明度高等优势。不同于主动管理型的共同基金,ETF 依据特定的指数构建组合,只要指数内容不变,ETF 组合中的资产比例也无须调整,故其费率低,可在 0.5% 以下。对比之下,相应的主动管理权益类基金,费率在 1.20% 到 1.50% 之间。

跟踪不同指数的 ETF,会因其资产类别及投资策略而有特定的风险暴露,投资者可依其风险偏好而选择合适的 ETF。以国内股票类 ETF 为例,投资者有宽基类、行业类、主题类、策略类等类别选择。宽基类 ETF 跟踪的指数包括沪深 300、创业板指等。行业类 ETF 有金融、半导体、医药等。主题类 ETF 有国企改革、"一带一路"等。策略类 ETF 有红利、价值、基本面等。

ETF 的"交易型"和"开放式"的特点,造成其流动性高、交易便捷等相对优势。投资者可在二级市场买卖 ETF,也可在一级市场申赎 ETF。此外,ETF 还有一定的税收优势。

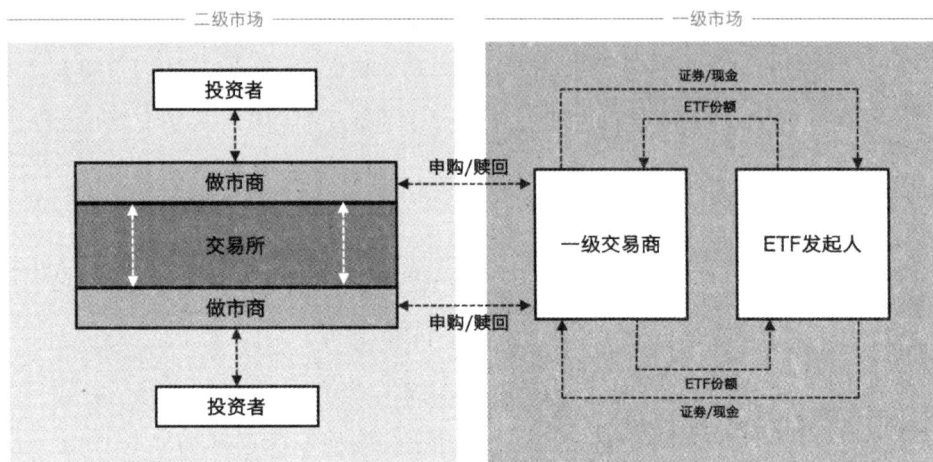

图 1　ETF 市场参与者

ESG 指数:"ESG 类 ETF"的内核

理解 ETF 的特点后,我们讨论"ESG 类 ETF"。当然,"ESG 类 ETF"的落脚点仍是 ETF,在发行、交易等方面与其他 ETF 并无二致,但内核在于其跟踪的 ESG 指数。

从 ETF 的视角看,无论是追踪 5G 通信的 ETF,还是追踪沪深 300 的 ETF,只要依循行业或市值等规则就可确定其中的成分股。但是,ESG 的概念更丰富,标准也更多元。特别是,指数公司制作 ESG 指数时,会采用某些特定的 ESG 投资策略,譬如剔除法、同类最佳法等,然后基于相应的 ESG 信息,依照标准选出成分证券。

因此,在理念顺序上是,先有依 ESG 投资策略编制的 ESG 指数,而后才有"ESG 类 ETF"。

首只 ESG 指数"Domini 400 Social Index"诞生于 1990 年,其后历经数次更名而改为现在的 MSCI KLD 400 Social Index。该指数最初由专门委员会编制,会综合考虑 ESG、规模、行业权重等因素来维护指数。如今它不再依赖委员会,而基于公开透明的量化规则来进行维护,譬如其中的 ESG 评级、争议评分、通用价值筛选标准等。KLD 400 的走势记录已累积 30 年,而贝莱德的 iShares MSCI KLD 400 Social ETF 是追踪这只指数的 ETF,现有 19 亿美元的管理规模。

ESG 指数的构建通常分为样本选取、成分加权、指数维护三个环节。样本选取又分为基准指数选取、ESG 筛选标准应用;成分加权会采取市值加权法、等权重法等。指数维护则包括调整频率、ESG 数据更新、公司事件处理等。

以 MSCI KLD 400 Social Index 而言,其基准指数是 MSCI USA IMI Index,其中包含美国市场大中小盘 2 370 家公司股票。在样本选取环节,MSCI 根据 ESG 筛选标准,剔除不符标准的个股,例如烟酒、博彩、军工等行业股票,再根据 ESG 评级与 ESG 争议评分排序,从基准指数的 2 370 家公司中,选出 ESG 评分高的 400 家公司股票。在成分加权环节,MSCI 会调整行业权重、市值权重,以完成指数构建。在指数维护环节,指数每季度评估一次,基于规则增删成分股。

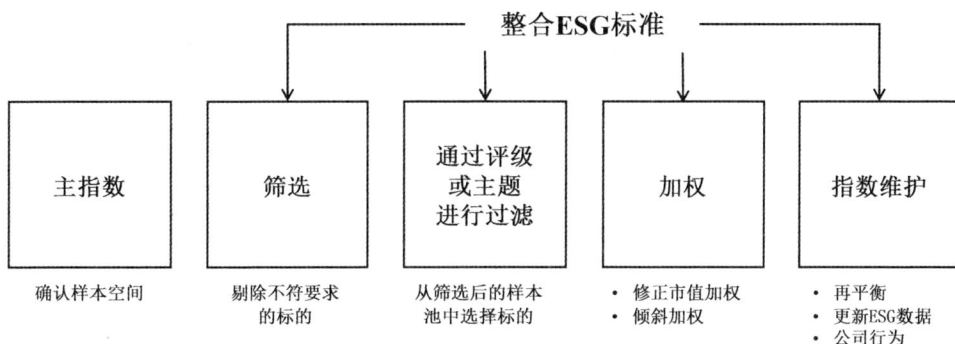

图 2　ESG 指数构建流程

资料来源: 依贝莱德 iShares 报告整理

ESG 挑选标准主要基于国际公认的 ESG 投资七大策略,包括负面筛选法、同类最佳法、ESG 整合法、可持续主题法等。譬如,标普的 S&P 500 Fossil Fuel Free Index 是以负面剔除法剥离了化石燃料公司。

又譬如,彭博巴克莱的 MSCI US Corporate ESG Focus Index 是以 ESG 整合法选出 ESG 评级较好的公司。至于明晟的 MSCI Low Carbon Target Index,是以主题投资法聚焦于环境问题,选出低碳公司。

发展至今,全球 ESG 指数已超过 2 000 个,由不同的指数公司编制,包括 MSCI、富时罗素、标普、道琼斯、彭博巴克莱、STOXX 等。与普通指数一样,ESG 指数可以作为投资基准、资产配置、业绩衡量的参考。当然,ESG 指数最重要的角色,就是作为 ETF 追踪的目标。

国内的中证指数及中债指数也发行了多只 ESG 指数,譬如前者旗下的责任指数、治理指数、ESG 40、中国低碳等,后者旗下的中债－中国绿色债券指数、中债－中国气候相关债券指数等。在 ETF 方面,建信基金于 2010 年发行了跟踪上证社会责任指数的 ETF 及联结基金。近两年国内 ESG 投资的风潮更带动了 ESG 指数的发行,光是 2021 年 4 月,中证指数就发布了五只 ESG 指数,但因指数推出未满一年,需要时间验证,故还没有对应的 ETF[①]。

简言之,"ESG 类 ETF"内核是 ESG 指数。唯有 ESG 指数编制合理、透明、有效,其"ESG 类 ETF"才能获得认可,并为投资者提供合适的风险暴露。

做市商与衍生品:"ESG 类 ETF"的流动性来源

对"ESG 类 ETF"而言,仅有 ESG 指数内核还不够,还必须有规模和流动性,才能满足投资者的交易需求。但规模与流动性互为因果,而创造来源至为重要。当然,这并非"ESG 类 ETF"的特有问题,而是 ETF 的一个普遍问题。

---

① 中证指数有限公司:http://www.csindex.com.cn/zh-CN,2021-07-25 查阅。中央国债登记结算公司有限责任公司:https://www.chinabond.com.cn/d2s/index.html,2021-07-25 查阅。

　　ETF 的规模受到许多因素的影响,如底层资产规模及流动性、申赎便利程度、投资者需求等。宽基 ETF 往往比特定行业或主题 ETF 的规模要大,实物申购结合现金申购也能促进规模增长,而 ETF 联结基金更可进一步扩充 ETF 的规模。

　　但规模本身并不够,还要有流动性。当市场自发情况下 ETF 的流动性不足时,可由做市商提供,由其为 ETF 提供持续的双边报价服务。上交所对做市商的报价有要求,譬如股票型基金 ETF 的最小申报金额为 20 万元,最大买卖价差为 1%,债券型的最大买卖价差为 0.5%。此外,做市商为市场提供流动性的同时,也可以获得相应的激励。

　　一旦有了流动性服务,做市商会对衍生品产生相应需求,用于套保等风险管理。例如,国内中金所已推出沪深 300 股指期货、沪深 300 股指期权、上证 50 股指期货等,而上交所与深交所甚至针对沪深 300 ETF 及上证 50 ETF 推出了期权。无论指数或 ETF 的衍生品,都会因为套保、套利、投机等投资者的参与,促进其对应指数或 ETF 的价格发现,进而提升 ETF 的流动性。例如,上证 50 股指期货及上证 50 ETF 期权,都可提升华夏上证 50 ETF 的流动性。

　　特别是,"ESG 类 ETF"本身的规模小,流动性是个问题,而国际上推出 ESG 指数相关的衍生品,目的就在于增强 ETF 的流动性。欧洲期货交易所 Eurex 率先推出 ESG 指数衍生品,其标的指数包括 STOXX Europe 600 旗下的 ESG-X、MSCI ESG Screened Index 等,背后理由至为明显。

　　相比于普通指数衍生品,ESG 指数类衍生品的规模较小。以 STOXX ESG-X 期货为例,2020 年 4 月底的持仓量为 4 万多份,名义本金规模达 5 亿多欧元。至于 MSCI 指数相关的衍生品,2020 年 3 月份底的总持仓量为 240 万份,名义本金规模达 860 亿欧元。

　　此外,芝加哥交易所 CME 也推出了 E-mini S&P 500 ESG Index 期货。但它的持仓量更小,截至 6 月 23 日,9 月份合约有 3 814 份,名义本金规模在 5 亿美元左右。

总体而言,"ESG 类 ETF"的发展有赖 ETF 整体市场的发展与成熟,而这又需要指数公司、基金公司、做市商、证券交易所、期货交易所及投资者的多方参与,才能逐步提升规模和流动性。

"ESG 类 ETF"的思考

近期媒体上几篇有关"ESG 类 ETF"的文章,对以下问题的看法引人误解,我们特此梳理。

"ESG 类 ETF"属于 ESG 产品吗? 算是特殊的投资方式吗?

如前例言,"ESG 类 ETF"跟踪 ESG 指数,而 ESG 指数是依据 ESG 投资的七大策略所编制,故可视为 ESG 产品。但是,在此须注意,ESG 投资与传统投资存在一个关键:传统投资是以顾及风险与回报的二维度投资,但 ESG 投资是顾及风险、回报与 ESG 绩效的三维度投资。投资从两度空间转换到三度空间,空间上只多了一个维度,时间上却花了半个世纪。

特别是,ESG 投资于 1970 年代崛起于欧美,至今虽已形成主流实践,但其理论基础仍在构建中,而反映于近年学者对现代投资组合理论、效率前沿等老概念的新诠释,以及对投资者影响力偏好、折抵财务回报等新概念的塑造(Pastor 等,2021;Green 和 Roth,2021)。因此,从发展中的角度看,ESG 投资可被视为一种特殊的投资方式,但当其变革完成而取代了传统投资时,ESG 投资就是所有金融产品的共性标签。

"ESG 类 ETF"能改变企业的 ESG 实践,甚至创造社会价值吗? ESG 类衍生品呢?

笔者曾在《ESG 投资能创造社会价值吗》一文中表示,问题关键在于资金的落脚处:当投资只涉及资金在二级市场投资者之间转手,而未能流入被投资公司,也未能通过沟通、互动、协商等参与流程驱动被投资公司改变 ESG 行为时,就不能创造社会价值。

特别是,当投资流程以负面筛选法剥离了不符合价值观的股票组合时,并不能创造社会价值。只有当资金基于驱动变革的动机直接流入被投资公司,或是投资者行使股东权利而与企业进行议合时,才可能改变企业的 ESG 实践,从而创造社会价值,甚至为股东带来更多回报(Dimson 等,2015;Doidge 等,2019)。

相同的逻辑也适用于 ESG 类衍生品:当投资者不直接持有衍生品背后的标的证券,就不具备与企业议合的前提条件,也不能改变企业的 ESG 实践。因此,如 Eurex 交易所推出的 ESG 指数衍生品,并不能直接创造社会价值。

"ESG 类 ETF"能把资金导入可持续发展领域吗?

这个问题可从 ESG 投资和 ETF 产品这两方面看。

就 ESG 投资而言,只有一级市场投资才具备把资金导入特定领域的功能,而二级市场投资则缺乏这个功能。在 ESG 投资的七种投资策略里,除了影响力投资是以创业投资方式注资于一级市场外,其他六种策略都聚焦于二级市场,故未能把能把资金导入可持续发展领域(Brest 等,2019)。此外,就 ETF 而言,这类金融产品一般通过二级市场,以获得一篮子证券转换而来,并不能直接影响持股公司的融资。

"ESG 类 ETF"在收益上更有优势吗?

这个问题向来受到关注,一直是个争论议题,也是实践者的营销焦点。譬如,近期贝莱德发布的可持续投资报告,以全球多个指数代表的样本,通过回测指出,在股市下跌时期,近九成 ESG 类指数的表现超过基准指数。

当然,持这种说法的不会只有贝莱德。有关 ESG 金融产品的"收益优势"或"超额回报",业者以单因子模型进行回测,几乎异口同声表示:ESG 产品有收益优势,会产生超额回报!

那么,学者的看法呢?事实上,二十年来,学者持续检测"ESG 金融产品有收益优势"的命题,通过正确的金融模型及严谨的统计方法,以判断数据是否支持命题。大量学术研究的结果指出,数据并不支持"收益优势"的命题,而它至多只是一个偏称命题,在有限情况下成立(Albuquerque 等,2019;Bolton 和 Kacperkzyk,2020)。

特别是,"单因子模型"对超额收益的计算只根据某特定的基准投资组合,而并未把市场上的杂音都去掉,包括规模因子、价值因子、动能因子,故并非合适的金融模型(Carhart,1997)。当使用正确的"四因子模型"时,学者未能发现 ESG 产品存在超额收益,而这个结论对美国、英国、加拿大、德国、北欧等市场都成立(Bauer 等,2005;Bauer 等,2007)。

这个逻辑也适用于"ESG 类 ETF",当金融模型、样本选择及检测方法都够严谨时,某些命题最多只能以营销宣传来看待,而不能晋升为真理。

总而言之,目前"ESG 类 ETF"的规模虽小,投资者却相当关注。在积极拥抱新产品的同时,我们必须充分理解 ETF 的特性及 ESG 指数的局限,才能免受误导,而做出理性的投资决策。

[2020-6-29 首发于财新,共同作者张旭华]

参考文献

1. ALBUQUERQUE R,KOSKINEN Y,ZHANG C,2019. Corporate social responsibility and firm risk:Theory and empirical evidence[J]. Management Science,65(10):4451-4949.

2. BAUER R. KOEDIJK K,OTTEN R,2005. International Evidence on Ethical Mutual Fund Performance and Investment Style[J]. Journal of Banking and Finance,29(7):1751-1767.

3. BAUER R,DERWALL J,OTTEN R,2007. The ethical mutual fund performance debate:New evidence from Canada[J]. Journal

of Business Ethics，70（2）：111-124.

4. Blackrock，2019. An Evolution in ESG Indexing[R].

5. BOLTON P，KACPERCZYK M，2020. Do investors care about carbon risk[R/OL]. ECGI Finance Working Paper No. 711/2020，file：///C：/Users/saif/Downloads/SSRN-id3398441% 20（1）. pdf，2021-7-25 查阅.

6. BREST P，GIBSON R，WOLFSON M，2019. How investors can （and can't）create social value[J]. Journal of Corporate Law，44（2）：205-230.

7. CARHART M，1997. On persistence in mutual fund performance [J]. Journal of Finance，52（1）：57-82.

8. DIMSON E，KARAKAS O，LI X，2015. Active ownership[J]. Review of Financial Studies，28（12）：3225-3268.

9. DOIDGE C，DYCK A，MAHMUDI H，VIRANI A，2019. Collective action and governance activism[J]. Review of Finance，23（5）：893-933.

10. GREEN D，ROTH B，2021. The allocation of socially responsible capital[R/OL]. Harvard Business School Working Paper，file：///C：/Users/saif/Downloads/SSRN-id3737772.pdf，2021-7-25 查阅.

11. MSCI，2018. MSCI KLD 400 Social Index Methodology[R].

12. PASTOR L，STAMBAUGH R，TAYLOR L，2021. Sustainable investing in equilibrium [J]. Journal of Financial Economics，Forthcoming.

◉ ESG 投资能创造社会价值吗

　　近两年，国内 ESG 投资持续增温，蔚为风气。各家资产管理公司都想跟上时代，推出自己的 ESG 产品。依据统计，2019 年全球新增了近 500 只 ESG 相关的基金。对比之下，据中国基金业协会的统计，国内至少有 39 只 ESG 产品，资产规模约 650 亿元。

　　ESG 投资形成潮流的同时，也引发诸多讨论：ESG 投资到底是什么？与普通投资的关系是区隔，还是融合？ESG 投资能提供更高的回报率吗？还是在创造社会价值时，牺牲了财务回报？ESG 投资能把资金导入社会痛点问题，帮助解决吗？ESG 投资是行善吗？

　　上面问题繁多，囿于篇幅，本文只讨论一个代表性问题：ESG 投资能创造社会价值吗？回答这个问题前，我们必须先说明其中两个概念：ESG 投资、社会价值创造。

什么是 ESG 投资

　　简单来说，ESG 投资是在投资研究、投资决定和投资管理等流程中，将环境、社会和公司治理方面的因素纳入考虑。依国际共识，纳入考虑的方式是以"ESG 投资的七大策略"来彰显，而这些策略同时界定了 ESG 投资。七大策略分别是负面剔除法、依公约剔除法、同类最佳法、ESG 整合法、可持续主题投资法、积极股东法以及影响力投资。它们可单独使用，亦可复合使用。七个策略崛起的时间不同，其中以负面筛选法最早，20 世纪 70 年代由 Pax World Fund 率先提出；影响力投资最晚，于 2007 年由洛克菲勒基金会、摩根大通银行等组织所推出。

依据 ESG 投资的全球行业组织——全球可持续投资联盟(GSIA)的最新统计,采用 ESG 整合法的资产规模最大,约有 25.2 万亿美元。负面筛选法位列第二,约有 15 万亿美元。其后依序为积极股东法、依公约筛选法、可持续主题投资法、同类最佳法、影响力投资。各策略被使用的理由不同,譬如 ESG 整合法常因回报驱动而被使用,负面筛选法常因价值观驱动而被使用(GSIA,2021)。

如同所有投资,ESG 投资也有价值链,其中有上、中、下三端,上端为资产所有人,中端为资产管理人,而下端是被投资方。ESG 投资的资产所有人常是同时追求财务与社会回报的双底线投资人,其中有养老金、保险公司、基金会以及高净值个人。资产管理人包括基金公司、银行理财以及资产管理公司,会因受托人职责及市场趋势理由而涉入。被投资方是不同行业的企业,亦即有 ESG 行为的实践者。

ESG 实践与 ESG 投资虽然关系紧密,但承担主体不同,动机亦有差异,不能混为一谈。单从逻辑顺序看,是各行业下之企业的 ESG 实践在先,金融领域的 ESG 投资在后。

什么是"社会价值创造"

"社会价值创造"的英文是 social value creation(SVC),这个名词在国内相当流行,但很少有人对其内涵做梳理。简言之,当"社会价值创造"与投资关联时,是指一笔投资能对社会、环境等方面带来改变。更具体地,"社会价值创造"所带来的改变,应该包括两方面。

一方面是对被投企业具有社会价值的产品与服务形成改变,或是增加其产量或是提高其质量(Brest 等,2019)。这里说的社会价值,是以社会上某些人或全体之福祉的增加来度量。譬如,一家医药公司获得投资并研发出对抗病毒的疫苗,这会减少病痛、增强健康,因而提升人类福祉。又譬如,影响力投资领域翘楚的聪明人基金,曾投资了太阳能照明设备的新创公司光悦科技(d.light),而它成功开发出低成本的消费者产品,让八千万贫困人口获得照明,增加了生产力和学习机会,当然也提升了人类福祉(Kennedy 等,2012)。

另一方面是改变了被投企业的 ESG 实践,其间的社会价值至少要能符合"不伤害原则"的底线伦理,进而最好能达到积极伦理的标准。由外部压力来推动企业进行 ESG 相关的改变,过去常由积极股东来推动。在此,投资者借助股东提案,促使上市公司注重环境保护,优化供应链管理,改善劳工权益,或强化董事会监督功能,完善公司治理。ESG 相关的股东提案,大多要求企业维持底线伦理,不能对其利益相关方造成伤害。譬如,笔者曾在《手机 ESG:苹果的另一面》一文提及,2010 年 ESG 资产管理机构 Trillium 联合多家投资机构公开发表声明,谴责苹果供应链的工作条件恶劣,对员工身心健康造成伤害,而要求做出改变。

除股东积极主义外,最近几年又兴起了 CEO 积极主义,由企业内部有 ESG 关切的 CEO 来推动组织进行 ESG 相关改变(Chaetterji 和 Toffel,2018)。新的 CEO 积极主义以推动社会前行为旨,与政治捐赠及公关导向的传统形式明显不同,故引起学者兴趣,针对 CEO 的伦理动机进行研究(Branicki 等,2021)。

ESG 投资能创造社会价值吗

厘清 ESG 投资与社会价值创造两个概念后,我们建立了回答问题的基础。试问,ESG 投资能创造社会价值吗?

在此,我们须将 ESG 投资的七大策略做一个简单的区分,才能看清资金最后的流向。以权益投资为例,有些策略落脚于二级股票交易市场,而有些策略落脚于一级私募股权市场。

在二级市场里,当投资者买卖股票时,股票和资金都只是在投资者甲与投资者乙之间换手,而不会对标的公司产生直接影响。只有在一级私募股权市场里,标的公司才会在每次融资过程中获得来自投资人的资金,引入当前的投资项目及后续发展。

ESG 投资七大策略里的前六种策略,如负面筛选法、ESG 整合法、积极股东法等都主要针对二级市场,而只有影响力投资是针对一级市场。因此,我们可进一步把问题拆解成三个。

二级市场的 ESG 投资能创造社会价值吗?

如前所言,ESG 投资里最常使用的是负面筛选法,其使用理由常由价值观驱动,以剔除不符合文化习俗、社会规范及个人信仰的行业或公司。譬如,洛克菲勒兄弟基金的资金虽源于其身为石油大王的祖先,但当化石燃料所带来的负面环境效果不容于社会价值观时,它采用了 MSCI 化石燃料储备筛选法,把这类公司从资产组合中剔除。另外,密歇根大学的校务基金也一直处在舆情压力下,要求剥离所持有的石化燃料股(Hoffman,2020)。不过,当基金经理采用负面筛选法投资时,等于放弃了与被投公司议合的机会,也不能再影响其经营决策或改变其 ESG 实践(Serafeim 和 Fulton,2014;Dawkins,2018)。

由此看来,负面筛选法很难创造社会价值。

当然,有人可能会指出,倘使更多的投资者选择不投资石化燃料类公司,那么这类公司未来的融资成本势必提高,以致会间接影响其 ESG 实践(Choi 等,2021)。此话不假,但因逻辑链条较长,我们很难将公司未来创造的社会价值归因于投资者"用脚投票"。这就好比老师对学生不闻不问,却希望学生能幡然悔悟,奋发图强。其效果必然存疑。

相同道理也适用于同类最佳法、ESG 整合法等,而上述问题或多或少对它们都成立。譬如,同类最佳法是在某个行业中优选 ESG 拔尖者,组成 ESG 投资产品,其中最具代表性的有道琼斯可持续指数(DJSI)、富时善指数(FTSE4Good Index)等。"尖子生"在各方面都表现优异,最后取得的"好成绩"能否归因于某个老师呢? 换言之,除非有充分数据显示,以同类最佳法所形成的 ESG 投资产品,其"尖子生"成分股真的能发挥 ESG 德性楷模的功能,影响 ESG 劣等生改正行为,否则价值创造并不成立(Ortas 和 Moneva,2011;Hawn 等,2018)。

那么,二级市场投资还能创造社会价值吗?

六种落脚于二级市场的 ESG 投资策略里,积极股东法能创造社会价值! 积极股东法是指股东在 ESG 目标的驱动下,通过行使提案权及表决权等股东权利,以影响被投企业的决策与运营,从而改善 ESG 实践。

笔者在《扭转苹果:股东积极主义在国内可行吗?》一文中提及,加州教师养老金和 JANA 对冲基金作为苹果公司的股东,于 2018 年联名写信给苹果公司,要求其关注和解决青少年手机成瘾问题。最后苹果回应了诉求,在后续的 iOS 操作系统中新增了"屏幕使用时间"功能(Eccles,2018)。

波士顿大学 Flammer 等学者研究发现,积极股东法是 ESG 投资的重要策略之一;由于股东和被投公司之对话、互动和参与所形成的议合流程,最有可能改变企业的 ESG 实践,不只创造社会价值,还带给股东财富增值(Flammer,2015;Dimson 等,2015;Dupire 和 M'Zali,2018)。

一级市场的 ESG 投资能创造社会价值吗?

一级市场不同于二级市场,是企业向投资者募集资金的市场,而影响力投资就发生在一级私募股权市场。依国际上对这类投资的界定,影响力投资者具有积极的意图,拟通过资金来解决社会痛点问题,以创造积极的、可度量的社会影响力,并兼顾财务回报(IFC,2019a)。

譬如,聪明人基金投资于非洲、印度、拉丁美洲等落后地区,涉及农业、健康、教育、能源等行业的初创公司(Acumen Fund,2021)。它曾在肯尼亚投资 Jawabu,这家小型医疗公司开发了创新产品,为当地没有医保的人群提供平价小微医疗保险产品,强化了弱势人口的风险抵御力,从而提高其福祉。另外,涉足一级市场的影响力投资,基金管理人在投后管理阶段会深度参与,帮助被投资的新创公司拟订战略规划、形成制度、对接资源、收集影响力数据等,以受托人身份充分发挥积极股东的角色,从而创造社会价值(Brest 和 Born,2013;IFC,2019b)。eBay 创办人所成立的奥米迪亚网络(Omidyar Network),旗下的影响力投资基金就是这方面的知名案例(Chu 和 Barley,2013)。

此外,债券一级市场近些年来也发行了更多的主题债券,包括绿色债券、社会债券、可持续债券等。笔者曾撰文《疫情下债券市场的特别行动》,提及国际金融公司 IFC 于 2020 年 3 月 11 日成功发行"抗疫社会债券",发行过程受到瑞士蓝色果园基金、北欧社保基金等 ESG 投资机构的高度支持,甚至出现超额申购。

投资上述的社会债券,能创造社会价值吗? 这里有两点必须注意。第一,社会债券通常被归类于可持续主题投资法下,它们与普通债券最重要的区别在于资金用途。社会债券是针对社会痛点问题的解决方案募集资金,而资金亦投向具有积极社会效益的项目。例如,在上述债券里,IFC 将所募资金放贷给医疗设备公司,以开发疫苗、生产防护衣,来对抗疫情。从这个角度来说,可持续主题债券的一级市场投资,可产生社会效益,间接创造了社会价值。第二,社会价值创造只发生在一级市场,其后的债券转手交易并不具有这个功能,理由已说明如前。

ESG 衍生品能创造社会价值吗?

随着 ESG 投资的发展,近年来各指数公司都推出了 ESG 指数,基金公司也基于指数推出了相关的 ETF 或股票型基金产品。交易所还配套推出了 ESG 指数相关的期货、期权产品,譬如 Eurex 交易所针对 ESG 指数推出衍生品,包括期权产品 STOXX Europe 600 ESG-X Index options、期货产品 MSCI USA ESG Screened Index Futures 等。这类产品的推出引发了一系列问题:投资 ESG 相关的衍生品能算是 ESG 投资吗? 投资它们能创造社会价值吗?

分析这些问题,首先要对衍生品本身的功能有所理解,断不能因为这些衍生品之标的资产与 ESG 相关,就认定它们能推动可持续发展、能创造社会价值。囿于篇幅,本文暂不对 ESG 相关衍生品的问题进行分析,而保留为下一篇专栏的主题。

总结而言,当新市场出现而前景光明时,参与者往往快速拥抱契机,却未及学习相关知识,进而吸收、酝酿,以致再创造。在这过程中,皮毛的学习并不困难,但这种学习只停留于表面而未能深化,故当问题出现时,能做判断的基础不存在,以致对 ESG 投资产生迷思。

ESG 投资在欧美发展近半世纪,已经相当成熟,而国内才刚刚起步。拥抱 ESG 的同时,面对各种 ESG 投资相关组织在推动可持续发展、创造社会价值方面所宣称的真实含金量,我们必须保持清醒。在此,我们真正需要的是一套思考逻辑,而它必须建立在金融学和管理学的理论基础上,辅之以实证研究的证据,藉由它们来帮助分析,才能以论辩方式对一些似是而非的宣称做出判断。

针对市面上很多 ESG 投资相关的宣称,本文聚焦于这类投资是否能创造社会价值的问题,基于理论基础及实证发现,展开了逻辑论辩,而所得结论是:视情况而定。只有在某些市场里,使用某些特定的 ESG 投资策略时,ESG 投资才能创造社会价值。换言之,把 ESG 投资与社会价值创造之间的关系说成"全称命题",只能当成营销语言,而不能认真看待。

[2020-6-15 首发于财新网,共同作者张旭华]

参考文献

1. Acumen Fund,2021. 2020 Annual Report[R].

2. BRANICKI L,BRAMMER S,PULLEN A,RHODES C,2021. The morality of "new" CEO activism[J]. Journal of Business Ethics,170(2):269-285.

3. BREST P,BORN K,2013. When can impact investing create real

impact[J]. Stanford Social Innovation Review，Fall，22-31.

4. BREST P，GILSON R，WOLFSON M，2019. How investors can （and can't） create social value[J]. Journal of Corporation Law，44 （2）：205-231.

5. CHATTERJI A，TOFFEL M，2018. The new CEO activist[J]. Harvard Business Review，January-February：78-89.

6. CHOI D，GAO Z，JIANG W，ZHANG H，2021. Global carbon divestment and firms' actions[R/OL]. CUHK Business School Working Paper，file:///C:/Users/saif/Downloads/SSRN-id3589952. pdf，2021-7-25 查阅.

7. CHU M，BARLEY L，2013. Omidyar Network：Pioneering impact investment[DB]. Harvard Business School Case 9-313-090.

8. DAWKINS C，2018. Elevating the role of divestment in socially responsible investing[J]. Journal of Business Ethics，153（2）：465-478.

9. DIMSON E，KARAKAS O，LI X，2015. Active ownership[J]. Review of Financial Studies，28(1)：3225-3268.

10. DUPIRE M，M'ZALI B，2018. CSR strategies in response to competitive pressures[J]. Journal of Business Ethics，148(3)：603-623.

11. ECCLES R，2018. Why an activist hedge fund cares whether Apple's devices are bad for kids[J]. Harvard Business Review，January 16：1-4.

12. FLAMMER C，2015. Does corporate social responsibility lead to superior financial performance? A regression discontinuity Approach[J]. Management Science，61(11)：2549-2568.

13. Global Sustainable Investment Alliance （GSIA），2021. Global

Sustainable Investment Review 2020[R].

14. HAWN O，CHATTERJI A，MITCHELL W，2018. Do investors actually value sustainability? New evidence from investor reactions to the Dow Jones Sustainability Index [J]. Strategic Management Journal，39(4)：949-976.

15. HOFFMAN A，2020. The University of Michigan Endowment Fund：Divesting from fossil fuels[BD]. University of Michigan Case W40C30.

16. International Finance Corporation（IFC），2019a. Creating Impact：The Promise of Impact Investing[R].

17. International Finance Corporation（IFC），2019b. Investing for Impact：Operating Principles for Impact Management[R].

18. KENNEDY M，JORASCH G，SORENSEN J，2012. D.LIGHT：Selling solar to the poor[DB]. Stanford Graduate School of Business Case IDE-03.

19. ORTAS E，MONEVA J，2011. Sustainability stock exchange indices and investor expectations：Multivariate evidence from DJSI-Stoxx[J]. Journal of Finance and Accounting，40(151)：395-416.

20. SERAFEIM G，FULTON M，2014. Divestment alone won't beat climate change[R]. Harvard Business Review，November 4.

⬤ ESG 投资有超额收益吗

2020 年上半年国内股市有一波行情，引起投资者关注，想趁着行情赚一笔。投资者除了直接进场买股外，也可循投资基金的方式间接参与。

基金有主动、被动之分，有主题、策略之分，而投资者在选择基金时，往往关心是否跑赢大盘，获得超额收益。聚焦于环境、社会及公司治理议题的 ESG 基金，这几年在国内崛起，超额收益为投资者所密切注意，更为实践者所广泛宣传。那么，ESG 基金有超额收益吗？

什么才算超额收益

ESG 投资的超额收益，是讨论频率最高的问题之一。但这里涉及两个概念，一是"ESG 投资"，另一是"超额收益"。

ESG 投资是将环境、社会、公司治理三个议题纳入决策流程的一种投资方式。ESG 投资包含七种投资策略，分别是剔除法、依公约剔除法、同类最佳法、可持续主题法、ESG 整合法、积极股东法，以及影响力投资。各策略被使用的理由不一，譬如剔除法常因价值观理由而使用，积极股东法常因驱动企业行为改变而使用。这七种策略可以单独使用，也可以复合使用，譬如先用剔除法，再依公约剔除，最后再正面筛选（Eurosif，2019）。

至于超额收益，投资行业喜欢讲超额收益，但对于如何界定及其贡献来源，却很少深入梳理。事实上，超额收益涉及两个变量，一是组合收益率，另一是基准收益率。一般说的超额收益率，是组合收益率与无风险收益率之差。

超额收益的贡献到底来自哪里呢？这涉及背后的金融模型，其发展从单因子演变到四因子，愈后来的愈完备。单因子模型是一般所谓的资本资产定价模型（capital asset pricing model，CAPM），但近二十年来遭遇许多挑战和质疑，而比较有说服力的是四因子模型。

四因子模型源于三因子模型，于 20 世纪 90 年代由诺贝尔奖得主尤金·法马与学者 French 所提出，认为组合收益率受到市场因子、规模因子及价值因子的影响（Fama 和 French，1996）。其后在 1997 年时，学者 Carhart 却发现，三因子模型忽略了动量因子，因而建立了四因子模型（Carhart，1997）。这表示，在对超额收益进行归因分析时，超额收益通常都可以被市场、规模、价值及动量这四个因子所解释。

Carhart 的四因子模型后来又出现了修正版，其中将超额收益视为组合收益率与基准收益率之差。此处的基准收益率不再是无风险收益率，而是一个接近该组合风格的参考收益率，如纳斯达克指数收益率或沪深 300 指数收益率。在计算超额收益时，修正版的四因子模型仍然通过四因子来解释，而剩下未能被解释的收益率就是 alpha。

此外，收益归因上，市场上还有 Barra 多因子模型。如 MSCI 于 2018 年发布的 Barra 中国权益市场模型，其中就有 9 个一级因子，20 个二级因子，通过这些因子去观察投资组合的风险暴露和收益来源。囿于篇幅，不多赘述。

ESG 投资能贡献超额收益吗

了解超额收益的概念后，我们可以从"投资组合的角度"探讨下一个问题。

通过七种策略的运用，ESG 投资最终体现为一个资产组合，其投资标的可为股票、债券等。ESG 投资策略与传统策略的差异，主要体现在选股择时上，而这恰恰被市场认为是 ESG 投资的超额收益来源。

其实,关于 ESG 投资组合与普通投资组合之间的绩效差异,有两个重要的理论基础:一是组合多角化程度,二是组合构建成本。

关于第一点,基于诺贝尔奖得主马科维茨的现代投资组合理论(modern portfolio theory,MPT),无论采取正面筛选或负面剔除的方法,都会缩小投资组合的可选标的,最终无法得到最优组合,即组合不会处在有效前沿上(Le Maux 和 Le Saout,2004;Trinks 和 Scholtens,2017)。

不过,诺贝尔奖得主、麻省理工学院的莫顿教授则指出,当信息并不完全为投资者所掌握时,市场就不完全有效,所以非完全多角化的组合也可能获得更高的预期收益(Merton,1987)。因此关于第二点,ESG 投资组合需要花更多成本去筛选出符合要求的标的,后续还需要持续调整组合。这些成本会造成 ESG 投资组合最后的收益率低于普通投资组合。

针对于此,有学者却指出,从信息不对称角度看信息成本和交易成本,只能说明 ESG 投资回报和传统投资回报之间的短期落差,当把"学习效果"考虑进去后,从更长的周期看,ESG 投资的表现会较佳(Bauer 等,2005)。

ESG 投资真能贡献超额收益吗?

关于这个问题,从 1980 年代,学术界与市场实践者就开始讨论,相关文献不计其数,看法却不尽相同,答案从有 alpha、没有 alpha,到视情况而定的都有。

伦敦商学院的艾德曼教授基于 Carhart 的四因子模型,采用 1984 年到 2009 年的数据,利用"美国 100 家最佳雇主公司"构建了一个市值权重组合,而该组合相对于无风险收益率有 3.5% 的 alpha 收益,相对于行业基准收益率有 2.1% 的 alpha 收益(Edmans,2011)。这在一定程度上说明,采取 ESG 投资策略的组合,可以获得四因子所无法解释的超额收益,亦即 alpha 存在。

市场派的费里德等人搜集了两千多篇学术论文或行业报告,一并把财务绩效、市场绩效、运营绩效、ESG 投资组合绩效等都视为"公司财务绩效",基于计数法与元分析(meta-analysis),来探讨 ESG 与公司财务绩效之间的关系。结论指出,ESG 投资在特定的市场和资产类别中,会存在超额收益的机会(Friede 等,2015)。

不过,同样采用元分析的方法,法国马赛 KEDGE 商学院的瑞菲黎教授等人,却得出不同的结论。该研究基于过去 85 篇论文,在对财务绩效明确界定后,检视了 ESG 投资与财务绩效之间的关系。研究结果发现,对于先前各研究的方法学及 ESG 维度进行调整后,ESG 投资组合并不能显著贡献于超额收益。作者更表示,先前各研究结果的分歧,主要是研究方法和 ESG 投资的期限、主题、市场及财务绩效度量等因素所造成。在对这些因素做出调整后,相较于传统投资组合,ESG 因素既不是优势,也不是劣势(Revelli 和 Viviani,2015)。

如何判断元分析的可信度?

元分析又称后设分析,其"后设"(meta)两字就点出了这个方法学的特点:基于先前多项研究结果的差异性及冲突性,以层次更高的视角,找出其背后的普遍原因。

在 ESG 投资的超额回报方面,元分析之目的,是通过实验组(ESG 投资)与控制组(传统投资)的比较,而计算出 ESG 投资对超额回报的影响。ESG 投资领域的元分析,这几年开始流行,原因可能与超额收益的争议有关,拟通过这个研究方法来得出一个全面性结论。

元分析建立在先前的研究上,这些研究所使用的数据、模型变量、统计方法等都不同,而元分析必须对此进行调整。元分析本身方法学的严谨性和细致性相当重要,涉及它怎么界定先前的相关研究,怎么避免选择偏误,怎么计算实验组与控制组之间的回报差异,以及怎么调整各种 ESG 因素对财务回报的影响等。另外,当调节变量会影响 ESG 投资和财务回报的关系时,必须一并纳入考虑,而投资组合建构者的特质即为其一。

但是,元分析不是万灵丹,同样采用元分析的研究,其结果可信度却差异很大,关键在于方法学的精确性。譬如,当一个元分析研究对于"财务绩效"的界定模糊,硬把企业财务绩效、市场绩效、ESG 投资组合绩效等一并纳入,但研究主旨却是 ESG 投资和超额收益时,这无疑是混淆了 ESG 实践与 ESG 投资的差异。特别是,当把与 ESG 实践相连的"公司财务绩效"也并入 ESG 投资的"投资组合绩效"时,这个选择偏误扩大了样本范围,但同时造成研究结果的疑虑。费里德等人的研究正犯了样本选择偏颇的错误,洋洋洒洒搜集了两千多篇先前的文献,但其中多数与 ESG 投资无关,以致研究结果虚胖,可信度却不足。

为什么会得出不同的结论?

研究结论的不同可能与研究主体、研究方法及 ESG 投资策略异质性有关。

从研究主体看,主要有学者和业界专家两类。学者研究一般不涉及利益关联,且受惠于同行评审制度,必须针对评委意见一再修改才能获得学术期刊登出,故其研究结果相对客观可信。业者的实践经验丰富,但常有预设立场,为了得到想要的结果,不免做出偏误的选择。因此,当业界专家的报告是为了营销一只 ESG 基金时,其观点会更加追捧"ESG 投资有超额收益"。

事实上,这种偏颇不只对"ESG 投资有超额收益"成立,过去也发生于主动被动管理之争。学术研究结果指出,当投资于低费率的指数基金时,其绩效表现胜于主动管理型基金。这个结论显然不利于主动管理型基金的销售,故行业报告会反驳学者观点,强调主动管理的价值。

从研究方法看,即使不存在立场问题,也会存在研究方法问题。如上所言,样本选取、模型选择等方法学相关问题,都会影响最终的研究结论。譬如,样本选择会有幸存者偏差问题,样本区间和长度也会影响结果,而模型的优劣更决定了最终结果的可信度。

市场派为了说明 ESG 投资可以产生超额收益,常见做法是拿 ESG 组合的走势图与基准指数的走势图对比。如果 ESG 组合的收益率更高,就说明 ESG 投资具有超额收益。

但是,只和一个基准指数相比,这是单因子模型下的超额收益,并不是真正的超额收益。ESG 投资真正的超额收益,是四因子模型下的 alpha,是从原始回报中剔除了市场、规模、价值及动量这四种因子后的剩余收益。当使用单因子模型来计算超额收益时,其剩余收益掺杂了规模、价值及动量这三个因素,以致无法分辨它是否真由 ESG 投资所贡献。

举例来说,ESG 投资以负面剔除法或正面筛选法形成的组合,可能保留了市值较大的公司,而剔除了市值较小的公司,背后原因与大公司的 ESG 评分更高有关。此时,当通过单因子模型计算 alpha 时,"超额收益"可能由规模因子和价值因子所造成,而未必真源于 ESG 投资策略。

图 1　市场派常用单因子模型来计算 alpha

从 ESG 投资策略的异质性来看,其实 ESG 投资有七种投资策略,基金管理人使用各策略背后的原因有所差异,忽视驱动因素的重要性而泛论 ESG 投资的超额收益,可能指鹿为马,导致欠缺意义的结论。

特别是,围绕着筛选法所做的学术研究,结论并不一致,理由与这种 ESG 投资策略的驱动原因有关:当剔除是基于信仰与价值观时,往往具有不可妥协的性质,其重要性远远超乎投资回报的考虑。但针对 ESG 整合法与积极股东法所做的研究,常得出 ESG 投资可贡献于超额回报的结论,理由涉及这两种 ESG 投资策略的驱动原因与实践方式。ESG 整合法之所以把实质性 ESG 因素融入传统的投资模型,原本就着眼于提高收益,而积极股东法以影响实体企业的 ESG 实践为目标,最终也可能因发挥积极效应而产生超额收益。

因此,我们很难断言,ESG 投资可以贡献超额收益,答案视具体情况而定。倘使 ESG 投资未必能获得超额收益,这类投资有什么意义呢?

超越风险与收益的第三维度到底是什么

关于这个问题,美国 ESG 投资的行业组织 US SIF(US Social Investment Forum)于 2016 年以 94 家机构投资者为对象,就投资决策中纳入 ESG 因素的理由做过一个调查。其中 86% 的受访机构表示,使命驱动是考虑 ESG 因素最重要的理由:ESG 投资符合其使命和价值观。第二个原因是为了达成社会效益,而第三个原因是为了把控风险。直到第四个原因,才是为了收益。另外,受托责任、客户需求、监管要求等,也促使机构投资者考虑 ESG 因素(US SIF,2017)。

如此看来,ESG 投资的初衷并不全是为了收益,更不是为了超额收益,而更多是受到价值观驱使,通过投资来达成超乎收益的一些社会目标。依据投资者对社会的关切程度,我们可以把投资者细分为三类。第一类是社会责任中性投资者,他们的目标是最大化收益率,同时最小化风险。第二类是社会责任自觉投资者,他们在获得经风险调整的市场收益率后,还希望投资能符合自己的价值观。第三类是社会责任驱动投资者,他们把投资视为创造社会价值的工具。

笔者在此前《ESG 投资能创造社会价值吗》一文中提及,在二级市场使用负面筛选法、同类最佳法、可持续主题投资法等 ESG 投资策略,都很难创造社会价值,但却能满足社会责任觉醒投资者的需求。只有能改变实体企业 ESG 行为的积极股东法,或是聚焦于一级市场的影响力投资等策略,才能创造社会价值,而符合社会责任驱动投资者的需求。

2015 年之后,高盛、摩根斯坦利、贝莱德等金融机构,为满足客户的需求,都相继推出了可持续投资平台。摩根斯坦利甚至在 2019 年推出了影响力倾向量度(Impact Quotient,"IQ")平台,以回应客户超越风险和收益的需求。投资者可基于自己的价值观,选择关心的 ESG 影响力议题,而 IQ 平台则可评估现有投资组合是否符合投资者特定的影响力偏好,还可以进一步寻找符合偏好的投资机会。

就本质上看,ESG 投资属于双底线投资,投资者追求财务回报的同时,也想产生 ESG 影响力。传统投资关心的是两个维度,一是收益,另一是风险,而所有投资决策都围绕着这两个维度展开。对照之下,ESG 投资关心三个维度,除了收益和风险,还有 ESG 影响力。

如果把属于三个维度的 ESG 投资缩减到两个维度,则这个遗漏举动会使 ESG 投资只能体现于标的筛选等决策流程,最终陷入与传统投资收益对比的僵局。只有将 ESG 投资从收益和风险两个维度中释放出来,展开一种超越于超额收益的讨论,我们才能看到更多核心本质。

[2020-7-21 首发于财新网,共同作者张旭华]

参考文献

1. BAUER R, KOEDIJK K, OTTEN R, 2005. International evidence on ethical mutual fund performance and investment style

[J]. Journal of Banking & Finance，29(7)：1751-1767.

2. CARHART M，1997. On persistence in mutual fund performance [J]. Journal of Finance，52(1)：57-82.

3. EDMANS A，2011. Do the stock market fully value intangibles? Employee satisfaction and equity prices[J]. Journal of Financial Economics，101(3)：621-640.

4. Eurosif，2019. European SRI Study 2018[R].

5. FAMA E，French K，1996. Multifactor explanations of asset pricing anomalies[J]. Journal of Finance，51(1)：55-84.

6. FRIEDE G，BUSCH T，BASSEN A，2015. ESG and financial performance：Aggregated evidence from more than 2000 empirical studies［J］. Journal of Sustainable Finance & Investment，5(4)：210-233.

7. LE MAUX J，LE SAOUT E，2004. The performance of sustainability indexes[J]. Finance India，18：737 – 750.

8. MERTON R，1987. A simple model of capital market equilibrium with incomplete information[J]. Journal of Finance，42(3)：483-510.

9. REVELLI C，VIVIANI J，2015. Financial performance of socially responsible investing：What have we learned? A meta-analysis[J]. Business Ethics：A European Review，24(2)：158-185.

10. TRINKS P，SCHOLTENS B，2017. The opportunity cost of negative screening in socially responsible investing[J]. Journal of Business Ethics，140(2)：193-208.

11. US SIF，2017. Report on US Sustainable，Responsible and Impact Investing Trends 2016[R].

⬤ 影响力投资重塑了资本主义吗

影响力投资的全球推动小组（Global Steering Group，GSG）于 2020 年 9 月 9 日举行年度峰会开始为期三天的线上论坛。峰会以"疫情后的重建"为题，探讨如何通过影响力投资来推动社会重建，以达到更公平、更可持续的目标。议程围绕着重建主题，纳入资金募集、影响力管理、就业创造、技能培训、包容性发展等议题，内容丰富多元。闭幕典礼更有一场压轴演讲，以"重塑资本主义"（reshaping capitalism）为题，由 GSG 主席罗纳德·柯昂爵士主讲。

影响力资本有些出自政府，有些出自民间，来源有开发金融机构、银行、养老基金、公益基金会、家族办公室等。影响力投资面向一级市场，以风险投资的方式，把资本引入紧迫的社会问题领域，以解决市场经济所不能解决者（IFC，2021；PRI，2018）。换言之，影响力投资所针对的，是市场机制失调的后果，包括市场定价未能反映的外部性问题，其中以贫富差距及气候变化最具代表性。

面对市场机制失调所产生的种种不公平、不可持续的后果，通过影响力投资来重塑资本主义，是柯昂爵士多年来的呼吁。他更表示，影响力投资代表一种投资范式的转移，投资人从只关切回报提升为义利并举，在不牺牲财务回报的情况下拯救资本主义（Cohen，2012；Cohen 和 Sahnman，2013）。

换言之，影响力投资能让世界变得更美好，让投资人得以仁者善报。这是各得其所的完美结局，是《礼运·大同篇》所称颂的理想世界。但是，证据支持这些宣称吗？

什么是影响力投资

影响力投资的英文 impact investing 于 2007 年首度出现,刻意由 impact 和 investing 两个英文字组成,用以形容一种可以产生社会影响力的投资方式(Brest 和 Born,2013)。对照之下,社会问题先前常以公益慈善的方式来解决,通过捐赠及赞助的方式,由社会组织来执行项目,而其中并不涉及财务回报的要求,因而也不是投资(Grossman 等,2013)。

影响力投资既然属于投资,其生态系统里的核心角色必定与其他投资一样,以投资人、金融中介和被投资方这三种角色为主。这些角色同时有两方面追求,其一来自 investing,另一个来自 impact,而其中尤以投资人的追求最明确。更具体地,影响力投资人是同时追求财务回报和社会影响力的双底线投资人,故有别于只追求财务回报的传统型单底线投资人。

在分类上,影响力投资被归纳在 ESG 投资领域之下,而该领域从 1970 年代开始发展,在长达半个世纪的发展过程中,演化出负面剔除法、可持续主题法等七种投资策略,而影响力投资是其中最后崛起的策略。然而,相比于其他 ESG 投资人,影响力投资人可能更具有革命情怀。

特别是,影响力投资人可以再分为两类。一是社会责任自觉型,这类投资人在追求财务回报的同时,也追求社会影响力,但却不愿意为了后者而牺牲前者。另一是社会责任驱动型,这类投资人把资本视为改变社会的工具,但因最终目的在于创造社会影响力,故愿意牺牲一部分的财务回报来换取社会影响力。因此,两类投资人要求的投资回报率不同,社会责任自觉型不放弃市场回报率,而社会责任驱动却愿意接受低于市场的让步回报率(Monitor Institute,2009)。

从两种影响力投资人的分类看,柯昂爵士所宣称的投资范式转移,其推动者应该以革命性强的社会责任驱动型投资人为主,否则其积极性不足以构成资本主义的重塑。但另一方面,从柯昂爵士对投资回报率的宣称看,则其所指显然是积极性较低的社会责任自觉型投资人。当然,这些宣称背后存在两个基本假设,其合理性必须通过真实世界里的数据来验证。

第一,从影响力投资现有的市场规模看,它重塑了资本主义吗?

第二,从影响力投资的回报看,投资人可以获得市场回报吗?

市场规模有多大

依据最新统计,全球 ESG 资产的管理规模约为 35 万亿美元,而这在全球所有基金管理规模中的占比大概是 1/3,凸显了 ESG 投资的主流化。那么,影响力投资的规模有多大呢?

有关于此,各来源的统计数字不一,但可以用全球影响力投资行业组织的数字来代表。依据全球影响力投资网络组织(Global Impact Investing Network,GIIN)的统计,2020 年全球影响力资产的管理规模(存量)为 7 150 亿美元,是七种 ESG 投资策略里规模最小的,仅占 ESG 投资全部规模的 2%而已(GIIN,2020)。从这个数字还可以进一步推算,影响力投资在全球整体基金管理规模中的占比,仅 0.68%而已。

这些数字背后的信息很明确,影响力投资的规模很小,因为它针对金字塔底部人口,为其解决紧迫的社会问题(Kovner 和 Lerner,2015)。但在基建匮乏、法规真空、商业模式不明的情况下,各项投资的财务前景堪忧。因此,只有某些情有独钟的投资人才愿意参与。

换言之,无论和 ESG 投资相比,或是和所有类别的投资相比,从影响力投资的规模和案件数来看,至今它只能算是一种特质投资方式,而远远称不上形成了新的投资范式。倘使影响力投资要重塑资本主义,则其规模至少必须相当于目前 ESG 投资的规模,而这有待近百倍的跃进,其背后也必定离不开更多相应机制的建立,譬如法律法规之类。

投资回报有多少

影响力投资的回报率一直颇具争议性,背后理由有二。第一,个别基金之回报率,有些很高,有些很低;但个别案例不足以代表整体市场的情况,而必须以统计上的大数法则来计算代表性样本的回报率。其次,影响力投资是双底线投资,当某只基金宣称其财务回报高却拿不出影响力数据时,它的真实性令人质疑,应该从样本中剔除。

以大样本统计影响力投资回报的研究,迄今仅四个,两个由实践者展开,两个由学者展开。

实践者研究方面,一项于 2015 年由康桥汇世集团和 GIIN 展开,以 51 只追求市场回报率的影响力基金为样本,结果发现其回报率略低于市场回报率(Cambridge Associates 和 GIIN,2015)。另一项于 2017 年由沃顿社会影响力推动方案展开,以 53 只影响力基金为样本,结果发现其回报率接近罗素小型股市场指标(Gray 等,2017)。虽然两项研究的结果都倾向于支持"市场回报率假说",但其样本选择却遭到严重批评,一方面因为它刻意排除了回报率低的样本,他方面因为其影响力证据(如创造的就业岗位、降低的碳排量等数字)严重不足,故有影响力真实性方面的疑虑。

相比之下,由学者展开的两项研究,在样本挑选及统计学方法上就严谨的多,其发现也与实践者迥然不同,支持的是"让步回报率"假说。

第一篇学术研究出自哈佛大学的林诺教授与纽约联准银行的考夫那,他们以社区发展创投资本(community development venture capital)为研究对象,其中有 28 只基金的 305 件投资案。这类资本是美国最典型的影响力投资,以驱动落后社区的发展为使命,故符合柯恩爵士所言的革命积极性。但是,与传统创投资本相比,社区资本的投资地点与行业都相当不同。在投资地点方面,社区资本通常流入比较落后的城市边缘地区,而当地先前缺少创投活动,以致基础建设匮乏。在投资行业方面,社区资本通常聚焦于消费者产品及一般工业,而主流资本则聚焦新能源、新科技、医疗健康行业等,两者差异很大(Kovner 和 Lerner,2015)。这两个投资特质阻碍了社区发展创投基金最终能成功出场的机会,以致其回报率低于传统基金。

第二篇学术研究由加州大学的巴伯教授等人所展开,是迄今最完整的一篇,2021 年初登在金融学的顶级期刊上。该文通过风险资本数据,把 159 只影响力基金的回报与传统创投基金相比,发现影响力基金的实际回报比传统创投要低 4.7%。当进一步把影响力投资人愿意牺牲财务回报以换取非金钱性回报的特质考虑进去时,作者更发现,这类投资人对影响力基金的事前预期回报会比传统基金低 2.5% 到 3.7%,而抵让额度与投资人的社会情怀有关。更具体地,开发金融机构、公益基金会、国家社保基金等使命导向组织,其抵让额度最高,凸显了它们愿意以牺牲财务回报的方式来换取社会影响力。反之,受限于法规要求而必须追求财务回报最大化的基金,则呈现出最小的抵让额度(Barber 等,2021)。

整体而言,两项学术研究的结果支持"让步回报率"假说,而且更发现了投资人愿意接受这种回报率的原因,源于其以资本驱动社会发展的情怀。

影响力投资的未来

从影响力投资现有的市场规模看,它仍未及重塑资本主义。从影响力投资的回报看,平均而言,它只能提供投资人让步回报率。那么,影响力投资未来还有存在的必要吗?

这答案是肯定的,理由至少有三点。

首先,影响力投资是双底线投资里最前卫的,凸显了一种把资本视为驱动社会改变之工具的独特投资人。这类投资人只要求让步回报率,也使得影响力投资在极限上接近于公益慈善,故为学者提供了研究极端情境的空间(Bannick 等,2017)。特别是,各种投资方式及其回报率形成了一个投资回报光谱的直线,其上各点分别有相应的投资人及思维模式,而社会情怀强烈的投资人则最能反映投资变革的极限,同时也为学者提供了更多的洞见。

其次,影响力投资的规模虽然有限,但在持续扩大中,实践者也日益精进其对影响力的度量及管理(Addy,2019;Nicholls 和 Zochowski,2020;Nguyen 和 Liang,2020)。重要的是,通过行业的携手合作,我们看到了足以反映"差距缩小"的数据,譬如对于未能满足之社会需求,各种影响力投资所弥合的百分比等。这些数据收集的本身代表影响力投资的特质,而数字所显示的弥合更反映了影响力投资的意义。

再次,影响力投资的生态系统里,除了投资人及被投资方等核心角色,还有法规制订者、行业组织、合作平台、基础设施提供者等(Tekula 和 Anderson,2019;Phillips 和 Johnson,2021)。光靠一群使命导向的投资人,并不足以光大影响力投资,而其未来发展还有赖生态系统里的多方角色,尤其是政府的指引及游戏规则的制订。

作为任何行业的领头羊,为了推广发展,号召参与者,常须做出一些绚丽的宣称,描绘美好的愿景。身为 GSG 主席的柯昂爵士,宣称影响力投资能重塑资本主义,放在这个背景下来理解或许比较合适。

无论如何,影响力投资具有一种"舍我其谁"的精神,而其资本也应该流向最匮乏的地方。倘使影响力投资真要推动一个更公平、更可持续的世界,则它必须谨守初心,才有重塑资本主义的可能。

[2020-9-7首发于财新网,共同作者张旭华]

参考文献

1. ADDY C，CHORENGEL M，COLLINS M，ETZEL M，2019. Calculating the value of impact investing[J]. Harvard Business Review，January-February：102-109.

2. BANNICK M，GOLDMAN P，KUBZANSKY M，SALTUK Y，2017. Across the return continuum[J]. Stanford Social Innovation Review，Winter：42-48.

3. BARBER B，MORSE A，YASUDA A，2021. Impact investing[J]. Journal of Financial Economics，139(1)：162-185.

4. BREST P，BORN K，2013. When can impact investing create real impact[J]. Stanford Social Innovation Review，Fall：22-31.

5. Cambridge Associates and GIIN，2015. Introducing the Impact Investing Benchmark[R].

6. COHEN R，2012. Big Society capital makes a paradigm shift[J]. Stanford Social Innovation Review，Summer：20-22.

7. COHEN R，SAHNMAN W，2013. Social impact investing will be the next venture capital［R］. Harvard Business Review，January 17.

8. GRAY J，ASHBURN N，DOUGLAS H，JEFFERS J，2017. Great Expectations：Mission Preservation and Financial Performance in Impact Investing. Wharton Social Impact Initiative[R].

9. Global Impact Investing Network（GIIN），2020. Annual Impact Investor Survey 2020[R].

10. GROSSMAN A，APPLEBY S，REIMER C，2013. Venture philanthropy：Its evolution and its future［DB］. Harvard Business School Case 9-313-111.

11. International Finance Corporation（IFC），2021. Creating

Impact：The Promise of Impact Investing[R].

12. KOVNER A，LERNER J，2015. Doing well by doing good? Community development venture capital [J]. Journal of Economics and Management Strategy，24(3)：643-663.

13. Monitor Institute，2009. Investing for Social and Environmental Impact[R].

14. NICHOLLS J，ZOCHOWSKI R，2020. Mutually compatible，yet different：A theoretical framework for reconciling different impact monetarization methodologies and frameworks[R/OL]. Harvard University Working Paper，file：///C：/Users/saif/ Downloads/SSRN-id3715451%20(1).pdf，2021-7-25 查阅.

15. NGUYEN P.，LIANG H，2020. DBS Impact Measurement Project：Technical Report. Singapore Management University [R].

16. PHILLIPS S，JOHNSON B，2021. Inching to impact：The demand side of social impact investing[J]. Journal of Business Ethics，168(2)：615-629.

17. Principle for Responsible Investment（PRI），2018. Impact Investing Market Map[R].

18. TEKULA R. ANDERSON K，2019. The role of government，nonprofit，and private facilitation of the impact investing marketplace[J]. Public Performance and Management Review，42(1)：142-161.

第四部分　ESG 数据和绩效评估

◉ 金融科技赋能 ESG 数据

据联合国负责任投资原则的最新统计,其签署机构已超过三千家,总资产管理规模近一百万亿美元,其中主要涉及 ESG 投资。传统投资以投资风险和收益为主要关切,ESG 投资则除此之外,还在投资分析、决策和管理流程中,纳入了环境、社会和公司治理三个因素。然而,把投资从二维空间扩展到三维空间,只加了一个维度,复杂性却增添很多。

投资分析和决策需要数据,传统投资主要依赖财务类数据及其他基本数据,譬如股价、交易量、财务报表、新闻公告等。这些数据常通过定性和定量的形式,被提供给投资者。

与传统投资相比,ESG 投资面临数据挑战:它需要的非财务类数据,不仅特性差异大,而且披露不充分,也未标准化。各项调查结果也反映了这个事实,譬如毕马威联合会计师事务所针对全球近五千家大企业所做的调查,就发现非财务类数据的报道标准很不一致,造成数据比较上的困难(KPMG,2020)。新兴国家方面,非财务类数据的披露就更成问题了,不仅披露频率低,覆盖面少,标准不一致,另加上公关导向严重,内容五花八门,其中真正 ESG 数据的含金量并不高,而难以满足 ESG 投资者的数据需求。2020 年 6 月平安数据经济研究院针对国内 ESG 信息披露的报告,就指出这种情况,表示信息不足导致 ESG 投资的执行困难(平安数字经济研究院,2020)。

那么,怎样才能解决 ESG 投资的数据困境呢?有关于此,各方看法虽然未必一致,但金融科技常被提及,认为它可以助 ESG 投资一臂之力。

金融科技的英文 fintech，由金融（finance）与科技（technology）两字组成，显然是融合两者而形成的产物。依照金融稳定理事会的定义，金融科技是指在金融服务领域的技术创新，由此形成新的商业模式、应用、流程或产品，而对金融服务供给产生重大影响。

金融科技是一个不断演进的概念，甚至可以用"苟日新、日日新、又日新"来形容。放在 20 世纪，金融科技能够实现的无非是金融机构内部业务流程的电子化，而后随着互联网的发展，金融科技在信息共享、渠道拓展上发挥优势。放在今天，人工智能、区块链、云计算、大数据等技术的出现，使得金融领域在数据获取、投资决策和风险评估方面，得以更上一层楼。在 ESG 投资方面，各界对金融科技如何可以赋能这类投资，目前虽然看法不一，但相关数据的获取与信息的提取，显然被认为是最可能的方向。

ESG 投资的数据挑战

ESG 投资需要的非财务类数据，关乎一家企业及其利益相关方的可持续发展，却并不反映于公司的财务报表。ESG 三个维度下，各有细化议题和指标。例如，MSCI 的 ESG 研究及评级框架就包含了三大维度、十大主题和 37 个关键议题，而每个关键议题还分风险暴露指标与风险管理指标（MSCI，2020）。MSCI 的研究方法以定量为主，各指标的计算都有赖海量的基础数据。

以社会维度为例，重要议题包括产品安全与质量、员工健康安全、供应链劳工标准等，各议题下又有一些细化指标，最终须以定量或定性指标来体现。譬如，"产品安全与质量"这个议题的细化指标就包括产品召回率、产品安全事件、客户投诉次数等。

这些信息如何提取？传统方式能满足吗？有关于此，首先需要理解 ESG 数据的特征，然后才能理解金融科技能如何助力。

ESG 数据具备大数据的三个重要特征,可用三个以英文字母 v 开头的单词来代表:数据量大(volume)、数据多样性(variety)、数据实时性(velocity)。

首先,ESG 数据量大且来源分散。ESG 数据来自多种渠道,除了企业的 CSR(企业社会责任)报告和财报外,还有政府部门、监管部门、新闻媒体、社交网络等来源。一些数据不直接来自企业本身,而是分散于供应商、客户、股东等利益相关方等来源。例如,证监会对证券公司的处罚和劳动纠纷的仲裁结果,信息就来自不同渠道。此外,一些和公司管理层相关的事件,最开始可能出现于社交网络,随后又出现于新闻报道。

特别是,另有一些数据来自非营利组织。譬如,笔者曾在《从苹果的另一面,谈谈手机行业的 ESG》中提及,中国公众环境研究中心联合自然之友等民间环保组织,先后发布了两份报告,揭露苹果在华供应链中存在的诸多问题。

其次,ESG 数据格式多样化。数据有结构化与非结构化之分,前者包括可用二维表结构来表示的数据,譬如医药公司的股价和成交量数据、微软公司近五年的财报数据等,我们可以利用这类数据进行搜索、计算、统计和分析。后者包括文本、图片、音频、视频等,形式繁多。

ESG 数据里有大量的非结构化数据,需要借助金融科技的力量来进行提取。例如,当企业公开发行债券时,会编制募集说明书,其中有发行条款、募集资金用途、发行人的基本概况、财务状况及资信状况等,这些信息大多以文本或表格形式提供,而盖章页甚至属于图片格式。

第三,数据实时性要求高。企业 CSR 报告的更新频率是每年一次,数据有严重的滞后性,但 ESG 投资所关注的问题常需要在相关事件发生后,第一时间就进行处理。譬如,突发的环境污染事件、监管处罚的通告等,都具有实时性,会对企业产生实质性影响。

金融科技如何赋能 ESG 数据

ESG 投资必须决定是否要将某个标的公司,依据所界定的 ESG 标准纳入投资组合。ESG 数据围绕着标的公司而展开,投资人要从海量的数据中,寻找与标的公司相关的信息,以此作为决策的基础。

在数据获取环节,ESG 数据量大且来源分散。除了可通过接口途径获得的数据外,网络爬虫等技术可从多方渠道获得 ESG 相关的重要数据,如政府部门、监管部门、新闻媒体的网站。此外,流处理(streaming)技术亦可满足 ESG 数据的实时性要求。

在信息提取环节,ESG 数据格式多样,而其中如公司招股说明书和 CSR 报告等非结构化数据,通常以 PDF 形式出现。在此,我们可借助 PDF 处理技术,识别文件内容,提取其中的文本、图片及表格,而文本里的信息更可通过自然语言处理技术,来提取关键信息。

到了这一步,ESG 数据的问题似乎还没有完全解决。以一家企业而言,它有多种利益相关方,涉及多层关系及信息,业务方面有供应商和客户,融资方面有股东和债权人,内部有管理层和员工,下面可能还有分支机构,此外还会受到行业政策、监管法规、新冠疫情等外部因素的影响。

这些关系及影响的挖掘,可以利用"知识图谱"(knowledge graph)技术来实现。知识图谱能够帮助梳理企业及其利益相关方间的关系及影响路径。

知识图谱的概念由谷歌于 2012 年推出,企图描述真实世界中不同实体或概念之间的相互关系。知识图谱以网络形式展现,其中的节点(node)是实体、概念或属性值,而边(edge)则描述了节点之间的关系或属性。这类图谱早在 20 世纪就已发展出雏形,由罗斯·奎林于 1968 年提出语义网络(semantic network)的概念。语义网络用相互连接的节点和边来表示知识,本质上是一种存储知识的数据结构。

知识图谱怎么获取和体现一家企业 ESG 相关的数据和信息呢？知识图谱需要经过知识抽取、知识融合、知识表示等一系列步骤，才能完成构建。以一家能源公司为例，从年报、企业社会责任报告等非结构化数据中，我们要进行知识抽取，获得实体、属性、关系等。但是，文本中提及的能源公司及其关联公司，可能是简称也可能是全称。因此我们还需要进行知识融合，完成实体对接。

获得知识图谱后，我们就能清楚地看到能源公司的客户、供应商、子公司等情况，也能知道子公司的供应商、供应商的供应商等关系。如此一来，当能源公司子公司的供应商因为排放废气废水而遭受处罚、限产停产时，我们就能迅速评估该处罚对能源公司的影响。因此，知识图谱可以协助 ESG 投资在海量数据中挖掘信息，去繁从简。

金融科技在 ESG 数据方面的实践

事实上，ESG 数据公司、机构投资者和大型资产管理公司，都已经对金融科技做了相当多的应用，而其中的 ESG 评级和指数公司 MSCI、新涌现的 Fintech 公司、老牌资管公司路博迈等，都是知名案例。

MSCI 在 ESG 领域提供 ESG 研究、评级和指数，这些产品和服务基于庞大的数据信息。除了常规数据，MSCI 会密切跟踪上千家主流媒体的新闻报道，提取与公司相关的负面事件和争议事件，例如商业道德问题、环境污染、消费者集体诉讼等。2019 年 MSCI 收购了 Carbon Delta，获得了丰富的气候相关数据和模型，更扩充了它在气候变化方面的风险估值能力。

国内方面，专注于 ESG 数据的金融科技公司也已出现，联合国负责任投资原则的签署方妙盈科技即为其一。妙盈利用人工智能技术，覆盖了 80 万家中国企业，在投资、风险、量化等方面提供 ESG 数据。

除了 ESG 数据和产品提供商，一些资源比较丰富的 ESG 投资机构更会自建内部研究体系。以总部在纽约曼哈顿的路博迈为例,它有八十年历史,员工 2 300 人,投资经理 650 名,所管理的资产规模高达 3 500亿美元,而 ESG 策略已融入投资流程中的各阶段。在进行 ESG 分析时,路博迈在内部储备了金融科技力量。从数据来源看,除了传统的公司披露信息、第三方数据库,路博迈还有自己的大数据团队,可以获取另类数据,为投资决策提供额外信息(Neuberger Berman,2021)。

总的来说,金融科技可以较好地解决 ESG 投资现阶段在数据获取和信息提取方面的问题。限于篇幅,本文只论及金融科技在 ESG 数据方面的应用。金融科技不断发展的同时,ESG 投资也在持续扩大和深化。未来金融科技与 ESG 投资的融合,必将会有更多的机遇和挑战。

[2020-8-24 首发于财新网,共同作者张旭华]

参考文献

1. 平安数字经济研究院,2020. ESG 在中国: 信息披露和投资的应用与挑战[R].

2. KPMG,2020. The Time Has Come: The KPMG Survey of Sustainability Reporting 2020[R].

3. MSCI,2020. MSCI ESG Ratings Methodology[R]. New York: MSCI ESG Research.

4. Neuberger Berman,2021. 2020 Environmental,Social and Governance Annual Report[R].

● ESG 评级会影响基金申购吗

ESG 投资是在投资流程中纳入环境、社会及公司治理因素，譬如实体企业的碳排放量、产品安全及会计透明性等。当然，既然是投资，ESG 投资肯定关注回报与风险，这点与传统投资并无二致，但此外它又加上第三个维度——ESG 特质。

ESG 投资在国内形成热门话题，是近两三年的事，但它在欧美已发展了近半个世纪，前后历经几次变革，方才跃为主流投资。依据2020 年统计，ESG 投资在全球投资人组合中的占比，平均高达 35.9%。这表示，投资人每投资 3 元，其中 1.08 元就投资于 ESG 资产（GSIA，2021）。

那么，当投资人想做 ESG 投资时，是否一定要选择 ESG 贴标产品呢？倘使不是，则在多种产品选择里，投资人如何区别其 ESG 特质呢？对于这些问题，我们通过基金类产品来回答。

以基金和 ETF 类投资看，产品可分两类，一类有 ESG 标签，另一类没有。ESG 贴标基金除了说明书上有"指定 ESG 受托管理"等字眼外，通常会取个顾名思义的名字，如低碳领袖基金、中证 ESG 120 策略指数等。另一类是没贴标的产品，如先锋大型股基金、华夏沪深 300 ETF 等。

从基金管理规模看，ESG 贴标产品占比低于全部产品的 2%，倘使ESG 投资人只认 ESG 贴标产品，可选择范围就相当狭窄。那么，对于未贴标的基金产品，投资人怎么判断其中的 ESG 质量？是否有这方面的评级呢？

针对基金做的 ESG 评级

传统的基金评级已经存在相当时间,专业投资人对它并不陌生,其中的晨星(Morningstar)评级和理柏(Lipper)评级更是广为人知。这类评级是以基金的风险与回报为关注点,背后以现代投资组合理论为基础。该理论从 20 世纪 1950 年代发展到 1970 年代,而贡献卓越的大师都获得了诺贝尔奖,包括资本资产定价模型的奠基者夏普。

不过,传统评级不提供 ESG 信息。当 ESG 投资蔚为风潮,投资人对基金的 ESG 信息需求量增加时,相关的评级系统就出现了。

ESG Fund Rating 是针对基金及 ETF 类产品做的 ESG 评级,评级对象不是个股,而是投资组合。不过,组合由个股形成,故个股的 ESG 评级决定了组合的 ESG 评级。

ESG Fund Rating 在国际上已经展开四年,由晨星领先启动。晨星是一家金融服务公司,先前就以一般的基金评级而知名,但它针对日渐茁壮的 ESG 投资市场,于 2016 年推出 ESG Fund Rating,范围涉及股权及债权两类资产,覆盖全球两万多只基金及 ETF。

晨星之后,几家知名的金融服务公司都陆续推出 ESG Fund Rating,如 MSCI、标普、Refinitiv 等。为了做基金的 ESG 评级,合作伙伴都以基金公司、评级机构和 ESG 数据公司形成闭环。

譬如,Sustainalytics 本以 ESG 评级著称,Morningstar 分两次收购了它的股权,因而获得其 ESG 风险评比数据库。Refinitiv 是金融数据公司,拥有知名的 ESG 数据库 Asset4,它和汤森路透旗下的理柏合作而推出"理柏基金 ESG 计分"。标普则从瑞士集团 Robeco 手中买下了旗下的 ESG 评级公司 SAM。SAM 一直替道琼斯可持续指数做 ESG 评估,拥有专业人才和数据库。

唯一的例外是 MSCI,ESG 评级为其三大主营业务之一,本身就拥有完整的 ESG 数据库。MSCI 只是把原先个股的 ESG 评级予以延伸,形成了基金的 ESG 评级。

晨星可持续性评级

晨星对基金有两套评级：传统评级和 ESG 评级。但无论哪一套，基金评级都基于其组成的评级而得出。另外，无论技术复杂度如何，晨星评级结果的呈现都简单明白、易于理解。

晨星的传统评级：星评级（Star Rating）

晨星于 1985 年推出星评级系统。与其他传统评级一样，它建立在现代投资组合理论的基础上，以风险和回报两个维度为主要关注点，而基金的夏普比率是比较基金优劣的一个重要指标。但因基金的申购、营销、管理等各种费用都会影响基金回报，故评级时也将费率纳入考虑。

星评级系统基于这三个因素而形成，受评基金可以获得一颗星到五颗星的评级，星数愈多评级愈高。基金评级是相对结果，而非绝对结果，受评基金的评级呈正态分布。

星评级系统里没有 ESG 信息，当这类信息需求出现时，晨星推出了可持续性评级系统。这里很自然的一个问题是，晨星何以不把 ESG 信息并入原有的星评级系统，而须单独推出另一个评级系统呢？这个问题很重要，却没有满意的答案。特别是，迄今学者仍在摸索，尝试找出一个更全面、更圆融的理论，把 ESG 维度和传统金融学里的风险及回报两个维度进行整合。因此，目前晨星的 ESG 评级也独立于星评级系统之外，留下进一步整合的空间。

晨星的 ESG 评级：球评级（Globe Rating）

晨星于 2016 年 3 月以"可持续性评级"（Sustainability Rating）为名，推出其 ESG 评级系统，以帮助投资人在投资流程中纳入第三个维度的考虑。2019 年晨星更强化了原先的评级内容，不再泛论 ESG，而纳入了"实质性 ESG 风险"的概念。更具体地，一家企业的实质性 ESG

风险会影响其财务底线,而企业对实质性 ESG 风险的暴露及管理情况更反映出其 ESG 质量。基金的 ESG 评级是组合中个股之 ESG 评级的加权平均数,而当一只基金中 2/3 的个股都有 ESG 评级时,晨星就会对它做 ESG 评级。

为了和星评级系统对比,晨星设计了一个球评级系统,球数从一颗到五颗,其多寡则反映受评基金的 ESG 质量。一只基金的评级是与一群性质类似基金相比而得出,而评级呈正态分布,其中最好的 10% 得五球,其次的 22.5% 得四球,再次一等的 35% 得三球,更差的22.5% 得二球,最差的 10% 得一球。

由上可知,ESG Fund Rating 的评级对象是全部的基金样本,而不仅限于原先贴标的 ESG 基金。这无疑扩大了 ESG 投资的潜在客户基础:藉由球评级所传递的 ESG 质量信息,可持续投资的宽广市场是一般民众都能触及的。换言之,任何人都可让其组合更具可持续性,譬如赎回 1 球基金的资金,再用来申购 5 球基金。

不过,球评级也增加了投资决定的难度。基金现在有两个评级,一个是基于风险和回报的 Star Rating,另一个是基于 ESG 特质的 Globe Rating。当两个系统对一只基金的评价相同时,投资人容易做选择,但当评级分歧时,投资人必须考虑可持续性的价值,而后做选择。譬如,当两只同为 5 星的基金,但其中一只 5 球,另一只 3 球,则投资人如何选择?

真实世界里,的确出现了这种情况。以先锋大型股基金(Vanguard Primecap)和富达成长基金(Fidelity Growth Company)来看,两只都是 5 星级,表示它们在收益、风险及费率等维度的整体表现相当。但在球系统下,先锋是 5 球,富达是 3 球,故前者的 ESG 质量应该优于后者。基于球评级对两只基金的优劣看法,肯定 ESG 价值的投资人此时可能会做出回应,譬如考虑申购 ESG 评级较佳的先锋大型股基金,而放弃富达成长基金。

表 1　两只基金的星评级和球评级

基金	代码	晨星 星评级	10 年收益率	晨星 ESG 评分	晨星 球评级
Vanguard Primecap	VPMAX	★★★★★	9.76%	54	🌐🌐🌐🌐🌐
Fidelity Growth Company	FDGRX	★★★★★	10.61%	47	🌐🌐🌐

ESG 评级对基金申购的影响

ESG 评级对投资人资产配置的影响,迄今欠缺全面性研究,但个别研究已经出现。譬如,过去基金没有 ESG 评级,但当晨星公布球评级结果时,评级差异会促使投资人做出回应吗?

特别是,晨星首度公布其 ESG 评级,为研究者提供了一个天然的实验场所,观察评级对基金流向的影响,并推断投资人对 ESG 价值的认同。另外,当这种外来冲击发生时,基金基本面并未改变,此时申赎金额的改变纯粹是对 ESG 评级本身的回应。

针对基金 ESG 评级和其申赎金额之间的因果关系,芝加哥大学的哈兹玛教授及苏士曼教授以晨星球评级作为实验情境,研究了投资人对基金之 ESG 质量的反应(Hartzmark 和 Sussman,2019)。

研究结果指出,晨星公布基金的 ESG 评级会引发投资人回应,1 球基金明显有资金净流出,而 5 球基金明显有资金净流入。具体言之,被冠以"低 ESG 评级"的基金,受到投资人摒弃,造成了 120 亿美元的资金净流出。反之,被冠以"高 ESG 评级"的基金,受到投资人青睐,造成了 240 亿美元的资金净流入。

投资人为何对 ESG 评级做出回应

哈兹玛等两位教授的研究指出,基金的 ESG 质量差异会驱动投资人重新配置资产,但背后的理由为何呢? 有关于此,哈兹玛等教授提出机构压力因素、信号因素与社会导向因素等三个可能理由,并分别以数据或实验进行检测。

机构压力因素与大学校务基金、慈善基金会等使命导向型投资有关,它们因组织性质使然,面临必须做 ESG 投资的压力。信号因素与投资人对 ESG 投资的预期回报有关,当投资人在高 ESG 质量基金与高回报之间画上等号时,则他们是以投资 ESG 评级高的基金来期待高回报。社会导向因素是一种非金钱性动机,与投资人的偏好有关,表示投资决定不只受到财务因素的影响,还受到非财务因素的影响,其中包括利他主义、传播温暖、社会常规等价值观理由。

针对这三个因素,两位教授检测后,得出以下结果。首先,第一个因素未获支持,因为晨星 ESG 评级所引发的基金申赎金额过于庞大,在程度上远远超乎机构压力因素所能解释。其次,第二个因素也未能充分获得数据的支持,因为基金的历史数据并未显示 ESG 评级与回报率之间有明确的正向关系。再次,当对于投资人进行能反映其偏好的实验时,结果凸显了非金钱性动机的存在,而这种动机驱使投资人对基金的非财务性特质赋予价值。

这个结论符合先前一些学者的研究,特别是关于罪恶股投资收益的研究。西方社会所认定的罪恶股,其预期收益会比较高,背后原因涉及投资人的价值观:当这些股票有违社会常规时,它们须以高回报来形成弥补,才能驱动投资人持有不符合其偏好的股票(Hong 和 Kacperczyk,2009;Bolton 和 Kacperczyk,2020)。

在很长一段时间里,传统金融学总是假设投资人追求盈利最大化,而忽视其他投资动机的存在。但 ESG 投资的主流化促使学者深入思考投资人偏好,产生了很多相关研究,更肯定了非金钱性动机驱策投资的力量。特别是,正如 ESG 评级的研究结果所示,世界上绝对不止一种投资人,倘使盈利最大化型是一种,则社会意识型绝对是另一种。

事实上,ESG 评级会影响资产配置的现象,一些实践者也观察到了。但因专业导向不同,他们往往止于对现象的描述,而未能进行超越现象的实验与思考,进而拨云见日,洞悉背后的真正原因。决定投资人资产配置的终极理由,应与个人偏好有关,其中除了利己导向的金钱性动机以外,还有利他导向的非金钱性动机(Bauer 等,2019)。因此,学者研究的结果不只印证了亚当·斯密《道德情操论》中对人性的看法,更辉映了诺贝尔奖得主法马教授之所言:投资人有品位之别,而品位最终决定资产价格(Fama 和 French,2007)。

[2020-7-28 首发于财新网,共同作者张旭华]

参考文献

1. BAUER R., RUOF T, SMEETS P, 2019. Get real! Individuals prefer more sustainable investments [R/OL]. Maastricht University Working Paper, file:///C:/Users/saif/Downloads/SSRN-id3287430%20(5).pdf, 2021-7-25 查阅.

2. BOLTON P, KACPERCZYK M, 2020. Carbon premium around the world[R/OL]. CEPR Paper No. DP14567, https://papers.ssrn.com/sol3/papers.cfm? abstract _ id = 3594188, 2021-7-25 查阅.

3. FAMA E, FRENCH K, 2007. Disagreement, tastes, and asset prices[J]. Journal of Financial Economics, 83(3): 667-689.

4. Global Sustainable Investment Alliance ,2021. Global Sustainable Investment Review 2020[R].

5. HARTZMARK S, SUSSMAN A, 2019. Do investors value sustainability? A natural experiment examining ranking and fund flows[J]. Journal of Finance, 74(6): 2789-2836.

6. HONG H，KACPERCZYK M，2009. The price of sin：The effects of social norms on markets[J]. Journal of Financial Economics，93 (1)：15-36.

◉ ESG 评级应该万流归宗吗

随着 ESG 投资在国内的崛起,ESG 评级随之出现,涉入的机构还真不少。目前纳入万得数据库的 ESG 评级或评分,就有富时罗素、嘉实、华证指数、商道融绿、社投盟、OWL 等 6 家,此外另有一些由民间组织和学者所做的评级,在圈内流传。

ESG 评级在国内才出现几年,但在欧美已崛起相当时间。首家评级机构 EIRIS(Ethical Investment Research Services)于 1983 年成立于英国伦敦,替教会及慈善组织提供企业的 ESG 信息,以引导负责任投资。另一家老牌的 ESG 数据和研究公司 KLD,以影响企业行为及推动世界更公平、更可持续为使命,于 1988 年在美国波士顿成立(Sharfman,1996)。

其后,ESG 投资的发展加快,驱动了数据需求,ESG 评级机构也急速涌现。依据统计,目前全球 ESG 评级机构有 600 家,其中包括彭博、MSCI、Vigeo-EIRIS、富时罗素、路孚特、CDP 等,为市场提供多种产品与服务,从数据、研究、咨询、技术,到投资策略及股东议合服务(Fish 等,2019)。

然而,ESG 数据和评级机构,在法源、组织使命、法律身份、评级主旨、产品与服务等方面,都存在着巨大差异。以法源看,至少有大陆法系和英美法系两种,而前者的关切向利益相关者倾斜(如 Oekom),后者的关切向投资者倾斜(如 MSCI)。以组织使命看,有些机构拟通过 ESG 数据来改变世界,另一些拟通过 ESG 数据来告知世界。以法律身份看,从非营利型到营利型都有,而这会对评级机构的独立性形成影响。从评级主旨看,有些机构只涉及单一维度(如 CDP),另一些则涉及全科(如 Sustainalytics)。从产品与服务看,有的机构主营股东议合,有的机构专营数据和研究,另一些则提供更宽广的服务范围。

ESG 评级机构的数量繁多,背景迥异,表示这个行业必定看法有分歧,莫衷一是。

事实情况也的确如此。国际的 ESG 评级分歧巨大,数据来源不同,评级框架迥异、评级结果不一致,使投资者难以识别,甚至被误导,做出错误决定。

数据来源方面,有些 ESG 评级机构以企业公开披露的社会责任报告为主,有些评级机构在此基础上挖掘另类数据来源,如各政府及监管发布平台、新闻媒体、行业协会等。方法框架方面,有些评级机构以 ESG 风险评级来取代全面性的 ESG 评级,例如 Sustainalytics,而另一些则仍以全面性评级为主,例如 SAM。

评级结果方面,美国麻省理工学院的博格教授利用 2014 年的数据,计算 KLD、MSCI、Vigeo-EIRIS 等六家机构的评级相关性,发现其平均相关性只有 0.54(Berg 等,2019)。日内瓦大学的吉卜森教授利用 2013 年到 2017 年间的数据,计算另六家评级机构的评级相关性,发现其平均相关性为 0.46,而公司治理维度的相关性竟然低到只有 0.19(Gibson 等,2020)。

分歧也存在于国内市场,ESG 评级机构对同一主体的评级并没有共识。以贵州茅台为例,华证指数评为“AA”,而商道融绿评为“C＋”。依据 2020 年平安数字经济研究院对国内 ESG 信息披露所发布的报告,穆迪与标普的信用评级相关性高达 0.99,而国内的 ESG 评级相关性只有 0.33。

表 1　贵州茅台的 ESG 评级、评分一览

	富时罗素	嘉实	华证指数	社投盟	商道融绿
最新评级日期	2021/5/12	2021/3/31	2021/1/31	2020/12/31	2020/6/30
总分	1.1	82.63	—	58.25	—

（续表）

	富时罗素	嘉实	华证指数	社投盟	商道融绿
评级	—	—	A	BBB+	C+
全部均分	1.32	49.51	—	56.86	—
公司排名	278/530	205/4230	1176/4163	149/296	722/743
行业均分/排名（日常消费）	0.98 (12/35)	46.67 (9/230)	84.66 (78/228)	57.44 (10/22)	48.16 (46/48)
行业均分/排名（食品、饮料与烟草）	1.00 (9/27)	48.09 (9/187)	84.12 (52/186)	57.42 (9/20)	47.82 (37/39)
行业均分/排名（饮料）	0.97 (5/13)	45.59 (3/41)	86.01 (18/41)	56.27 (3/10)	48.38 (14/14)
行业均分/排名（白酒与葡萄酒）	0.91 (3/9)	45.84 (3/29)	86.47 (16/29)	57.28 (3/8)	48.32 (11/11)

资料来源：作者依 Wind 数据整理

针对这种混乱，业者、学者及跨界组织都先后涉入，做出相当的努力。例如，有业者以一统天下为目标，开发了 ESG 生态系统图谱；有业者以提高透明度为宗旨，启动了"对评级者评级"（rate the raters）报告（Wong 和 Petroy，2020）。麻省理工学院以"层层混淆"（aggregate confusion）为名，成立了一个研究 ESG 评级分歧的专项，以探讨产生分歧的原因。另外，世界企业可持续发展委员会更形成了一个 ESG 评级工作小组，以拨云见日为宗旨，帮助投资者了解各评级之间的差异，以振兴 ESG 评级的价值。

ESG 评级为何有分歧

ESG 评级相比于信用评级，主要区别在于前者关注评级主体在非财务维度的情况，后者关注其财务相关情况。对于企业财务维度的界定及度量，普遍接受的准则已经建立，如今争议不多。但对于企业非财务维度的界定及度量，由于建立在一些模糊概念上，其具体化及框架化都涉及诠释者的社会背景与价值观系统,故迄今非但没有普遍接受的准则,未来是否应该标准化更是必须严肃讨论的问题。

然而,ESG 数据和评级是产品,ESG 数据商和评级机构是组织。组织的社会文化背景、历史渊源、使命、结构、法律身份等因素都带有价值观成分,对组织的客观特质和主观理念框架形成影响,进而对其产品产生作用。特别是,当产品涉及社会判断及价值观时,这些影响因素就更为重要。所以,在探讨产品时,显然不应该把产品背后的组织因素强行抽离掉。

因此,针对造成 ESG 评级分歧的原因,目前至少有两种看法。一种是由产品看,纯粹从技术视角来看造成分歧的原因。另一种是跳脱出技术层次,从机构视角来看造成分歧的原因。

从技术角度看 ESG 评级分歧,已经存在相当时间,其中涉及对 ESG 指标、方法、度量及权重等进行深度解析,以找出产生评级分歧的技术性原因。从机构背景角度看 ESG 评级分歧,则才开始,由可持续会计准则委员会创始人、牛津大学的伊克雷教授领衔,其中涉及对评级机构之社会脉络及历史渊源的解析,以找出认知模式和价值观体系对 ESG 评级的影响(Eccles 和 Stroehle,2018)。

从技术角度看 ESG 评级分歧

从技术角度看 ESG 评级的分歧,学者、业者及政府监管者都有涉入。技术本身不涉及价值观,它造成的分歧比较可能通过标准化要求和监管流程来统一,故这个视角有政策意涵,例如对 ESG 评级行业设置准入条件并进行监管、对评级制订标准框架等。

针对造成评级分歧的技术面原因,学者做了很多研究,而以麻省理工学院的"层层混淆"专项为代表。它由博格教授领衔,通过对 KLD、Sustainalytics、Vigeo-EIRIS、Refinitiv、MSCI 和 SAM 等六家欧美的 ESG 评级机构,研究产生分歧的原因。对分歧来源进行解析后,博格教授归纳出主题覆盖差异、指标度量差异和权重设置差异三个来源(Berg 等，2019)。

首先是 ESG 主题覆盖存在差异。ESG 评级虽然主要考虑 E、S 和 G 三个维度，但每个维度下的议题却各有不同。例如，MSCI 的 ESG 评级分为 3 个维度，10 大主题，37 个关键议题。富时罗素的 ESG 评级在 3 个维度下面，有 14 大主题，300 多个指标。路孚特的 ESG 评级则包含 10 大主题，450 多个指标，而 CDP 则只关注环境维度，下设 3 大主题。

以环境维度为例，MSCI 的 ESG 评级关注气候变化、自然资源、污染及废弃物、环境机会四个主题，而富时罗素的环境维度则包括气候变化、污染及自然资源、生物多样性、水资源安全、供应链。CDP 则关注气候变化、森林资源、水资源安全三大主题。依此可见，富时罗素单列的生物多样性主题，MSCI 却并未涉及。主题覆盖差异会导致最终 ESG 评级的差异。

表 2　MSCI、富时罗素、路孚特、Sustainalytics 和 CDP 的 ESG 评级框架

	富时罗素	MSCI	路孚特	Sustainalytics	CDP
评分维度	3 大维度：E、S、G	3 大维度：E、S、G	3 大维度：E、S、G	针对公司 ESG 风险进行评分	环境维度 公司、城市
评分主题	14 大主题 生物多样性 气候变化 污染与资源 供应链 水安全 用户责任 健康与安全 人权与社区 劳工标准 反腐败 公司治理 风险管理 税务透明等	10 大主题 气候变化 自然资源 污染与废弃物 环境机会 人力资本 产品责任 股东反对 社会机会 公司治理 公司行为等	10 大主题 资源利用 碳排放 技术创新 员工 人权 社区 产品责任 管理 股东 CSR 战略等	实质性 ESG 议题 碳排放 能源管理 人力资源 数据安全 产品质量 员工健康与安全 商业道德等	3 大环境主题 气候变化 森林 水资源

（续表）

	富时罗素	MSCI	路孚特	Sustainalytics	CDP
评分指标	300 多个指标	1 000 多个指标分为风险暴露指标、风险管理指标	180 多个指标		基于行业和领域，提供问卷

其次是指标度量存在不同。针对同一议题，指标选取也出现差异。譬如，员工管理可以员工流失率指标来看，也可以员工满意度或劳动纠纷指标来看。又譬如，商业道德是从企业政策来看，还是事件发生频率？各家 ESG 评级机构在指标选取上的差异，同样会产生影响。

再次是权重设置的差异。不同 ESG 评级在权重设置上也各有不同。MSCI 会考虑各议题对公司及行业的影响程度和影响时间长短。如果影响程度大，实质性发生快，MSCI 会给予该议题更高的权重。国内的商道融绿则根据行业，设置了通用指标和行业指标，并给予不同权重。

博格教授的研究发现，在三个来源里，ESG 评级分歧主要由主题覆盖差异和指标度量差异所形成，而权重设置差异则比较次要。这个研究目标恢宏，但主要围绕着表象做分析，而未能再深入一层，追究达成评级一致性是否需要满足一些先决条件。

针对于此，杜克大学伽特奇教授的研究就提供了更深一层的洞见。他先提出评级一致性的两个先决条件：共同的理论架构（common theorization）和共同的度量（common surability），再以六家评级机构为对象，检视这两个条件是否满足（Chatterji 等，2016）。

简单地说，共同的理论架构关乎评级机构是否有共同的想法，譬如什么构成"有担当的企业"，而在此基础上形成所关切的概念和维度。共同的度量关乎评级机构是否能以相同的方式来度量同一现象，譬如对于失责行为的度量是以定性为主，抑或以定量为主。当这两个先决条件都成立时，各评级就可能达成一致性结果，反之则不然。当伽特奇教授把六家机构的 ESG 评级放在这个框架下检视时,发现两个条件都不成立,因而导致了现实世界里的评级分歧。

得到这样的结论并不奇怪,因为光是从表面看,对于什么构成"有担当的企业",大陆法系下评级机构的看法就和英美法系下评级机构的看法不同。更具体地,针对企业承担责任的对象,大陆法系倾向于多方利益相关者,包括供应商、顾客、员工、股东等,而英美法系则倾向于独尊股东。法源不同会影响评级机构的看法,造成大陆法系下之 Sustainalytics 和英美法系下之 MSCI,其评级项目重点和最终结果都产生差异。

从机构因素角度看 ESG 评级分歧

伽特奇教授所言之共同的理论架构,应该与评级机构的社会脉络有关:当评级机构源于相同的机构背景,有共享的法律法规、社会常规及文化认知模式时,则会通过共同的理论框架来理解 ESG,也才能塑造出相近的产品——ESG 数据和评级。

机构因素之所以会影响 ESG 产品,与其非财务特质有关,其中涉及认知模式和价值判断,必须通过评级者的主观框架来进行选择和解读。特别是,ESG 数据背后有可持续性及实质性两个关键理念,其概念化与框架化都取决于评级机构的社会背景、组织使命与法律身份,而这些因素又决定了评级机构所选择的市场定位,最终形成其产品与服务组合。换言之,有别于财务数据之价值中立性,ESG 数据受到评级机构思维模式和价值观体系的影响,而通过社会脉络视角来理解 ESG 数据的建构流程,就更能凸显各评级机构的个别独特性和相互差异性。

事实上,依据组织战略管理文献,一家企业的外部环境和内部组织流程,共同形塑了它的企业文化、战略定位和产品组合。因此,从社会脉络角度看 ESG 评级,要求欧系的 Vigeo-EIRIS 和美系的 MSCI 产生相同的评级结果,是欠缺理论依据的看法。

特别是,由创始原因、组织使命、文化背景、法源等所反映的社会脉络看,Vigeo-EIRIS 和 MSCI 的概念化框架不同,造成它们在实质性的界定、度量方式的选择上都有分歧,最终反映于 ESG 评级。实质性的界定方面,Vigeo-EIRIS 强调其慈善组织及工会的历史传承,旨在替利益相关者服务,而实质性包含了对各种利益相关者造成影响的外部效应。相比之下,MSCI 界定的实质性聚焦于投资者,而只纳入了对企业长期盈利会造成影响的 ESG 风险。度量方式上,Vigeo-EIRIS 的关注围绕着程序正义和民众权益等软议题,度量方式以定性为主。相比之下,MSCI 的关注围绕着实质效益等硬议题,度量方式以定量为主,譬如绩效指标。

因此,从机构视角看评级分歧,看到的是一些基础条件对评级的影响,而这方面的异质性形成了一个隐性因素,阻碍了评级结果达成一致性的可能。

应该万流归宗吗

ESG 评级分歧的事实,已经广为人知,市场上有很多报道,指出它们如何分歧,譬如平均相关系数有多低、哪些维度的评级分歧最大等。但是,迄今为止,讨论一直围绕着表象,而超越这个层次的讨论并不多见。譬如,评级分歧对股票收益有何影响? 评级分歧的产生原因为何?

本文聚焦于 ESG 评级分歧的原因,把学者对于分歧原因的研究归纳为两派,一派由技术面因素来解释评级分歧,另一派则由超越技术层次的社会面因素来解释评级分歧。两派的视角不同,而目前研究结论似乎否定了技术派路线,理由是当追溯评级机构何以使用不同技术时,最后的归因又回到社会面因素。

当 ESG 评级分歧由机构背景和社会脉络形成时,对投资者、基金经理及监管者有何意涵?

首先,对投资者和基金经理等使用者而言,各种 ESG 评级都有一定程度的使用价值,但使用者必须理解各评级之间的差异,而后依自身偏好来选择符合需求的评级。譬如,CDP 的环境评分可能更具深度,SAM 的 ESG 评级可能更为欧洲投资者信赖,而 MSCI 的评级可能更强调会影响股东财富的实质性 ESG 风险。另外,如路博迈等资源丰富的大型资管公司,可以在各机构的 ESG 数据基础上,增加内部大数据团队的发现,以开发合适的 ESG 评级。

其次,针对某些监管者要求 ESG 评级标准化的主张,从评级本身是基于社会脉络而建构的视角看,通过统一数据来源和评级框架等方法来解决分歧问题,欠缺本质上的意义。固然,针对企业的 ESG 信息披露、针对行业的 ESG 评级"漂绿"等问题,监管者仍应制订对策,但这不同于对 ESG 评级框架、指标选取和度量方式的监管,它们都涉及评级组织的社会价值观系统,而任何相关措施都将难以落实。

最后,如果评级分歧的原因超乎表面,而关乎评级机构的社会脉络,则万流归宗可能是不实际的想法。相比于"求同",对于 ESG 评级"存异",洞察评级分歧背后的真正原因,并明智地选取运用,方为可行之道。

[2020-8-10 首发于财新网,共同作者张旭华]

参考文献

1. BERG F,KOELBEL J,RIGOBON R,2019. Aggregate confusion:the divergence of ESG ratings[R/OL]. MIT Sloan School Working Paper 5822-19,file:///C:/Users/saif/Downloads/SSRN-id3438533%20(2).pdf,2021-7-25 查阅.

2. CHATTERJI A,DURAND R,LEVINE D,TOUBOUL S,2016. Do ratings of firms converge? Implications for managers,investors,and strategy researchers[J]. Strategic Management

Review，37(8)：1597-1614.

3. ECCLES R. STROEHLE J，2018. Exploring social origins in the construction of ESG measures[R/OL]. Säid Business School Working Paper，file：///C：/Users/saif/Downloads/SSRN-id3212685%20(1).pdf，2021-7-25 查阅.

4. FISH A，KIM D，VENKATRAMAN S，2019. The ESG sacrifice [R/OL]. Cornell University Working Paper，file：///C：/Users/saif/Downloads/SSRN-id3488475%20(3).pdf，2021-7-25 查阅.

5. GIBSON R，KRUEGER P，SCHMIDT P，2020. ESG rating disagreement and stock returns[R/OL]. ECGI Finance Working Paper No. 651/2020，file：///C：/Users/saif/Downloads/SSRN-id3433728%20(2).pdf，2021-7-25 查阅.

6. SHARFMAN M，1996. The construct validity of the Kinder，Lydenberg & Domini social performance ratings data[J]. Journal of Business Ethics，15(3)：287-296.

7. WONG C，PETROY E，2020. Rate the Raters 2020：Investor Survey and Interview Results[R]. SustainAbility.

◉ ESG 影响力评估：机遇与挑战

ESG 是个热门话题，常被提到的有环境面的节能减碳、社会面的供应链管理，及治理面的会计透明度等。但企业的 ESG 影响力（ESG impact）如何度量，如何评估，评估结果如何表示？这些问题虽然引起广泛兴趣，但挑战也高，其中涉及概念的界定、评估的方法和终极目的。

ESG 评级（ESG rating）是目前最常用的方法，评级机构基于一套评级框架及评级指标，对企业的 ESG 表现进行评估，而后再通过一套打分系统转换成 ESG 计分（MSCI，2020；Eccles 和 Stroehle，2018）。ESG 评级随着 ESG 投资而出现，提供投资所需数据。但不少学者认为，ESG 评级是一种暂时做法，并非评估的终极目标（Chatterji 等，2016）。其中另又涉及很多问题。比如，ESG 评级的对象未必是企业的 ESG 后果，度量单位分歧，也无法结合财务报表。例如，企业 ESG 评级若为 5 分，而有利润 3 亿元，二者如何结合呢？

特别是，想要评估的终极目标是 ESG 影响力。影响力着眼于后果，而一般涉及两种 ESG 后果——运营后果（operating impact）和产品与服务的后果（product and service impact）。无论哪一种后果，有果必有因，故影响力评估必先确认某些因果关系。但因果关系必须有证据支持，证据不仅有统计严谨性的差异，还可能出现先前证据被后来证据推翻的情况。

就算 ESG 影响力相关的所有因果关系都可以确认，但影响力该使用什么度量单位呢？众所周知，当企业的碳排放是以"吨数"来度量，创造的就业岗位是以"人数"来度量，而生产安全性是以员工受伤的"百分比数"来度量时，这些单位无法直接相加，其间关系也难以评估。因此，若能将所有度量都转化为统一的货币单位，应该最为理想。但这涉及货币化（monetarization）相关的估值问题，又形成另一个挑战（Serafeim 和 Trinh，2020）。

当然，最重要的还是 ESG 影响力评估的目的，它应该以提高企业的透明度为旨，忠实反映企业为员工、消费者、供应商等所有 ESG 利益相关方所创造的价值。特别是，无论正负，这些价值都未能反映于现有的财务报表，而这个存在长久的问题更凸显了影响力评估的目的。但它同时表示，我们必须建立一个新的财务会计框架，以纳入企业的 ESG 影响力价值。那么，这套框架背后的设计原则为何？发展如何？接受度如何？

ESG 影响力评估及相关会计框架才发展几年，目标虽然恢宏，挑战也更大。本文择要论之。

ESG 影响力的因果关系

影响力的评估涉及因果的关联，但这种关联通常不能直接得知。在此，我们真正想评估的是 ESG 影响力，但从企业的行动到影响力，其间有一连串步骤，包括行动（activity）、投入（input）、产出（output）、后果（outcome），最后才是影响力（impact），如图 1 所示（Brest 和 Born，2013；Ebrahim 和 Rangan，2014）。

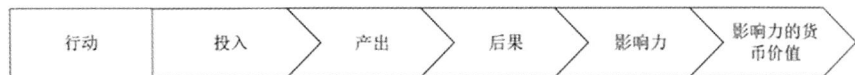

行动	投入	产出	后果	影响力	影响力的货币价值

图 1 企业的行动到它所产生的影响力之间有一连串步骤

以这些步骤而言，投入和产出之间的差异应该很容易分辨，而产出和后果之间的差异，一般也不难判断。但后果与影响力之间，就比较难有明确的区分标准。重要的是,通常企业披露的或数据商提供的是产出,而非结果或影响力。譬如,当手机制造公司披露"手机生产数量"、汽车制造公司披露"汽车生产数量"时,这明显是产出的量。无论结果或影响力,都应该比这更进一步:使用手机带来的便利性才是"后果",使用汽车节省的交通时间也是"后果",而这些便利性及时间节约的增产才是"影响力"。

无论是后果或影响力,都涉及一些因果关系。确立因果关系向来很难,背后缘由很多。有的是后果没法得知,有的是后果难以在短期中被观察到,有的是观察到的后果中有干扰因素。此外,用以支持因果关系的证据有严谨度差异,而证据要多强才能用来确认因果关系呢?

以生产药物的公司而言,药物产品与治愈疗效之间的因果关系,常通过某种比较来证明。下图由严谨度最低的方法依序而上,最低是"没有比较",在不做任何比较的情况下,仅从正面效果本身来理解干预的效果。较好的是与"基准线"对照,把实验组的结果与类似组的先前结果相比。更好的是"倾向得分比配",把接受实验者与未接受实验者的情况相比。再上一级的是"随机对照实验",依随机取样法找出实验组与对照组,将两组结果进行比较。最好的是"元分析法",针对多项随机对照实验的结果进行全面性分析。

确认因果关系的困难,也发生于 ESG 影响力的认定上。有时是企业产品的后果未能在短期中被观察到,以致因果关系被忽略了。譬如,新研发的药物就多次发生这种情况,硅胶气胸填充物的致癌后果就是知名案例。有时与支持因果关系证据的前后不一致有关,微额贷款是另一个知名案例。早年严谨度较低的一些研究肯定微额贷款的扶贫影响力,但后来 RCT 研究却发现其影响力无足轻重,从而否定了先前被认定的因果关系(Banerjee 等,2015)。

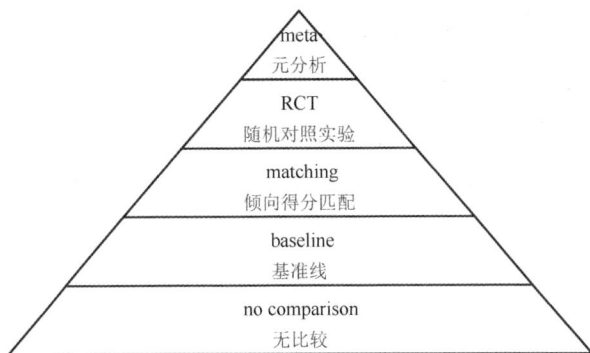

图 2　因果证据的严谨性（由低到高）

　　无论认定因果关系有多难，这种认定是影响力评估的先决条件。但 ESG 影响力相关之因果关系的确认必须仰赖各领域的研究发现，特别是社会科学下的心理学、社会学、经济学等领域。当把这些领域下因果关系的研究发现汇整为数据库后，就能形成 ESG 影响力评估的依据。

　　这种数据库过去不存在，但近年欧美有实践者基于社会科学的研究结果，建立了 ESG 因果数据库。在持续优化下，未来这种数据库应有很大的发展空间。

ESG 影响力的货币化

　　影响力因果关系建立后，下一步是对影响力赋予一个货币价值。货币化是为了统一 ESG 的度量单位，最后目标在于与企业（以货币计算）的财务信息合并，以理解企业的整体表现。

　　特别是，无论是企业在年报或可持续报告中所披露的 ESG 信息，或是数据商加工后的 ESG 信息，它们通常以不同的度量单位形成。这类难以共量的困难，前面已经述及。

　　货币化可将原本异质的度量单位转换为人人能理解的货币值，然后加总，以得出 ESG 影响力总值。当影响力单位相同时，一家企业可对不同来源的影响力进行比较，以优化资源配置，做出更好的战略决策。同时，也更容易进行企业之间的 ESG 影响力比较。

不过，如同影响力的因果判断，其货币化也须借助另一些来源，包括行业数据、学者研究、政府统计等。当共识基础存在时，货币化会比较容易进行，而企业碳排放量的货币化即属此类，其社会成本可以通过碳税或碳定价来计算。但当要把一些原本属于定性的概念货币化时，难度就相对增高，而产品质量的货币化就属此类。当然，有些影响力的货币化向来就充满争议，譬如酒驾肇事致人死亡，此时即涉及评估人命这类无形资产的难题。

近年来，实践者在 ESG 影响力的货币化上颇有进展，开发了一些计量工具，以辅助投资决策。Bridgspan 推出的投资的影响力倍数（impact multiplier of money，IMM），即为其一（Addy 等，2019）。

IMM 旨在计算每一元投资所带来 ESG 影响力价值，其中涉及产出的估算、影响力的估算、影响力的货币化、影响力实现概率的估算等步骤，流程依图 1 进行。通过这些步骤后，假设得出的 IMM 数值为 8，表示每一元投资能带来相当于 8 元的 ESG 影响力。

对于同时追求财务回报与 ESG 影响力的双底线投资者，IMM 不失为一个有用的投资决策工具。财务回报方面，投资者计算投资项目的 IRR（内部收益率）。在 ESG 影响力方面，投资者计算 IMM，然后与心中的底线值相比，只有在计算值大于底线值时才会投资。当然，双底线投资者有时会因 IRR 与 IMM 的结果相抵触，而须在财务回报和 ESG 影响力之间做抉择（Ghandi 等，2018）。这是个重要议题，但已超出本文讨论范围。

ESG 影响力的定位

ESG 影响力评估反映的是社会价值导向的改变。传统看法认为企业运营目的是为股东创造价值，这看法从 20 世纪初开始，延续到

80、90 年代。在这个背景下，20 世纪 20 年代开始发展的财务会计框架，自然以股东为中心的立场来看企业创造的价值，譬如企业损益账上的净利。

但股东价值只代表企业创造的一部分价值，而非所有价值，特别是企业对其他利益相关方所产生之 ESG 影响力的价值。针对先前传统利润表在这方面的不足，会计界及非营利组织先后发展出几套 ESG 披露框架，如 GRI（全球可持续报告倡议组织）、CDP（碳披露专项）、SASB（可持续会计准则理事会）等，由企业依其另外编制一套独立的 ESG 报告。

不过，无论采取何种框架披露 ESG 信息，它们都不能与企业的财务信息结合，故而造成影响力数据与财务数据互不相干。收集 ESG 数据原是为了理解企业对股东之外的利益相关方创造的价值，但当两套数据不相干时，企业如何知道它对股东及其他利益相关方所产生的整体影响力，究竟是正或是负？它如何进行战略性资源调配，以增加整体影响力？

影响力加权报表

把企业的财务信息和非财务信息呈现在同一报表上，虽是理想，但实践上必须克服很多困难，除上述的因果关系、货币化问题外，更难的是会计框架的建立。框架设计必须基于一套合理的会计原则，以决定影响力来源的范围、利益相关方的范围、度量的针对性、货币化及价值的范围等，最后才能展开具体应用。

事实上，这套会计框架正在孵化并试点中。它由全球影响力督导小组及影响力度量专项启动，美国哈佛大学的影响力加权报表（Impact-Weighted Accounts，IWA）推动方案进行孵化。IWA 除工作小组外，另有知名的会计、经济及管理学者担任咨询委员，并有实践组织参与。

　　IWA 企图解决上述存在已久的问题：如何把企业的 ESG 影响力纳入财务报表？而这项努力正反映出，在时代背景和思维模式改变下，会计框架亦须随之相应修改。以股东为中心的传统财务报表，从 20 世纪 20 年代至今沿用百年，已明显不符合时代需求。特别是，传统报表未能纳入负面 ESG 影响力，由此形成的不公平亟待解决，资本主义经济的偏颇亦须矫治。IWA 的会计框架不仅对 ESG 影响力提供了可处理的会计方法，更展现重塑资本主义的雄心壮志。

　　迄今为止，IWA 分别针对企业的运营影响力与产品影响力，开发了评估框架。运营影响力包括用水成本度量、环境影响力的成本度量等，可参考的先例多，也存在相当共识，故 IWA 的重塑工作也相对容易。但产品影响力涉及产品质量（包括安全性、效能、选择性等抽象概念）的界定及度量，能参考的先例很少，故 IWA 必须腾空而起，工作艰巨。特别是，产品影响力有行业特殊性，而抽象概念须依行业做出特殊诠释，形成另一个挑战（Serafeim 和 Trinh，2020；Rischbieth 等，2021）。

　　至于 ESG 影响力在会计上的处理，由于在新框架中，影响力已转化为货币值，故可经由调整 EBITDA（未计利息、税项、折旧及摊销前的利润）而加以纳入。简言之，企业的 ESG 影响力是通过调整传统报表的方法，而与财务数据结合。如此，最终出现在企业损益账上的是企业对股东及所有其他利益相关方所产生的整体价值。

　　推出 IWA 后，工作小组以 2018 年全球 1 694 家 EBITDA 为正值的企业为样本，先把企业影响力货币化，再对 EBITDA 做调整，然后算出企业真正的盈利。结果发现，其中 252 家（15%）企业在扣掉其环境破坏后，盈利消失殆尽，另有 543 家（32%）的 EBIDTA 下降 25%，特别是航空、造纸、发电、建筑材料等行业。在知名企业里，汉莎航空和美国航空的全部盈利不足以支付其环境伤害，英特尔公司则因累积社会资本而创造了大量正面影响力（Serafeim 等，2019）。

针对纳入 ESG 影响力，有实践者发展出更前卫的会计框架，荷兰的 Impact Institute 即为其一。该组织所开发的综合损益表（integrated profit & loss，IP&L），不是对传统财务报表上的项目做调整，而是对报表本身做修正（Nguyen 和 Liang，2020）。变革大不免遭到更多批评，但该组织利用行业平均数据进行了不少试点，并在企业同意下公开披露结果。

展望未来

把企业的财务信息和非财务信息统合汇整，以货币单位呈现在同一个报告里，应该是终极目标，而 IWA 致力于建构这套会计框架的方法学。

在现阶段，相关发展仍面临很多挑战。除因果关系的认定、影响力货币化的基础确立外，还有一些更根本的问题，如 ESG 披露标准的统一。

特别是，过去披露标准由 GRI、CDP 及 SASB 等非营利组织分别建立，彼此并不一致，引起不少困惑。在财务信息披露上，已经发展出一般公认的会计原则、国际财务报告准则等普遍标准，但相同高度的标准一直未出现于非财务信息。当然这同时反映，非财务信息在度量上和报告上的困难度都远高于财务信息，如果连如何度量、度量单位都没达成共识，就轻易推出一套标准，则无异缘木求鱼、沙地建塔。

这情况在去年秋天发生改变，IFRS（国际财务报告准则）基金会建议成立可持续准则理事会（Sustainability Standards Board，SSB），推动 ESG 报告标准的统一化。这项宣布对于财务报告与非财务报告的整合具有重大意义，因为该基金具有最关键的监督辖属权。IFRS 基金会监督 IASB（国际会计准则理事会），而该组织是财务报告要求的设定者。当 IFRS 基金会同时监督 SSB 时，它最有立场来推动综合报告的理念，并将其落实（Baker 等，2020）。

不过,虽然 IASB 在设定财务报告要求方面累积了丰富经验,但在设定可持续会计准则方面却是新手。所幸 IFRS 基金会无须平地起高楼,其他组织在过去已累积不少经验。由 GRI、CDP 或 SASB 所建立的 ESG 披露标准,应该是起点。通过 IWA 建立的会计框架,以系统性方法来处理 ESG 影响力,并将其纳入财务报表,以理解企业对整体社会创造的价值,才是终极目标。

[2021-4-22 首发于财新网]

参考文献

1. ADDY C,CHORENGEL M,COLLINS M,ETZEL M,2019. Calculating the value of impact investing[J]. Harvard Business Review,January-February:102-109.

2. BAKER R,ECCLES R,SERAFEIM G,2020. The future of ESG is... accounting[R]. Harvard Business Review,December 3.

3. BANERJEE A,KARLAN D,ZINMAN J,2015. Six randonmized evaluations of microcredit:Introduction and further steps[J]. American Economic Review,7(1):1-21.

4. BREST P, BORN K,2013. When can impact investing create real impact[J]. Stanford Social Innovation Review,Fall:22-31.

5. CHATTERJI A,DURAND R,LEVINE D,TOUBOUL S,2016. Do ratings of firms converge? Implications for managers,investors and strategy researchers[J]. Strategic Management Review,37(8):1597-1614.

6. EBRAHIM A,RANGAN K,2014. What impact? A framework for measuring the scale and scope of social performance[J]. California Management Review,56(3):118-141.

7. ECCLES R,STROEHLE J,2018. Exploring social origins in the

construction of ESG measures［R/OL］. Säid Business School Working Paper，file:///C:/Users/saif/Downloads/SSRN-id3212685%20(2).pdf，2021-7-25 查阅.

8. GHANDI V，BRUMME C，MEHTA S，2018. Th e Rise Fund: TPG bets big on impact［DB］. Harvard Business School Case 9-318-041.

9. MSCI，2020. MSCI ESG Ratings M ethodology［R］. New York: MSCI ESG Research.

10. RISCHBIETH A，SERAFEIM G，TRINH K，2021. Accounting for product impact in the consumer-packaged foods industry［R］. Harvard Business School Working Paper 21-051.

11. SERAFEIM G，TRINH K，2020. A preliminary framework for product impact-weighted accounts［R］. Harvard Business School Working Paper 20-076.

12. SERAFEIM G，ZOCHOWSKI R，DOWNING J，2019. Impact-Weighted Financial Accounts: The Missing Piece for an Impact Economy［R］. Harvard Business School.

13. NGUYEN P，LIANG H，2020. DBS Impact Measurement Project: Technical Report ［R］. Singapore Management University.

● 影响力投资：开发银行的借鉴

ESG 投资有七种投资策略，影响力投资是其中最后崛起的策略。影响力投资常以联合国十七个可持续发展目标为框架，针对能解决相关挑战的新创公司，以影响力风险资本（impact VC）的方式，给予股权、债权投资或融资担保等支持（GIIN，2019a；Barber 等，2021；Geczy 等，2021）。

如同所有 ESG 投资，影响力投资是双底线投资，同时追求财务回报与社会回报，而其中的社会回报更常以"ESG 影响力"名之，成为这类投资的名称来源（Cole 等，2020）。异于其他 ESG 投资，影响力投资特别强调影响力度量与管理，更将其贯穿于风险资本的募、投、管、退等流程中（Reisman 等，2018；GIIN，2019b）。

双底线投资常面临的问题，在于财务回报与社会回报之间的关系，究竟是正相关、负相关抑或不相关（Revelli 和 Viviani，2015；Zhao 和 Murrell，2016）？财务回报有公认的量化方法，社会回报则否（Ebrahim 和 Rangan，2014）。身为双底线投资之一的影响力投资，特别要求对社会回报予以量化，那么，什么是合适的量化指标呢？当影响力投资的两种回报都量化后，代表财务回报与社会回报之间交互作用的具体数字，反映了哪些现象（Impact Frontiers，2020）？它们如何同时在项目挑选和设计流程中发挥作用呢？

对于这些问题，学者和业者努力寻找答案，陆续开发了一些解决方案，进行了一些研究。

譬如，实践者 Bridgespan 所推出的投资的影响力倍数（impact

multiplier of money，IMM)，就是对影响力的量化提出的一种解决方案。IMM 通过产出的估算、影响力的估算、影响力的货币化、影响力实现概率的估算等步骤，计算每一元投资所带来 ESG 影响力价值(Addy 等，2019)。

又譬如，加州大学三位学者通过 impact VC 与传统 VC 回报率的对比，探讨影响力投资是否对回报率让步。研究结果表明，影响力投资的实际回报较低，且投资人是在投资前就知情地接受让步回报率，以换取 ESG 影响力这种非金钱效益。投资人对财务回报刻意让步的额度，与机构类别有关，其中以使命导向的开发银行愿意让步的额度最高(Barber 等，2021)。

不过，方案和答案虽然存在，但并不全面。特别是，针对双底线目标在影响力投资里的个别角色及相互作用，能够先以理论模型梳理，再以量化数据测试的研究，迄今从缺。究其原因，应与数据不足有关：只有当大型影响力投资者长期对项目的 ESG 影响力予以量化，又同时具有财务回报数据时，这类研究才有可能展开。在此，长期涉入双底线投资，累积了大量项目审核数据的开发银行，是进行这类研究的首选，而欧洲复兴开发银行（European Bank of Reconstruction and Development，EBRD)恰为其一(Gamtkitsulashvili 等，2021)。

为何借鉴 EBRD

直到最近十多年，民间的 impact VC 才开始涉入影响力投资，但使命导向的开发银行从 20 世纪中叶就开始涉入，其中包括二战后成立的世界银行(Cole 等，2020)。不过，迄今为止，开发银行如何挑选项目、设计项目，都因其仅在内部作业而鲜为外人所知。

在此，EBRD 是值得借鉴的案例。EBRD 于 20 世纪 90 年代初开始运营，所投项目除需具备健全的投资体系，以实现财务回报外，还要能协助当地经济转型，以实现 ESG 影响力。因此，EBRD 的投资具有双重目标性质,其长期实践经验对下述问题颇具参考价值。开发银行挑选项目时会同时基于财务特质与ESG特质吗？开发银行会改善项目设计来加强ESG影响力吗？倘如此,如何进行呢？在项目报备与终审两个阶段里,财务回报与社会回报之间存在着折抵吗？

在此,EBRD利用投资项目在报备、终审两阶段收集的数据,提炼了项目选择和设计方面的特点。第一,EBRD会同时评估项目的财务回报和社会回报,前者以信用质量为指标,后者以ESG绩效为指标。第二,EBRD的投资委员会是由风险管理及投资的两种专家共同形成,在初始阶段就针对这两种指标给予量化评分,并对两者之间的折抵关系做出决定。第三,EBRD会在项目通过概念审核阶段后,就参与到项目的设计,以加强预期的ESG影响力。第四,ESG影响力改善包括优化公司治理、支持落后地区经济发展、开发工人技能、改善环境碳足迹等。

理论模型:双底线因素同时运作

为了表明在影响力投资决策中,项目的财务回报和社会回报同时发挥功能,EBRD内部专家先通过理论模型,来凸显影响力投资者和传统投资者在项目选择与ESG参与上的差异。

在此,项目的ESG影响力以保留价值来代表,这是项目带给社区民众、生态环境等多方利益相关者的非财务性价值,但并未被项目的财务回报所反映。不待多言,当项目的保留价值越高,利益相关者受益越多。

EBRD专家对理论模型做数学推导后,得出两项结果。首先,对传统投资者而言,当项目的违约概率与保留价值越高时,项目被签署的概率越低。因此,有些项目虽能提高整体社会福利,但会被只在乎项目财务回报的传统投资者放弃。其次,影响力投资者的决策流程会同时考虑项目的违约概率和保留价值。在此,当项目的违约概率越高时,其成功落地的可能性固然越小,但是当其保留价值越高时,获得资金的可能性却越大。这两者之间的消长关系,表明影响力投资存在着 ESG 影响力与回报的折抵。特别是,对于高违约概率的项目,ESG 影响力在投资决策中具有关键功能。当项目的 ESG 影响力大到足以补偿投资者成本及企业家努力时,影响力投资者愿意承担更多风险并提供资金(Oehmke 和 Opp,2020)。

在确定投资标的后,投资者是否能通过投后管理提高项目的 ESG 影响力呢? 为此,EBRD 专家在模型中加入了投资者加强 ESG 影响力所付出的主观努力,包括改变项目设计、提高治理标准等。模型结果表明,通过参与项目设计,改善项目的预期 ESG 影响力,影响力投资者可以进一步扩大可融资项目的范围,从而对社会产生更大的影响力。

实际操作:量化计分和强化 ESG 影响

为理解实际情况是否符合理论模型,EBRD 专家利用该行从 2010 年至 2018 年之间的数据进行检测,其中包括 2 600 多个被考虑的投资项目。项目以债权投资为主,期限五到七年,平均贷款额 2 700 万欧元。项目中有些获得技术支持条款,由赞助款针对 ESG 弱点予以强化。

在 ESG 影响力的量化评估上,当项目被 EBRD 投审会审核时,会首度产生记录,其预期影响力被授予由 0 到 100 的影响力量化计分。项目的预期影响力包括它对改善市场竞争结构的贡献、对推动市场基础建设的贡献、对新技术及社会创新的贡献、复制及推广的潜力等。在此,EBRD 项目评审官会特别关注公司治理问题,标出必须加强的议题,譬如提高披露透明性、维护弱势股东权益等,且要求项目提出改善方案。

影响力计分只是项目评审维度之一,另一维度是违约风险。在此,EBRD 的风险管理部门会评估项目的信用质量,授予由 0 到 20 点的计分，信用质量愈高代表违约风险愈低。

很多项目会因为 ESG 影响力不足或风险及回报模式不佳，以致达不到终审阶段。在终审阶段，项目的 ESG 影响力会再次被评，给分基础是初审评分及其后项目设计的改善，仅半数项目能够顺利通过终审并获签署。

EBRD 重视项目的公司治理质量，拥有很多信息。EBRD 专家为识别该行在全部项目中对公司治理要求改善的占比及相关细节，一一阅读了先前人员在初审及终审阶段的笔记，包括最初的影响力评分、改善意见及最终评分等。为此，EBRD 专家甚至采用了基于机器学习的文本分析法，阅读了所有终审笔记，并对项目所针对的 ESG 议题给予一个概率评估。机器学习的结果最后再以真人分析师进行优化。通过这种编码方式发现，在项目最初概念评审阶段提出的公司治理改善要求，在全部项目中的占比为 21%。

实证发现：双底线的折抵权衡

EBRD 如何选择项目？是否与理论模型的预测一致？为了回答这个问题，EBRD 专家针对项目签署的决定因素、ESG 影响力评估、公司治理工作等三点进行了实证研究。

在项目签署的决定因素方面，研究结果表明，EBRD 在选择、设计项目时，会同时考虑项目的财务回报与社会回报。首先，如理论模型所预测，当项目的 ESG 影响越大时，被签署的可能性越高，而当项目的风险越高时，被签署的可能性越小。其次，项目风险与 ESG 影响力的交互作用表明，ESG 影响力对高风险项目尤其重要：当高风险项目的 ESG 影响力越好时，越可能获得投资。特别是，在高风险项目的子样本中，预期的 ESG 影响力对项目签署概率有更显著的作用：ESG 预期影响力为 90%分位数值的项目，被签署的概率比 10%分位数值的项目高出 12%。

另一种看待风险和预期 ESG 影响关系的方法,是比较具有相同签署概率的投资项目。对于这类项目,当其违约评级下降一个等级(约 0.4 个标准差)时,若要保持被签署的概率不变,其 ESG 的影响力须提高 0.08 分(约 0.6 个标准差)。

除了 ESG 影响力和违约风险外,EBRD 专家还发现,主权担保、公共事业客户、使用当地货币的项目,都更可能被签署。特别是,主权担保可因降低项目风险而提高签署概率,公共事业有益广大百姓,使用当地货币的项目更能推动本地资本市场发展,故其 ESG 影响均较强,被签署的概率更高。

在明确投资选择后,EBRD 会通过项目的投后设计及参与来加强 ESG 影响力。公司治理是 ESG 影响力的一个维度,EBRD 对此相当关注,有五分之一的项目被要求改善公司治理,包括引入独立董事、发展内部控制、建立反腐败机制、改变采购方式、披露所有权结构等。

这样做的效果颇佳,特别是对于 ESG 影响力较小、风险较高的项目。更具体地,实证结果表明,与 21% 的平均水平相比,ESG 预期影响力每下降一个标准差,EBRD 建议改善公司治理的可能性会提高 4 至 6 个百分点。这或是因为薄弱的公司治理会妨碍环境目标的实现。

总结

随着 ESG 投资的主流化,市场上的双底线投资者越来越多,相关的重要问题也备受瞩目,诸如社会回报的量化、两种回报之间的关系、理论模型的开发、实证测试的结果等。在 ESG 投资里,影响力投资特别强调 ESG 影响力的度量与管理,并贯穿于风险资本的募、投、管、退等流程中,但其实际运作却鲜为人知。

EBRD 专家通过内部长期累积的项目数据,建立了一个独有的数据库,针对理论模型的数学导演结果进行检测,发现开发银行会以量化方式权衡 ESG 影响力、风险与回报之间的关系,并在项目的投后设计和参与阶段纳入 ESG 因素,以强化社会福利。

EBRD 的经验表明,当风险和 ESG 影响力之间的权衡是投资人决策的一部分时,则社会对高 ESG 项目的整体风险承受能力可能大幅提高。这会削弱此类项目的融资约束,也会降低 ESG 投资的回报,从而降低投资人为了追求 ESG 影响力而放弃财务回报的积极性。但从长远看,这将会提高有良好 ESG 影响力项目的供给,降低有损社会福利项目的供给。投资者可以通过选择 ESG 项目,并加强项目的 ESG 影响力来加速这种转变。

迄今为止,利用组织内部数据对影响力投资里的重要问题进行实证检测的,EBRD 是唯一案例,其研究发现虽可供借鉴,但在影响力度量、变量检选、案例代表性等方面都存在着一些问题,有待未来进一步研究。

首先,近年来业者开发了几种影响力度量方法,其中以 ESG 评级、IRIS+(影响力报告投资准则)和 IWA(影响力加权报表)最广为人知(Chatterji 等,2016;Berg 等,2019;GIIN,2019b;Serafeim 和 Trinh,2020)。EBRD 专家对项目影响力的度量法虽然更早使用,但仍应与目前度量法进行比较,针对其适用性及限制性予以说明。其次,财务回报与 ESG 影响力之间的关系是双底线投资里的重要问题,但 EBRD 专家因难以取得项目的预期回报数据而以信用质量计分来替代。由此得出的信用风险和 ESG 影响力之间的折抵,是否真能反映财务回报和 ESG 影响力之间的折抵,颇值得商榷。再次,使命导向的开发银行固是影响力投资生态中的要角,但随着市场的扩大,其他类别的影响力投资者逐渐涉入,包括私募股权基金和避险基金(Cole 和 Schenk,2018;Ghandi 等,2018;PEI,2020)。因此,ESG 影响力与风险之间的权衡,对 EBRD 或许成立,但对其他影响力投资者的适用性则有待深入探讨。

[2021-7-25 首发于财新网]

参考文献

1. ADDY C，CHORENGEL M，COLLINS M，ETZEL M，2019. Calculating the value of impact investing[J]. Harvard Business Review，January-February：102-109.

2. BARBER B.，MORSE，A.，and YASUDA A.，2021. Impact investing[J]. Journal of Financial Economics，139(1)：162-185.

3. BERG F，KOELBEL J，RIGOBON R，2019. Aggregate confusion：The divergence of ESG ratings[R/OL]. MIT Sloan School Working Paper 5822-19，file:///C:/Users/saif/Downloads/SSRN-id3438533%20(3).pdf，2021-7-25 查阅.

4. CHATTERJI A，DURAND R，LEVINE D，TOUBOUL S，2016. Do ratings of firms converge? Implications for managers，investors and strategy researchers[J]. Strategic Management Review，37(8)：1597-1614.

5. COLE S，SCHENK L，2018. Wellington Global Impact[DB]. Harvard Business School Case 9-218-067.

6. COLE S，GHANDI V，BRUMME C，2020. Background note：Introduction to investing for impact[DB]. Harvard Business School Case 9-218-072.

7. EBRAHIM A，RANGAN V，2014. What impact? A framework for measuring the scale and scope of social performance[J]. California Management Review，56(3)：118-141.

8. GECZY C，JEFFERS J，MUSTO D，TUCKER A，2021. Contract with benefits：The implementation of impact investing[J]. Journal of Financial Economics，Forthcoming.

9. GAMTKITSULASHVILI T，PLEKHANOV A，STEPANOV A，2021. Killing two birds with one stone? Sound investment with

social impact[R/OL]. EBRD Working Paper No. 253，file：///C:/Users/saif/Downloads/SSRN-id3790680.pdf，2021-7-25 查阅.

10. GHANDI V，BRUMME C，MEHTA S，2018. The Rise Fund：TPG bets big on impact[DB]. Harvard Business School Case 9-318-041.

11. Global Impact Investing Network（GIIN），2019a. IRIS＋ and the SDGs[R].

12. Global Impact Investing Network（GIIN），2019b. IRIS＋ and the Five Dimensions of Impact[R].

13. Impact Frontiers，2020. Impact-Financial Integration：A Handbook for Investors [R].

14. OEHMKE M，OPP M，2020. A theory of socially responsible investment[R/OL]. Swidish House of Finance Research Paper No. 20-2，file:///C:/Users/saif/Downloads/SSRN-id3467644%20(1).pdf，2021-7-25 查阅.

15. Private Equity International，2020. Impact Investing[R].

16. REISMAN J，OLAZABAL V，HOFFMAN S，2018. Putting the "impact" in impact investing：The rising demand for data and evidence of social outcomes[J]. American Journal of Evaluation，39（3）：1-7.

17. REVELLI C，VIVIANI J，2015. Financial performance of socially responsible investing：What have we learned? A meta-analysis[J]. Business Ethics：A European Review，24（2），158-185.

18. SERAFEIM G，TRINH K，2020. A preliminary framework for product impact-weighted accounts[R]. Working Paper 20-076，Harvard Business School.

19. ZHAO X，MURRELL A，2016. Revisiting the corporate social performance — financial performance link：A replication of Waddock and Graves［J］. Strategic Management Journal，37 (11)：2378-2388.

防止装点门面：ESG 投资产品信息披露

最近两三年，ESG 一词频繁出现在国内金融界，ESG 基金亦如雨后春笋兴起。至于具体只数，各方统计不一，从 104 只到 153 只不等。但无论由谁统计，其中两种基金必须剔除。一种是仅做过初级行业筛选，却欠缺 ESG 数据与相关标准的基金，多数的节能环保基金与新能源基金属于这种。另一种是"泛 ESG"基金，其名字与 ESG 相关，但既非行业基金，也未在募集说明书中界定 ESG 策略。当剔除这两种后，剩下的"纯 ESG"基金应该不超过 50 只。

这些相对比较纯正的 ESG 基金，其信息来源有路演 PPT、基金官网、招募说明书、季度报告、Factsheet（月度报告）等，其中除了路演 PPT 仅供渠道商使用外，剩下的都属公开信息。公募基金必须符合主管机关的信息披露要求，ESG 类别基金亦然。为了解国内 ESG 投资产品的信息披露，我和博士生以这 50 只"纯 ESG"基金的公开材料为依据，检视其投资信息披露。

研究发现，国内 ESG 基金在信息披露上颇有改善空间。首先，某些基金对 ESG 目标、ESG 策略和 ESG 数据来源的说明，或极简略，或完全不谈。本质上，ESG 目标对 ESG 基金至关重要。有了明确的 ESG 目标，才能拟定相应的关键绩效指标（KPI），并定期进行进度检核。缺乏明确的 ESG 目标，则后续工作与信息披露之相干性既难以掌握，ESG 基金的本质特性亦无从彰显。

其次，ESG 投资之异于传统投资，其特点即在于不只是追求财务回报，而会同时追求社会回报，故应该定期对投资人提供"双底线绩效"报告。然而，研究发现，许多国内 ESG 基金并未清楚标举这种"双底线投资"的概念，甚至只披露财务绩效，却对 ESG 绩效略而不谈。

另外，进一步来看，ESG 披露分成两个相互关联而内容有别的领域，一是企业的 ESG 信息披露，一是投资产品的 ESG 信息披露。目前国内讨论 ESG 披露时，尚聚焦于企业的 ESG 信息披露，而未扩及 ESG 投资产品的信息披露。然而，对金融领域而言，其实更应该关注 ESG 投资产品的信息披露。

因此，本文从 ESG 投资产品信息披露的视角，解析相关问题，分享实践及最新法令。

ESG 投资产品应该披露哪些信息

ESG 投资产品提供的信息，应与 ESG 投资的特性具有实质相关性，涉及以下几方面。

第一，ESG 投资或以降低投资风险为目的，或以符合价值取向、达成可持续发展目标为目的。前者常以纳入 ESG 因素的方式，降低传统投资所忽略的 ESG 风险。后者常以某些具体的 ESG 投资策略，使投资符合资产所有人的价值观或达成社会的可持续发展目标。但无论属于哪种，ESG 基金在此都有别于传统基金，故应在招募说明等材料中表明产品目的。

第二，基金会依目的而使用合适的投资策略，涉及不同的选股方式及标准。基金应该对如何选择合适策略来达成目标做出明确说明，并指出相应的 KPI。

更具体的，ESG 投资有负面剔除法、同类最佳法、可持续主题法、积极股东法等七种策略，背后各有理念，而其使用关乎基金目标。特别是，当基金以降低风险理由而纳入 ESG 因素时，会以负面剔除法或 ESG 整合法作为投资策略，而 KPI 应表明该策略对财务回报的影响。

当基金以低碳为目标时,可采用同类最佳法选股,从母体样本中挑出碳密度最低的企业,而 KPI 应表明基金碳密度,并将其和特定基准做比较。当基金以舒缓水稀缺问题为可持续发展目标时,会以可持续主题法作为策略,而 KPI 应表明该策略对于相关问题的改善。另外,当基金以优化企业 ESG 政策为目标时,可以积极股东法和企业互动,通过提案权和投票权来促成实质改变。此时 KPI 应表明互动的议题、方式、次数、具体成果等。

第三,ESG 投资不能只基于直观,而应以可靠的数据来源作为选股基础和计算各项 KPI 的依据。数据来源包括自行开发的独有数据、从外部认购的付费数据等,但无论来源为何,基金都应标明,并说明如何通过这些数据来度量企业的 ESG 表现,并形成评估 ESG 产品绩效的 KPI。

第四,ESG 投资固有其关联于 ESG 特性的明示目标,但也不能违反社会的基本价值。因此,ESG 投资通常还会制定符合社会伦理底线的目标,这些是社会默认的基本底线,故又称为隐含目标。ESG 投资相关的底线伦理多以负面清单表述,基金选股时会避免其上所列项目。因此,ESG 投资产品也会被要求披露对于伦理底线的遵循及追踪情况,包括相关的数据来源。

案例 1:基金目标沦为空洞的"宣称"

首先指出一个常见的负面案例,某只 ESG 基金宣称会引入资金,解决某些重大社会问题,以贡献于人类的可持续发展。在此,联合国的十七个可持续发展目标(SDG)是最常被使用的框架,有的 ESG 基金会以其中几个 SDG 为核心目标,另几个为间接目标。甚至亦有基金会尽量框列,譬如,某只 ESG 基金竟以 17 个 SDG 中的 13 个为目标,如图 1 所示。

图 1　某只基金宣称能贡献于 13 个 SDG

　　不过，宣称者虽众，真能拿出具体数字以显示目标达成情况的基金，却少之又少。追究背后原因，或者基金的宣称原本只是营销手法，或者本身根本欠缺相关数据。当基金经理人并未提供相关数据时，投资人无从检核其宣称，更无法判断基金目标是否达成。

案例 2：ESG 投资组合的绩效披露

　　同类最佳法是七大 ESG 投资策略之一，基金经理人在界定一些具体的 ESG 标准后，从某个投资母体中挑出绩优者，以形成指数或基金。具体的 ESG 标准可以是企业在一个特定 ESG 议题上的表现，也可以是企业在整体 ESG 上的表现。目前这种产品相当流行，像纳斯达克环境领袖指数、荷宝两性平等股权基金、富时善指数等，都在此列。

　　ESG 投资产品的绩效披露应涵盖财务回报和社会回报两方面，后者更应能凸显产品特质。特别是，环境领袖指数应该通过碳排放量、废弃物量、可再生能源产量等 KPI 来反映其广泛的环境绩效，低碳指数应聚焦于碳排放量，以第一范围及第二范围碳排放量作为 KPI。两性平等投资基金应该通过女性高管比、女性员工比、女性男性工资比、董事会性别平等政策等 KPI，来反映投资组合成分股赋能女性的情况。各 KPI 的度量单位不同，故通常都会以标准化方式呈现，并与某设定的基准相比，以表明该投资产品的相对优势。

譬如，某基金业者以同类最佳法，从可投资母体中选出碳排放量低、废弃物产生量低及可再生能源产量高的个股，形成一只以"我的组合"为名的指数，并将该指数与另两只基准指数的环境绩效作对比。如图 2 所示，"我的组合"的碳排放量、废弃物量及可再生能源产量分别是 64、1.8 及 9.1。比较基准有两个，一是全球指数，另一是未来全球可持续领袖指数，两者的环境绩效都不如"我的组合"。

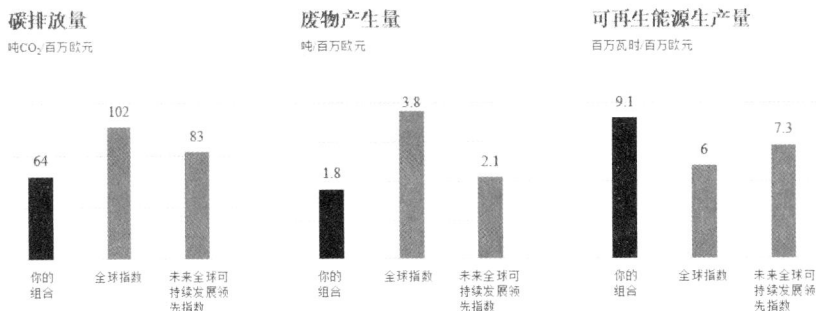

图 2 "我的组合"以 3 个 KPI 来反映其环境绩效

本案例表明，ESG 投资的绩效披露有别于传统投资，其中关键在于使用合适的社会绩效指标。不过，ESG 基金的披露范围不止于此，应该包括针对的可持续投资目标、ESG 策略、ESG 数据来源等。更重要的是，金融产品的披露内容应反映它所支持的实体经济。

案例 3：实体经济改革决定金融披露内容

欧盟投资人偏好 ESG，ESG 资产占比全球最高。但欧盟新法令的管辖范围不再限于 ESG 投资，更扩及可持续金融，对其框架做了梳理，对其内容做了界定，对其披露做了标准化要求。

新法令有明确的理念基础，关乎金融在新世纪、新格局下的目的。

可持续金融是目标导向的金融，以推动环境与社会的可持续发展为旨，而可持续金融及其相关披露之所以重要，就在于它须能反映实体经济的可持续发展目标。

欧洲委员会以 2050 年碳中和为目标，对气候变化的适应做了全盘规划，拟订了实体经济和金融两方面的政策。经济改革包括能源系统的快速脱碳、可持续行业的创新、现有建筑的大规模改造、清洁交通的发展、可持续食物系统的推进等。金融改革包括可持续的欧盟投资计划、可持续金融策略的更新等，以支持实体经济的发展（EU，2020）。

在此背景下，欧盟对可持续经济活动做了一个《可持续金融分类方案》（Sustainable Finance Taxonomy），要求相关经济活动有助于实现六大环境目标：气候变化的减缓、气候变化的调整、海洋和水资源的保护及可持续利用、循环经济、污染防控、生态系统保护等。相关经济活动还要遵循对一个或多个目标有"实质性贡献"和"无重大损害"的原则，另要满足最低限度的社会保障和相关技术筛选标准。这些目标属于经济层级，但经济改革不可能独存，而欧盟的可持续金融则对其所支持的经济活动设定筛选标准，譬如推动低碳行业的发展、维持最低社会保障等，以助益实体经济最终能够达标（EU，2020）。

在欧盟金融市场提供可持续金融产品的金融市场参与者必须依据欧盟对可持续经济活动分类系统，对可持续金融产品做出相关披露，包括可持续投资目标、目标达成方式、投资策略、数据来源及筛选方法、绩效评量指标、可持续性风险管控等（Joint Committee，2020）。另外，产品必须披露负面筛选、无重大损害等原则的适用性。披露时点以签约前、网站和定期报告为主（PwC，2020）。

案例 4：ESG 基金的信息披露

依据欧盟新法令，可持续金融产品的市场参与者须在 2021 年春季完成其主要的披露责任。但有些市场参与者已于 2020 年提前完成披露,荷宝资产管理公司正为其一。

荷宝擅长可持续投资,旗下有健康生活、新材料、可持续价值等多只可持续发展导向的公募基金。荷宝依据其负面剔除政策,拟订了一个排除清单。它更自建了一个 SDG 评级框架,通过该框架及内嵌的三阶段流程,将企业的产品、生产方式及所涉争讼纳入考虑后,对其 SDG 贡献做出全面评判。企业的 SDG 得分可以为负、为零或为正,范围从-3 到 $+3$,愈高愈好。

荷宝旗下有一只可持续水资源股权基金,依据欧盟的《可持续金融分类方案》,该基金属于具有"可持续投资目标"的产品,须对涉及的可持续性目标、投资策略、可持续性评估法、数据来源、绩效指标等,分别做出披露[①]。

目标方面,该基金以 SDG♯6(清洁饮水与卫生设施)、SDG♯3(良好健康与福祉)、SDG♯14(水下生物)、SDG♯15(陆地生物)等四个 SDG 为可持续投资目标,投资于能推进这些 SDGs 的企业。特别是,基金所投资的企业或位于水资源价值链的供给侧,或其产品与技术能提高水资源价值链的效率,故被投资方涉及水资源的基础设施、自来水的输送、废水的收集和处理等。

投资策略方面,该基金采用主题式可持续性评估,纳入可持续性标准,从可持续性投资母体中挑出商业模式能支持基金目标的企业,并剔除涉及 ESG 争议的企业。

可持续性评估法方面,基金通过可持续性指标来度量它对可持续投资目标的推进,其中包括四点。首先,基金采用可持续主题投资法,只投资在合格投资母体下的企业。其次,基金只投资在 SDG 得分为

正、为零或较小负值的企业。再次，被投资方的行为及产品都须符合荷宝的负面剔除政策。第四，基金经理人会定期审查可持续性目标及指标的合格性。

可持续性数据来源方面，这只基金主要的数据来源，是荷宝通过主题式研究法所自建的可投资母体。为了形成这个数据库，基金经理人及分析师会定期对市场进行结构式审核，发掘能针对可持续发展挑战开发产品与服务的企业，而原始材料来源有彭博、Sustainalytics 等外购数据库、企业发布的信息，以及荷宝对企业的 SDG 评分。

基于各企业的 SDG 得分，荷宝可得出基金的 SDG 得分，以反映基金的社会绩效。基金的社会绩效会和某指定基准相比，以显示其对 SDG 的推进情况。本基金以明晟世界指数作为比较基准，因其并非可持续性导向，故本基金在四个 SDG 上的绩效表现（实心部分），都远胜于基准指数（阴影部分）。

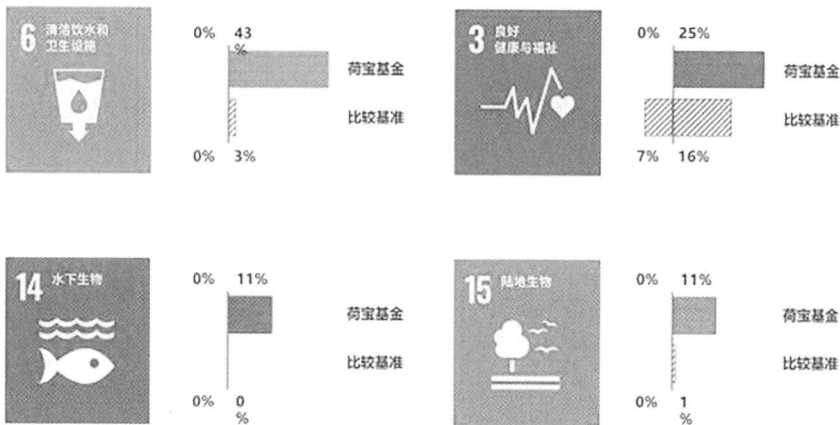

图3　荷宝基金以具体绩效数字表明对 4 个可持续发展目标的贡献

依欧盟新法令，基金另须对风险、损害及底线伦理做披露。在可持续性风险的控管方面，基金确认它会面对的气候风险及 ESG 风险，指出风险辨识方法、风险控管流程，以及这些风险对基金财务回报可能产生的影响。在"无重大损害"方面,基金披露了如何确保不会对本基金未纳入的其他可持续性目标造成重大伤害,其中包括:对经常违反底线标准的被投资公司,基金如何积极监督,如何避免其违反 ESG 行为准则。

此外,基金还披露与被投资方的互动情况及参与成效,包括基金的投票政策、参与政策,以及用以评估被投资方治理实践的政策等。

总结

以上的解析可得出四点主要结论。首先,同时追求财务与社会目标的双底线投资,其产品绩效披露除了财务指标以外,还须纳入社会指标,以使投资人理解社会目标的达成情况。其次,社会绩效指标的挑选并非易事,须依投资目标、投资策略、行业共识等因素而定。由于指标须基于数据来计算,故数据可得性是 ESG 产品信息披露的关键。再次,在新世纪、新格局下,可持续金融以推动人类的可持续发展为目标,而其相关披露之所以重要,就在于它须能反映实体经济依目标而进行的改革。因此,中国在碳中和目标下,可参考欧盟绿色新政的思路,进一步梳理赋能实体经济改革的金融改革,并对相应的金融产品给予披露指引。最后,无论是更宽广的可持续金融产品,或是较聚焦的 ESG 投资产品,信息披露有消极和积极两方面意义。从消极面看,透明的、完整的信息披露可以杜绝用 ESG 装点门面,防止不实产品冠上 ESG 之名。从积极面看,透明的、完整的信息披露可以引导资金进入实体经济改革所需领域,推动可持续发展目标的前进。

[2021-6-15 首发于财新网]

参考文献

1. EU Technical Expert Group on Sustainable Finance,2020[R]. Financing Sustainable European Economy:Technical Report.

2. （ESMA，EBA，EIOPA）Joint Committee of the European Supervisory Authorities （Joint Committee），2020［R］. Joint Consultation Paper：ESG Disclosure.

3. PwC，2020. Sustainable Finance Disclosure Regulation （SDFR）［R］.

第五部分　ESG 在中国

◉ 中国 ESG 市场：棕色投资人与超额回报幻象

回顾 2020 年的金融界，真可谓绿意盎然。不仅国家出台以碳中和目标领军的多项重大绿色规划，民间也积极投入各种绿色项目，诸如减排专案、气候贷款及 ESG 投资等。

在 ESG 投资方面，伴随着实务的推进，券商、资管业者和第三方机构陆续发布不少相关的研究报告。其中，媒体智库、倡议组织、学术组织和政府监管单位等第三方机构，发布了《中国资管行业 ESG 投资发展研究报告》(华夏理财和深高金)、《中国 ESG 发展白皮书》(财新智库)、《2020 中国责任投资年度报告》(中国责任投资论坛)、《中国市场的 ESG 和 alpha》(PRI)等报告。

一般而言，对比于商业机构编制的报告，第三方机构报告的参考价值较高，因其立场相对客观中立，较能跳脱自身因素而以宏观视角看问题。这类报告通常包括 ESG 政策说明、市场规模、产品情况、投资回报，再加上市场调查、基金管理人访谈等。当然，各个部分的质量互有参差。有的剖析深刻，如基金管理人的 ESG 投资策略洞见；有的知识含量颇高，如全球主要国家 ESG 政策概览。但有些部分则或缺乏理据，或相互抵触，其中尤以述及超额回报率 alpha 的部分，论点最难自圆其说。

上述报告均大幅纳入对市场参与者的问卷调查及对超额回报率 alpha 的宣扬，但其中论点多有矛盾，令人费解。因此，本文梳理出以下四点，基于理据进行剖析。

(1)市场调查结果表明，85% 的受访者对 ESG"没听说过、听过但不了解或尚未行动"。

(2)投资人可分成棕色、棕绿色及绿色三种,事实显示国内ESG市场以棕色投资人为主。

(3)依据ESG调整的资本资产定价模型,ESG投资在棕色投资市场里才有alpha。

(4)对棕色投资人继续宣扬alpha比较重要,还是学习绿色过渡比较重要?

什么是ESG偏好

推动ESG投资,首先必须对市场参与者有所理解,其中包括资产所有人和资产管理人。因此,中国证券投资基金业协会、华夏理财和深高金、中国责任投资论坛等机构对国内市场进行了问卷调查(中基协,2020;华夏理财和深高金,2020;中国责任投资论坛;2020)。

三家机构调查的对象虽不尽相同,但反映的现象却相当一致。无论是中基协以私募证券基金管理人为主的调查、华夏理财和深高金以公募基金和证券公司为主的调查,还是中国责任投资论坛以个人投资者为主的调查,都有高达85%以上的受访者表明,对ESG"没听说过、听过但不了解或尚未行动"。

这些自认不了解或欠缺ESG投资经验的受访者,本质上是传统型的资产所有人或管理者(以下统称"投资人"),不应被归为"ESG投资人"。但令人费解的是,三家机构竟然对"非ESG投资人"追问ESG投资的驱动力,而可以复选的选项中有降低投资风险、提高投资收益、符合价值观、顺应监管趋势、建立品牌声誉等。在此,三家机构的调查结果又相当一致,受访者以降低投资风险、提高投资收益、符合价值观等三项为ESG投资的主要驱动力。

这种做法可类比于对消费者进行冰淇淋偏好的调查。当九成受访者表明"从未吃过冰淇淋"时,问卷竟追问其偏好的是核桃口味还是草莓口味,造成消费者只能凭想象答复,结果令人质疑。

问卷对 ESG 偏好的调查不仅"所问非人",题目设计也并不周全,未能瞄准"吃过冰淇淋"的 ESG 投资人进一步挖掘偏好,理解其在收益、风险和价值观之间的取舍。特别是,这类调查不仅要理解投资人是否偏好 ESG 绩效好的企业,诸如碳排量低、供应链管理好、会计透明度高的企业,还要发掘这种偏好是否独立于风险和回报之外。

更具体地,传统投资是在由风险和回报所形成的两维空间下进行,投资人依据能提高回报、降低风险,或是优化由这两者形成的夏普比例,从而对资产进行选择。相较之下,ESG 投资是在由风险、回报和 ESG 绩效所形成的三维空间下进行,投资人在高回报、低风险和高 ESG 绩效三者之间做出最优选择,而这又可简化为在夏普比例和 ESG 绩效之间做选择(Pedersen 等,2021;Cole 等,2018)。因此,这里真正的关键在于,投资人是否愿意为了支持 ESG 表现好的企业而牺牲部分回报或接受更高风险(Riedl 和 Smeets,2017;Barber 等,2021)。

换言之,对于吃过冰淇淋的消费者,他既喜欢核桃口味也喜欢草莓口味,但问卷调查应该发掘他在两者之间的折抵,譬如当多吃一匙核桃冰淇淋时,他愿意放弃几匙草莓冰淇淋。

熟悉经济学的读者必然可看出,上面这种折抵(trade-off)是反映投资人 ESG 偏好的无差异曲线背后的重要理念。ESG 投资里的权衡存在于夏普比例和 ESG 绩效之间:投资人偏好更高的夏普比例,也偏好更好的 ESG 绩效,但两者不可兼得时,牺牲前者来换取后者才真正反映出 ESG 对于投资人的价值(Riedl 和 Smeets,2017;Hartzmark 和 Sussman,2019)。

国内投资人是什么颜色

既然市场调查所问非人,那么以事实看,国内市场是以哪一种投资人为主?

在此，我们必须先把投资人以颜色分类。首先，传统投资人不考虑资产的 ESG 表现，属于棕色投资人。其次，投资过程中纳入 ESG 信息的，未必就是绿色投资人，而须进一步考察纳入信息之目的。倘使投资人没有 ESG 偏好，而纳入 ESG 信息是为了对风险与回报做出更好的预估，则其投资仍在两个维度下进行，只能算是本质上棕色但利用绿色信息的棕绿色投资人。再次，绿色投资人有独立的 ESG 偏好，能从 ESG 里获得非金钱性的效益。

更明确地，基于观察，学者把 ESG 生态里的投资人分成棕色、棕绿色和绿色三种，分别称为 ESG 未识型（ESG-unaware）、ESG 已识型（ESG-aware）和 ESG 驱动型（ESG-motivated）（Pedersen 等）。

ESG 未识型投资人对 ESG 既不了解也没兴趣，因此他在风险与回报两个维度下进行投资选择。ESG 已识型投资人了解 ESG，也使用 ESG 信息，但他看到的是 ESG 信息的价值，对 ESG 本身没有偏好，也不愿为了 ESG 的价值而牺牲回报。ESG 驱动型投资人对 ESG 本身有偏好，也愿意为了更高的 ESG 绩效而做出牺牲，譬如放弃一部分回报或承担更多风险。

依据这种区分，我们可以对国内投资人的颜色做出以下推论。第一，对 ESG "没听说过、听过但不了解，或尚未行动"的投资人，理应属于棕色投资人。第二，从几份报告对使用 ESG 信息的资产管理人的访谈内容看，这类信息被高度肯定的理由在于能优化夏普比例。第三，访谈问卷未触及投资人的 ESG 偏好，以致难以得知其是否愿在夏普比例和 ESG 绩效之间做出权衡，以及愿意放弃前者的幅度。

因此，在受访者中，棕色投资人至少占了 85%。剩下来的究竟是棕绿色投资人或绿色投资人，虽然无从判定，但从基金管理人访谈中所透露的迹象，他们看到的显然是 ESG 信息的工具价值，而非 ESG 本身的目的价值。换言之，真正的绿色投资行为仍有待开发。

实践者为什么强调 alpha

当棕色投资人面对绿色金融产品时,最关切什么? 依据上面思路,这个问题不难回答。

特别是,只要对本文所列几份报告的内容略做分析,其中的重点强调就反映了棕色投资人的关切:ESG 投资能优化夏普比例、带来超额收益率 alpha。譬如,《2020 中国责任投资年度报告》就点名夏普比例,而《中国市场的 ESG 和 alpha》更直接以 alpha 为名。

只看 ESG 投资之夏普比例的问题,已说明于前。剩下的问题是,ESG 投资真有 alpha 吗?

事实上,ESG 投资是否带来 alpha,取决于市场上主要投资人的颜色,因为三种投资人要求的回报率不同,而其差异反映于 alpha。

首先,ESG 未识型投资人忽略了 ESG 信息的重要性,因而低估了 ESG 绩效良好资产的价值,造成其期望超额收益率较高,故 alpha 为正值。其次,ESG 已识型投资人利用 ESG 信息来理解资产的风险和回报,对资产价值做出正确预估,导致期望超额收益率全面地反映了 ESG 绩效,故 alpha 为零。最后,对 ESG 驱动型投资人而言,ESG 偏好会造成他以通过放弃部分回报率或承担更高风险的方式来选择一个 ESG 绩效更好的资产,故 alpha 为负值。

更具体地,依据 ESG 调整的资本资产定价模型(ESG-adjusted CAPM),当投资组合的 ESG 评分更好时,其期望超额收益率可能更高,也可能更低,乃依市场上主要的投资人类型而定。当市场上以棕色投资人为主时,ESG 评分高的投资组合会有更高的期望超额收益率。当市场上以棕绿色投资人为主时,投资组合的 ESG 评分不会影响其期望超额收益率。当市场上以绿色投资人为主时,ESG 评分高的投资组合会有更低的期望超额收益率(Pedersen 等,2021)。

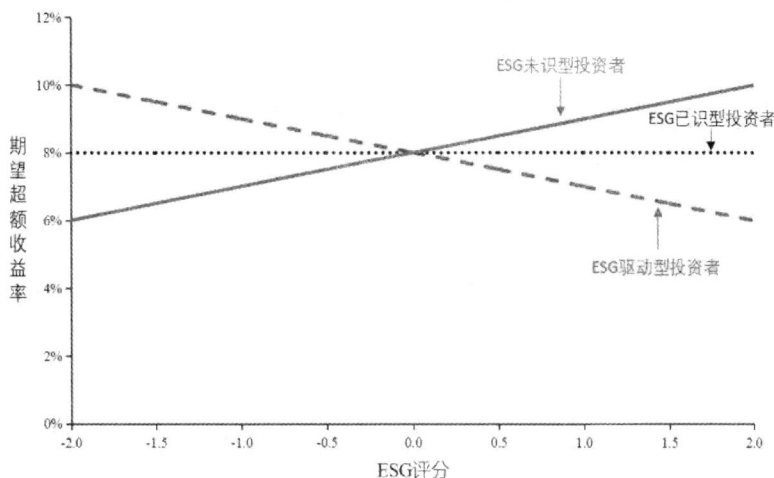

图 1　ESG 调整的资本资产定价模型

当然,以上结论是基于以正确方式计算 alpha 的前提,其中关键在于使用一个合适的基准投组,而不能以掩耳盗铃的方式计算 alpha (Fama 和 MacBeth,1973;Fama 和 MacBeth,1992;Carhart,1997)。当我们暂且抛下实践者计算 alpha 的问题,而把本文所列的报告放在市场颜色的框架下看,就不难理解为何国内实践者如此强调 alpha 了。

Alpha 比绿色更重要吗

国家出台多项重大绿色规划后,绿色转型已成为我国努力的方向。绿色市场能否蓬勃发展,绿色投资人必然是重要推手。但是,倘使绿色市场里没有 alpha,棕色投资人愿意绿化吗?

事实上,每个市场里都有棕色、棕绿色和绿色三种投资人,资产价格是由各类投资人的占比所决定(Pastor 等,2021)。换言之,相对于 ESG 绩效差的组合,ESG 绩效好的组合是否有 alpha,以及其数额的正负值,则依市场上各类投资人的占比而定。

从目前人类所面对可持续发展挑战的种类和规模看,市场必须绿化,人类才有乐观的生存空间。但绿色不是白吃的午餐,投资人必须付出代价。更具体地,以环境项目看,眼前许多绿色项目是"低垂的果实",譬如在地理优势地区架设风电设备,项目易于盈利。但是当低垂的果实被摘光后,后续绿色项目的难度势必增高,盈利也必将下降,此时盈利和 ESG 绩效之间的选择和权衡就会出现,而且会愈来愈尖锐(Schwartz 和 Finighan,2020)。

因此,无论是资产所有人或资产管理人,都应该对 ESG 投资建立正确的看法,不仅要学习并理解 ESG 偏好的真谛,而且要在时间框架下逐渐接受 alpha 的消失。在推动国家绿化的历程里,国内投资人必须适时转化,而转化需要凭靠绿色金融教育,资产管理人更是最合适的培训教师。鉴于此,关心 ESG 发展的金融中介应该当仁不让,承担 ESG 的时代使命。

[2020-1-18 首发于财新网]

参考文献

1. 华夏理财和深高金,2020. 中国资管行业 ESG 投资发展研究报告[R].

2. 财新智库 ESG30,2020. 中国 ESG 发展白皮书[R].

3. 中国责任投资论坛,2020. 中国责任投资年度报告 2020[R].

4. Principles for Responsible Investment,2020. 中国市场的 ESG 和 alpha[R].

5. 中国证券投资基金业协会(中基协),2020. 中国基金业 ESG 投资专题调查报告 2019[R].

6. BARBER B,MORSE A,YASUDA A,2021. Impact investing[J]. Journal of Financial Economics,139(1):162-185.

7. CARHART M,1997. On persistence in mutual fund performance [J]. Journal of Finance,52(1):57-82.

8. COLE S，GHANDI V，BRUMME C，2018. Investing in the 21st Century：Return，risk，and impact[DB]. Harvard Business School Case 5-219-005.

9. FAMA E，MACBETH D，1973. Risk，return，and equilibrium：Empirical tests[J]. Journal of Political Economy，81(3)：607-636.

10. FAMA E，MACBETH D，1992. The cross-section of expected stock returns[J]. Journal of Finance，47(2)，427-465.

11. HARTZMARK S，SUSSMAN A，2019. Do investors value sustainability? A natural experiment examining ranking and fund flows[J]. Journal of Finance，74(6)：2789-2836.

12. PASTOR L，STAMBAUGH R，TAYLOR L，2021. Sustainable investing in equilibrium[J]. Journal of Financial Economics，Forthcoming.

13. PEDERSEN L，FITZGIBBONS S，POMORSKI L，2021. Responsible investing：The ESG-efficient frontier[J]. Journal of Financial Economics，Forthcoming.

14. RIEDL A，SMEETS P，2017. Why do investors hold socially responsible mutual funds[J]. Journal of Finance，72(6)：2505-2550.

15. SCHWARTZ A，FINIGHAN R，2020. Impact investing won't save capitalism[R]. Harvard Business Review，July 12.

⬤ 中国 ESG 市场：产品界定与 ESG-alpha 预期

近两年，中国市场涌现大量 ESG 金融产品，并且宣称获得了超额回报，找到了 ESG-alpha。那么，ESG 到底能否产生 alpha 呢？这个问题的核心在于 ESG 产品的界定，以及 alpha 的来源。

基于此，本文分为四部分，首先梳理中国 ESG 金融产品的现状，其次纠正对 ESG-alpha 的错误理解，接着对投资生态里的投资人分类，最后从学术视角解释 ESG-alpha 的来源。

ESG 金融产品的界定

在命名上或宣传过程中自诩为 ESG 产品的，以基金与指数为主，但其真实性如何？这个问题很重要，理由是，如果产品打着 ESG 名号，实质上却与 ESG 的核心关系甚远，则市场上对 ESG 的 alpha 与超额收益率的讨论就错了，而这些超额收益与 alpha 可能源自其他因素。譬如，当 ESG 基金本质上是新能源行业基金时，则其所宣传的 ESG 超额收益率可能并非由 ESG 带来，而由新能源行业带来。换言之，此处所宣称的 ESG-alpha，即 ESG 超过市场表现的部分，本质上是因为新能源行业具有超越市场的表现。

虽然国内 ESG 相关的基金大量涌现，各方统计却不一致，数字从中国责任投资论坛的 127 只（2020 年 12 月）、平安数字经济研究中心的 104 只（2020 年 11 月），到 WIND 的 138 只（2021 年 2 月）。但无论由谁统计，其中两种基金必须剔除。一种是行业基金，比如新能源基金。另一种是"泛 ESG"基金，其名字与 ESG 相关，但既非行业基金，也未在募集说明书中界定 ESG 策略。当剔除了这两种后，剩下的"纯ESG"基金应该不会超过 50 只。

行业基金方面，多数的节能环保基金与新能源基金只是在相当初级的行业筛选（industry screening）阶段，根据股票的行业进行基础性筛选，但投资却仍然依据财务指标与估值指标进行，而并未引入明确的 ESG 标准。因此，把行业基金界定为依据 ESG 标准进行投资的ESG 产品，实在令人难以接受。

国际上对 ESG 投资产品作了范围界定及数据要求，其中以欧盟绿色新政下对可持续金融的分类方案及相应的披露要求最明确（EU，2020；Joint Committee，2020；PwC，2020）。以此衡量国内市场上的"泛 ESG"基金，因其缺乏具体的 ESG 投资策略与投资说明，故无法界定为依据 ESG 标准进行投资的 ESG 产品。

至于"纯 ESG"基金，公开募资说明书中虽然纳入了产品选股策略的相关说明，但内容的质量参差不齐，详略不一。其中，公布了详尽的ESG 指标、ESG 评测方式的基金不超过 20 只。

暂且不论市面上的 ESG 产品在进行 alpha 与超额收益宣传时，对alpha 的计算是否正确。即使都以科学方法计算 alpha，也只有真正在最初产品设计及后期投资流程中坚持贯彻 ESG 原则的产品，其所发现的 alpha 可以归结于 ESG。以这个标准看，合格的产品大约只占 10%。

但是，依本文以下分析，几乎所有产品对 alpha 的计算方式都有所偏差，有些甚至明显错误。因此，纵使市面上自诩的 ESG 产品有百余只，且大多宣称找到了 alpha，但模糊的 ESG 金融产品定义，加上错误的 alpha 计算方式，导致它们其实并未真正找到 ESG-alpha。

ESG-alpha 的计算

在寻找、计算 ESG-alpha 的过程中，我们通常会加入一些其他因子,比如市场、规模、动量、成长性等,才能清楚判断 alpha 究竟来自 ESG,抑或来自其他"非 ESG"的因素(Carhart,1997)。同时,在计算 ESG-alpha 时,应该依据诺贝尔奖得主 Fama 教授开发的 Fama-MacBeth 模型对超额收益率的计算方法,利用结合横截面回归和时间序列回归的 alpha 测度方法来计算(Fama 和 MacBeth,1973;1992)。但是,国内现有的 ESG 基金并未根据正确方法,而只是简单将基金收益率与市场收益率做了对比,就急切得出 ESG 投资有 alpha 的结论。

换言之,就算不存在 ESG 金融产品的界定问题,这种仅基于基金收益率与市场收益率的对比来计算 alpha 的方式,未免过于粗糙。这种方式其实只控制了市场因子,所以发现的超额收益率很可能是由规模、动量、成长性等因子带来的,而并非源于真正的 ESG 因子。

如果说 ESG-alpha 存在,表示 ESG 的因素能够独立地影响期望收益率,亦即,在其他因子不变的情况下,ESG 的变化能够单独地影响期望收益率。倘 ESG-alpha 为正,则高 ESG 绩效能单独为投资者带来正的期望收益;倘 ESG-alpha 为负,则高 ESG 绩效会降低投资者的期望收益。另外,倘 ESG-alpha 为零,则 ESG 绩效与投资者的期望收益无关。

ESG 生态里的投资人分类

探讨 ESG-alpha 问题时,关键之一是投资人分类。在 ESG 投资未崛起以前,所有投资人都为传统类型,其投资决策是在由收益与风险形成的两维模式下进行,在二者之间做出最优权衡。但是,在 ESG 投资世界里,投资人除了收益、风险以外,反映企业 ESG 特质的 ESG 信息也可能会影响投资决定。因此,我们必须依据投资人对 ESG 信息的反应而将其分成不同类型。

投资人分类是基于对其行为的观察,但实际上可以有多种分法,视模型需要而定。最简单的方法是分成两类,一类是棕色投资人,另一类是绿色投资人,前者没有 ESG 偏好,后者有。但这种分类忽略了一个事实:有些投资人并不认定 ESG 本身的价值,也没有 ESG 偏好,却肯定 ESG 信息的价值,因为这些信息可以用来降低投资风险,或是提高投资回报。

基于以上观察,有学者将 ESG 生态里的投资人分为棕色、棕绿色和绿色三种,分别称为 ESG 未识型(ESG-unaware)、ESG 已识型(ESG-aware)和 ESG 驱动型(ESG-motivated)(Pedersen 等,2021)。三种投资人在进行投资时,对企业的 ESG 信息会有不同的认识与利用。首先,ESG 未识型投资人既没有 ESG 概念,也不关注 ESG,故在投资中进行收益和风险的权衡时不会考虑 ESG。其次,ESG 已识型投资人有 ESG 概念,也理解 ESG 相关事件对企业收益和风险的影响,故在投资中会以更加完善收益和风险的权衡为目的而考虑 ESG 信息。ESG 驱动型投资人有 ESG 概念,也有 ESG 偏好,在投资时不仅会考虑收益和风险,还会把 ESG 放在同等地位,从而进行收益、风险与 ESG三者之间的权衡。

三种投资人在市场上的相对多寡,会影响市场整体对 ESG 的态度,从而决定 ESG 对股票价格的影响,最终影响收益率,成为 ESG-alpha 的来源。换言之,在探讨 ESG 能否带来超额收益的问题时,必须归根结底回到市场结构上,通过对三类投资者的构成进行解析。

投资人结构不同的市场对应不同的 ESG-alpha,进一步分析前,我们必须了解 ESG 未识型投资人的决策有别于 ESG 已识型投资人。特别是,ESG 未识型投资人未能利用 ESG 信息,故只能基于财务信息来进行局部最优化决策。反之,ESG 已识型投资人在进行收益和风险的权衡时会纳入 ESG 信息,能更正确、更全面地衡量收益与风险,故能进行全面性的最优化决策。

ESG-alpha 的预期

现实世界里,如果 ESG 未识型投资人居多,将导致 ESG 公司股价被低估,从而产生较高的期望收益率。此时 ESG-alpha 为正。如果 ESG 已识型投资人居多,则 ESG 相关风险会被正确识别,导致 ESG 公司股价合理估算。此时 ESG-alpha 为零。如果 ESG 驱动型投资人居多,则市场在进行投资决策时,会进行收益、风险和 ESG 三者之间的权衡。此时,投资人从对收益和风险两者做最优化决策,变成对收益、风险和 ESG 三者做最优化决策,而这意味着投资人会为了更好的 ESG 而愿意放弃一部分收益或承担更高风险。当投资人青睐 ESG 好的股票时,会为了投资这些股票而放弃对收益及风险的最优化,从而造成 ESG 股票的价格上升,导致 ESG 公司估值会高于单纯的收益及风险最优化结果,而最终造成 ESG 股票的期望收益率更低。此时 ESG-alpha 为负。

针对 ESG-alpha 究竟为正、为负,抑或为零,当学者能够基于投资人对 ESG 信息的态度以及 ESG 偏好而提出一个全面模型时,这不仅有理论意义,更足以对现实世界里的争议做出有力的诠释。尤其是,当我们把国内市场对 ESG-alpha 的吹捧放在这个模型下来看,更能理解其背后原因可能与目前市场上投资人的类型结构有关。

值得一提的是,除了上述研究外,其他基于投资人类型的研究也得出了类似结论。譬如,有学者对投资人做更细致的分类,在棕色与绿色两端之间,加上由棕、绿两色形成的各色投资人(Pastor 等,2021)。他们通过把 ESG 偏好加入投资人的效用函数,进行收益、风险及 ESG 三者之间的最优化,也发现 ESG-alpha 为负。

详言之,当投资人同时考虑风险、收益与 ESG 时,据此推导出的资本资产定价模型(CAPM)会产生 ESG-beta,背后理由是投资人不喜欢 ESG 的意外恶化。尤其是,为了对付气候变化问题,各国政府的长期气候政策会惩罚棕色公司,造成棕色资产相对于绿色资产价值减少、风险增加,从而必须提供投资人更高的预期回报(Bolton 和 Kacperczyk,2020)。换言之,绿色资产的 CAPM-alpha 为负,这不仅是因为投资者对绿色资产的偏好，还因为他们有能力更好地对冲 ESG 风险，譬如日益瞩目的气候风险。因此，当把气候风险纳入定价模型后，如果 ESG 驱动型投资人居多，绿色资产的预期回报率通常会低于棕色资产（Pastor 等，2021）。

综上所述，如果要正确理解 ESG 在中国市场所形成的 alpha，首先必须甄别市场上所谓的 ESG 金融产品。目前市场上真正的 ESG 投资产品，占比未及 10%，只有其所宣称的超额收益率，才能作为研究 ESG-alpha 的基础。其次，选对研究对象后，要通过严格步骤计算 alpha，而不能仅将产品收益率与市场收益率进行粗糙的比较。最后，ESG 在中国市场到底会带来怎样的 alpha，取决于市场结构，即三类投资人的占比。本文已初步触及这个问题，但投资人结构改变与 ESG 产品信息披露的相关议题，将留待未来其他专文讨论。

[2021-3-1 首发于财新网]

参考文献

1. 中国责任投资论坛，2020. 2020 中国责任投资年度报告[R].

2. 平安数字经济研究中心，2020. ESG 投资在中国[R].

3. BOLTON P，KACPERCZYK M，2020. Carbon premium around the world[R/OL]. CEPR Paper No. DP14567，https：//papers. ssrn.com/sol3/papers.cfm? abstract_id=3594188，2021-7-25 查阅.

4. CARHART M，1997. On persistence of mutual fund performance [J]. Journal of Finance，52(1)，57-82.

5. EU Technical Expert Group on Sustainable Finance，2020. Financing Sustainable European Economy：Technical Report[R].

6. FAMA E，MACBETH D，1973. Risk，return，and equilibrium：Empirical tests[J]. Journal of Political Economy，81(3)：607-636.

7. FAMA E，MACBETH D，1992. The cross-section of expected

stock returns[J]. Journal of Finance，47（2）：427-465.

8.（ESMA，EBA，EIOPA）Joint Committee of the European Supervisory Authorities（Joint Committee），2020. Joint Consultation Paper：ESG Disclosure[R].

9. PASTOR L，STAMBAUGH R，TAYLOR L，2021. Sustainable investing in equilibrium [J]. Journal of Financial Economics，Forthcoming.

10. PEDERSEN L，FITZGIBBONS S，POMORSKI L，2021. Responsible investing：The ESG-efficient frontier[J]. Journal of Financial Economics，Forthcoming.

11. PwC，2020. Sustainable Finance Disclosure Regulation（SDFR）[R].

● 中国 ESG 投资：散户何时进场

自从 ESG 投资在国内兴起后，相关话题也引起关注，从企业的 ESG 信息披露、建立本土化的 ESG 评级，到 ESG 投资的超额回报，话题源源不断，内容纷然多样。最近数月又出现几个新话题，其中最引人注意的两个是，碳中和目标下的 ESG 投资，以及财富管理下的 ESG 投资。

在第二个话题上，依据《金融时报》报道，银行理财部门已开始引进 ESG 投资理念，打造 ESG 主题的理财产品，以进一步完善散户的资产配置。一些经常举办投资论坛的财富管理俱乐部也往这话题靠拢，标榜为 VIP 客户提供理财新知，邀请专家介绍相关金融产品。

无论是分享正确的 ESG 投资理念，或是推荐相关的创新金融产品，都是银行理财部门的本职业务。但是，ESG 投资如何与个人理财连接，目前是否有条件连接，倒是需要先行检视的议题。否则，大家最后可能徒劳无功，白忙一场。

个人理财的对象包括专业投资者与散户，两者都属于个人投资者，但有资产规模及投资经验的差别。由于国内市场以散户为主，上述活动极可能也是针对这个重要的投资群体。如此，有几个问题值得讨论。第一，参照欧美长期经验来看，散户会成为 ESG 投资的主角吗？第二，如果不然，究竟是什么原因造成散户投资 ESG 的障碍？第三，如果 ESG 投资市场要引进散户，应该如何开发散户兴趣？第四，中国散户何时才适合进场？

散户是 ESG 投资的主角吗

ESG 投资于 20 世纪 70 年代在欧美崛起,迄今已有五十年历史,陆续发展出剔除、同类最佳、可持续主题、积极股东等七种策略(GSIA,2021;Capelle-Blanchard 和 Monjon,2014)。依据最新统计,全球 ESG 资产规模大约 35 万亿美元,在投资者组合中的平均占比为 36%,而它在欧盟占比为 41.6%,表示欧洲投资者组合里四成以上是 ESG 金融产品,其中包括 ESG 类 ETF、ESG 公募基金等(GSIA,2021;Eurosif,2017)。

不过,千万不要只看这些表面的数字,而过度高估散户对 ESG 投资的参与。事实上,在 ESG 投资五十年的历史中,前面三十年只能算是一种特质投资,吸引的社群相当有限,以有明确信仰和价值观的人士为主,比如宗教团体、环境保育联盟等(Lydenberg 和 Sinclair,2009)。这情况一直到 20 世纪末才有所改善,其中最明显的突破是政府养老基金开始进场,成为 ESG 投资市场里的主角。

就实际状况而言,除政府养老基金外,民营企业养老基金、宗教团体、高校捐赠基金、保险基金、公募基金等机构投资者,一直是 ESG 投资生态里的主角,其市场占比远高于个人投资者(Dyck 等,2019)。依据全球可持续投资协会的最新统计,ESG 资产由机构持有的占比为 75%,而个人只占 25%(GSIA,2021)。

但从另一方面看,机构投资者占比虽高,个人投资者的占比却在攀升中。依据欧洲社会投资论坛(Eurosif)的统计,2005 年机构与个人的占比分别为 94% 和 6%,2018 年则为 69% 和 31%(Eurosif,2005;2007;2009;2011;2013;2015;2017)。进一步看,这十多年的前半段,ESG 投资主要由机构主导,个人投资者的占比一向很低,直到全球金融危机后才有所改变,其中以 2013 年、2014 年最突出(其统计数字有时间落差,呈现于表 1 的 2015 年)。投资人在全球金融危机中亏损严重，休养生息后资金再度进场时，则对准以稳健著称的 ESG 投资，造成这类投资大幅跃升，而个人投资者更是其中主力。

表 1　ESG 资产在投资者组合中的占比

	2005	2007	2009	2011	2013	2015	2017
机构投资者	94%	94%	92%	94%	97%	78%	69%
个人投资者	6%	6%	8%	6%	3%	22%	31%

资料来源：作者依 European SRI Study 历年数据整理

欧盟的 ESG 投资领先全球，其法律法规、社会常规及文化认知模式等机构背景因素也特别契合 ESG 投资，导致了其投资人对这类投资的高度认同感。但与欧盟相比，其他地区情况存在着极大落差，特别是对不少亚洲新兴国家来说，ESG 投资还是市场上的新名词。

散户投资 ESG 有何障碍

以个人投资 ESG 而言，虽然欧盟的散户资金已经进场，但依据学者专家的看法，未来很长一段时间里，欧盟乃至于全球的 ESG 投资仍将以机构资金为主，背后理由至少有以下几点。

第一，ESG 投资围绕着企业的 ESG 议题进行，其中包括环境面的节能减碳、污染防治，社会面的供应链管理、客户隐私保护，公司治理面的董事会组成、会计合规性等。当企业要对这些 ESG 议题进行改善时，通常需要长期才能看出成效，故当投资人持有这类资产时，也需要较长持有期才能看到 ESG 绩效的改变（Cole 等，2020）。因此，ESG 资产特别适合能长期持有的养老基金及保险基金，但同时也比较不适合习惯短进短出、获利了结的散户。

第二，ESG 金融产品会因为所使用的资产管理策略而有最低认购额要求，而这对资金有限的散户形成一种障碍。譬如，ESG 投资有七种策略,其中的影响力投资针对一级市场,故对单笔投资金额、投资年限等都有要求,以致难以被散户触及。当然,某些基金经理人也针对这些问题寻求解决方案,专门为散户订制了零售型的影响力投资金融产品,但毕竟是少数案例。

第三,ESG 投资理念比较难被散户掌握,其中不仅包含一些宏观理念,更涉及某些抽象概念的具象化,以及复杂的绩效度量。具体言之,可持续发展是 ESG 投资背后最重要的宏观理念,其中包括环境的可持续发展与社会的可持续发展两方面,涵盖多种议题,更涉及多方团体。在这背景下,企业如何建立相应的 ESG 制度、如何推动,基金经理人如何建立 ESG 投资标准、如何通过具体指标来披露 ESG 绩效,实在超乎一般散户投资者的理解范围。

第四,传统投资存在于风险与收益的二维投资模式下,投资者在风险与收益之间做出权衡,以达夏普比例的最优化。相较之下,ESG 投资存在于风险、收益与 ESG 绩效的三维投资模式下,投资人在风险、收益与 ESG 绩效之间做出权衡,而这有时会涉及夏普比例与 ESG 绩效的互抵,包括必须放弃一部分投资回报才能让投资组合的 ESG 绩效更好(Renneboog 等,2011;Cole 等,2018;Pedersen 等,2021)。特别是,当两个组合的夏普比例相同,但其中一个的 ESG 绩效比另一个好,此时投资人的选择比较明确。但是当两个组合的夏普比例不同,ESG 绩效也不同,此时投资人如何选择就比较不明确,而传统金融学理论也欠缺这方面的指引。

对于夏普比例与 ESG 绩效之间的互抵,有学者分别利用晨星(Morningstar)的基金 ESG 评级、荷宝(Robeco)的 ESG 公募基金与美国影响力投资(Preqin)等数据进行实证研究,结果发现 ESG 投资存在着投资回报与 ESG 绩效的互抵,且 ESG 投资者是在事前知情情况下做出权衡决定,而非在事后不得已情况下被迫接受折让(Hartzmark 和 Sussman,2019;Riedl 和 Smeets,2016;Barber 等,2021)。不过,这些研究主要以机构投资者为对象，其中包括使命导向的开发金融机构，而散户是否能理解并接纳"折让"，是否会为了获得更好的 ESG 绩效（比如组合的碳排量更低）而愿意放弃一部分投资回报，迄今证据不明。

如何开发散户的 ESG 兴趣

与传统投资相比，虽然 ESG 投资只多出一个维度，复杂性却增加很多，特别是其中涉及的价值取向和知识门槛。在知识门槛方面，无论是 ESG 相关的宏观理念、投资标准，还是投资策略与绩效度量，都建立在一定的知识基础上，形成一道必须跨越的知识门槛，否则就无法掌握投资精髓。譬如，在全球碳中和目标下，为投资组合"脱碳"是目前 ESG 投资趋势之一，而基金在每月情况说明书上通过标准的绩效指标披露碳排放量也形成一种正规实践。但是，理解碳中和、组合脱碳，乃至相关绩效度量指标（每单位产值的二氧化碳排放），都需要相当知识。这些知识或许不难被机构投资者掌握，但对散户却形成障碍。

在价值取向方面，个人的价值观和文化背景、社会规范、宗教信仰及学养熏陶等因素有关，而这会主导个人日常所关怀的主题，更对其 ESG 投资目标及主旨形成影响。譬如，欧美有所谓的"三大罪恶股"（烟草、酒精和赌博），但其罪恶源于欧美特定的机构环境背景，不仅难以为国人所理解，且剔除相关罪恶股的 ESG 投资产品也未必足以吸引国人（Hong 和 Kacperczyk，2009）。

事实上，将散户引入 ESG 投资市场是个艰巨工作，而它应该建立在 ESG 投资的核心理念上，而绝非凭借回报率的吹捧来达成。更具体地，这工作应该始于概念的宣导，围绕着 ESG 投资背后的一些宏观理念展开。有鉴于此，欧美及日本都已启动一段时间，针对特定群体展开教育。譬如，日本 ESG 基金从五年前开始，采用动之以情的方式，对学龄儿童的母亲培育可持续发展的理念，促其理解前瞻式投资的重要性。

　　除了对散户培育 ESG 理念外,了解其 ESG 倾向也很重要,而这背后通常有原已存在的价值观,只是散户不能清楚明确地表达而已。这项工作难度比较高,而且应以周延的方式展开,最终与银行理财部门的 ESG 投资产品相连,才能帮客户做出符合其 ESG 倾向的资产配置。

　　一般而言,银行理财部门在替客户推荐投资产品前,都须先了解客户的投资偏好,才能推荐合适产品。银行了解客户的方式很多,但 KYC(Know Your Customers)问卷无疑是经常采用的标准流程。传统的 KYC 基于两维投资模式,针对客户的风险及回报提问,诸如可容忍的最高亏损、所追求的回报率区间、对风险与回报的权衡等。

　　然而,通过传统 KYC 来了解客户的 ESG 倾向有如缘木求鱼,因其中并未包括能发掘投资人相关偏好的问题,因此,KYC 必须重新设计,以符合新的三维投资模式。

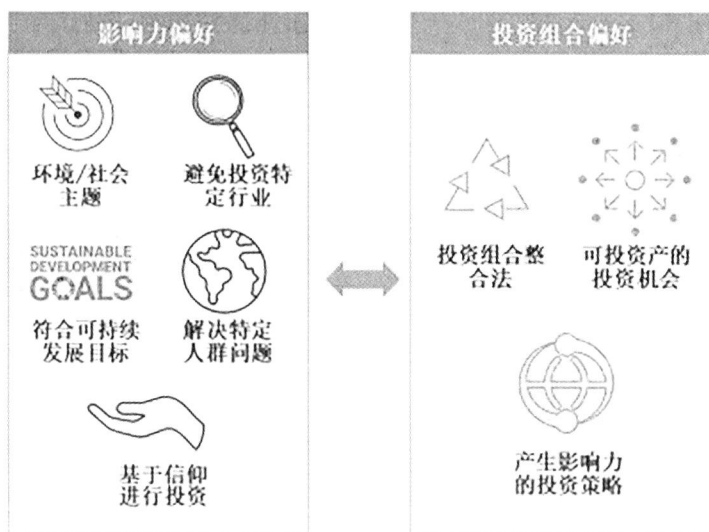

图 1　影响力偏好必须与投资组合偏好能相互匹配

　　由于欠缺先例,这类 KYC 的设计仍在摸索阶段,但一些擅长财富管理的银行已率先试水,其中以摩根斯坦利的 ESG 影响力倾向量度

（Impact Quotient，IQ）最知名[1]。

参照智商与情商，这种 IQ 可名之为"意商"，而形成一个完整的智、情、意系统。特别是，意者心之所向，表明投资人以资金驱动社会发展的意图（intentions），而个人意图则由其 ESG 理念主导。这些理念具有多元面向，可以是个人有意推动的环境或社会目标（比如碳中和），可以是特别顾虑的议题（比如争议性武器），可以是比较宏大的联合国可持续发展目标（比如洁水），甚至是基于信仰的价值观（比如天主教或伊斯兰教的投资观）等。

通过 KYC 来了解客户的投资倾向是第一步，接下来要判断其现有组合是否能反映倾向，并推荐相符产品，以完善资产配置。大摩的 IQ 亦如此，如图 2 所示，在了解客户的 ESG 倾向后，理财经理会通过建立合适的组合来助其完善资产配置，其中包括对最优组合倾斜度的选择、理想 ESG 投资策略的考虑，以及 ESG 产品的具体比配等。

中国散户何时才适合进场

由上可知，"中国散户何时才适合进场"虽然是大问题，却不难回答，其中关键至少有三。

第一，市场上要有 ESG 投资氛围，还要有足够的 ESG 投资产品。关于国内的 ESG 投资氛围，行家必能看出，ESG 投资生态尚未成形，各方仍在摸索学习中，基本上并未掌握这类投资与传统投资的区别，以致常以偏差方式来推进 ESG 投资，譬如对回报率的强调吹捧等。另外，目前国内的 ESG 投资产品主要是"泛 ESG"类概念股，而通过正统 ESG 投资策略形成的"纯 ESG"产品仅十来只。因此，在产品数量有

---

① Morgan Stanley launches Morgan Stanley Impact Quotient — A sustainable investing analytics and reporting Application. 链接：https：//www. morganstanley. com/press-releases/morgan-stanley-launches-morgan-stanley-impact-quotient---a-susta/，2021-7-25 查阅。

限、机构投资者鲜少入场前,就急于吸引散户进场,未免不够明智(平安数字经济研究院,2020;邱慈观)。

第二,除了整体市场要成熟以外,散户进场的先决条件之一,是财富管理部门及理财人员必须准备好,不仅要懂得如何引发客户的 ESG 兴趣,还要设计能发掘客户 ESG 倾向的 KYC,更要就 KYC 问卷结果进行分析,并以合适的 ESG 产品匹配之。有鉴于此,财富管理部门必须先就 ESG 理念培育理财经理,其后这些直接面对客户的职业经理人才能给予客户正确认识,从而提供合宜的资产配置建议。

第三,散户必须准备好,正确理解 ESG 投资的特性,包括背后的宏观理念、三维投资模式的意义,具体投资流程及绩效度量等。最起码,投资人要能理解具体 ESG 金融产品背后的设计理念,譬如水资源基金所针对的是全球缺水问题、低碳基金所针对的是气候变化问题,而当投资这些产品时,除了财务回报之外,主要还得考虑对世界有哪些贡献。

综上所述,ESG 投资在中国起步不久,相关条件与生态尚未成熟。虽然从宏观视角看,ESG 投资与中国经济的高质量发展及绿色低碳转型有着密切关联,具有不容忽视的巨大潜力与发展空间,但这个市场需要各界的共同关注及长年的持续努力,最后才能开花结果,发挥助益实体经济的功能。在市场尚未成熟、时机尚未来临前,就贸然鼓动散户投资 ESG 理财产品,实在有失明智。

[2020-3-10 首发于财新网]

参考文献

1. 邱慈观,2020. 中国的 ESG:产品界定、回报预期与市场展望[R].

2. 平安数字经济研究院,2020. ESG 投资在中国[R].

3. BARBER B,MORSE A,YASUDA A,2021. Impact investing[J]. Journal of Financial Economics,139(1):162-185.

4. CAPELLE-BLANCHARD G. MONJON S, 2014. The performance of socially responsible funds: Does the screening process matter[J]? European Financial Management, 20(3): 494-520.

5. COLE S, GHANDI V, BRUMME C, 2018. Investing in the 21st Century: Return, risk, and impact[DB]. Harvard Business School Case 5-219-005.

6. COLE S, GHANDI V, BRUMME C, 2020. Background note: Examining the case for investing for impact[DB]. Harvard Business School Case 9-218-083.

7. DYCK A, LINS K, ROSS L, WAGNER H, 2019. Do institutional investors drive corporate social responsibility? International evidence[J]. Journal of Financial Economics, 131(3): 693-714.

8. Eurosif, 2005. European SRI Study 2004[R].

9. Eurosif, 2007. European SRI Study 2006[R].

10. Eurosif, 2009. European SRI Study 2008[R].

11. Eurosif, 2011. European SRI Study 2010[R].

12. Eurosif, 2013. European SRI Study 2012[R].

13. Eurosif, 2015. European SRI Study 2014[R].

14. Eurosif, 2017. European SRI Study 2016[R].

15. Global Sustainable Investment Alliance, 2021. Global Sustainable Investment Review 2020[R].

16. HARTZMARK S, SUSSMAN A, 2019. Do investors value sustainability? A natural experiment examining ranking and fund flows[J]. Journal of Finance, 74(6): 2789-2836.

17. HONG H, KACPERCZYK M, 2009. The price of sin: the effects of norms on markets[J]. Journal of Financial Economics,

93(1)：15-36.

18. LYDENBERG S，SINCLAIR G，2009. Mainstream or daydream? The future for responsible investing［J］. Journal of Corporate Citizenship，33：47-67.

19. PEDERSEN L，FITZGIBBONS S，POMORSKI L，2021. Responsible investing：The ESG-efficient frontier［J］. Journal of Financial Economics，Forthcoming.

20. RIEDL A，SMEETS P，2016. Why do investors hold socially responsible mutual funds［J］? Journal of Finance，72（6）：2505-2550.

21. RENNEBOOG L，ter HORST J，ZHANG C，2011. Is ethical money financially smart? Nonfinancial attributes and money flows of socially responsible investment funds［J］. Journal of financial Intermediation，20(4)：562-588.

中国 ESG：架起中外资本市场的桥梁

2020 年适逢中国资本市场改革开放 30 周年。这期间，中国经济从农业迈向工业化，高速增长，成为全球第二大经济体，目前更向科技化、智能化迈进，而资本市场在其中发挥了重要的资源配置功能。但经济快速增长也带来一些负面影响，如贫富落差、供需不平衡、金融和实体经济的循环失调等。这些问题需要体制机制的改革和调整。

另一方面，从国际情况看，欧美工业国家近年经济发展停滞，又面临全球化带来的发展不均问题，2020 年更叠加了新冠疫情蔓延的危局，造成全球经济萎缩，冲突恶化。在此情况下，中国更应思考，如何引导建立一套新体系和秩序，以撑起全球的阶段性变革。

面对此一巨大任务，资本市场扮演了重要功能。政府、金融机构及资产管理者等市场主角都应该有共识，以符合国内及全球发展目标的方式配置资金，以赋能国内经济体制机制的改革和调整，深化国内国际的互动与流通，并促进建立全球新的体系和秩序。

中国资本市场改革开放 30 年，回顾过去，展望未来，在目前关键时点，ESG 被认为能推进新格局，搭起中外资本市场的桥梁。笔者身为 ESG 领域的学者，虽然肯定 ESG 的重要性，但认为这里有几个观点必须厘清，故特此为文梳理。

以 ESG 优化国内经济体制

对于"以 ESG 来优化国内经济体制"，这句话应该放在合适的框架下来理解，其中关乎承担 ESG 责任的主体，并须说明其责任内容如何能够优化经济体制。

ESG 是实体企业的责任，以 ESG 来优化国内经济体制，应该从国家发展目标的框架来理解，而其中涉及可持续发展的概念。

人类在工业革命以后，生产力提高，但因过度使用自然资源而造成自然资源耗竭。20 世纪 80 年代，"可持续发展"的概念在这样的背景下浮现，关乎如何在经济发展和自然环境之间求取平衡（Hinrichsen，1992）。在资源有限时，可持续发展最初关乎自然资源的跨世代配置，但在时间中，它随着社会问题的恶化又延伸到社会可持续性，而关注社会公平。另外，全球化趋势凸显了国际法规真空的问题，引发了对全球治理的关注。

但通过跨世代资源配置、社会公平性及全球治理等角度来理解可持续发展，可能过于抽象，因此后来就对它再深入诠释，通过 ESG 加以具象化。譬如，E 包括气候变化、自然资源、污染和消耗等具体议题，S 包括人力资本累积、产品责任、包容性实践等具体议题，G 包括治理监督、反竞争行为、财务稳定性等具体议题。

诠释过程也强调了 ESG 责任的承担主体——实体企业。每个社会都有一个责任承担系统，其中包括政府、企业、家族等，其具体形式会依该社会的文化传统、历史背景、经济体制和法源等因素而不同。从 20 世纪中叶开始，企业以"企业社会责任"（corporate social responsibility，CSR）的方式在这个系统里承担责任，而具体内容逐渐落在环境、社会及治理等维度，亦即今天所谓的 ESG。

当我们讲 ESG 实践时，应该把视角扩大，从国家发展目标框架来看 ESG。譬如 ESG 要求企业优化人力资源、拒绝贪腐、节能减排，而这些实践都具有优化经济体制的功能。特别是，优化人力资源有助于累积社会资本，拒绝贪腐有助于维护社会公平性，节能减排有助于保护自然生态，而社会资本、公平性和生态平衡都是重要的国家发展目标，反映于五大发展理念、供给侧改革、高质量经济发展、碳中和等理念上。

因此，ESG 是企业责任，但背后涉及可持续发展，关乎 ESG 国家的发展目标。国家发展目标必定是针对先前体制机制的弊病予以调整和改革，并且必须能推进全人类的可持续发展目标，故我们应该在这样的框架下来看 ESG 对优化国内经济体制的重要性。

ESG 投资与可持续发展

对于国际上如何把 ESG 投资和可持续发展相连，必须理解其间的关系和机制。在此，我们应区分 ESG 实践和 ESG 投资，这是两个不同的概念，内容不同，主体也不同。

ESG 实践的内容如上所言，主体是企业，譬如上海汽车、宝钢、阿里集团等。当企业承担 ESG 责任时，环境和社会就能以可持续的方式发展。ESG 投资是在投资分析、投资决定及投资管理等流程中将企业的 ESG 表现纳入考虑，主体是投资方，其中有资产持有人、资产管理人等，譬如中投公司、华夏理财、兴全基金等。当 ESG 成为风险与回报以外的另一项投资标准时，资金才可能导入可持续发展的相关领域，以推进可持续发展。

欧美发展 ESG 投资已有半个世纪，演化出负面排除、正面筛选等七种投资策略，近十年更经联合国倡议而形成"负责任投资原则"，呼吁投资方在投资分析及组合建立过程中纳入 ESG，并以积极股东方式推动持股企业优化 ESG 实践。

ESG 投资原本就与可持续发展的理念一致，而这可通过联合国的 17 个可持续发展目标（Sustainable Development Goals，SDGs）来理解，其中包括去除贫穷、优质教育、清洁饮水和卫生设备、负责任的消费和生产等。它们都是社会面临的紧迫问题，如果不能适当的解决，则会阻碍人类的可持续发展。联合国针对各目标，计算了解决问题所需的资金，呼吁各国政府及民间投资人将资金导入。

譬如，第 4 个可持续发展目标包括清洁饮水和卫生设备两部分，全球有 20 亿人口住在缺水地区,有 25 亿人口没有卫生设备。光是解决缺水问题就需要很多资金,依据 OECD 估算,其累计成本在 2050 年将达 7 万亿美元,而我国十三五规划就将水处理列为重点项目之一,投入金额占 GDP 的 0.75%。

这个框架也发展出可持续投资,亦即,针对 SDGs 的潜在解决方案予以投资,包括有机农作、老龄康养、社会住房、废水处理、绿色建筑、平价医疗等。相关投资常落在一级市场,具体策略有可持续主题投资、影响力投资等。因这些策略属于 ESG 投资,故又把 ESG 投资和可持续发展连上。这几年国际上一直呼吁可持续投资,大型金融机构和实体企业都有所参与,具体案例有 Morgan Stanley 和星巴克等。

Morgan Stanley 于 2011 年就拟订了机构的可持续投资路径图,一步一步把这类投资内化于组织,包括启动影响力投资平台、建立 ESG 整合的投资方式、推动可持续债券领袖议会等(Ghandi 和 Schenk,2018)。另外,它在 2018 年宣布了低碳解决方案、2020 年宣布了塑料解决方案,承诺在 2030 年前分别投入 2 500 亿美元资金和移除 5 000 万吨的塑料废弃物(Morgan Stanley,2020;2021)。

星巴克则针对绿色门店、有机咖啡豆供应链、咖啡小农的普惠金融赋权等目标,以发行可持续债券来募集资金(Starbucks,2020;2021)。它的 ESG 参与更可放在 SDGs 的框架下来看,归纳为推动经济发展、赋能小农、强化服务渠道与绿建筑物等,而相关的可持续发展目标分别有 SDG♯12(负责任的消费与生产)、SDG♯1(无贫穷)、SDG♯2(体面工作与经济成长)、SDG♯9(产业、创新与基础建设),以及 SDG♯11(可持续都市与社区)。

实践和投资两方面

对于 ESG 为何能够架起中外资本市场的桥梁,我们必须分别从 ESG 实践和 ESG 投资两方面看,才能梳理得比较完整。

就 ESG 实践方面来说，企业落实 ESG 能帮助解决我国经济高速增长带来的弊病，具有能优化国内经济体制的功能。

就 ESG 投资方面来说，这类投资常以可持续发展为主旨，以资金推动符合可持续发展理念的行业，譬如环保材质，回避不符合理念的行业，譬如动力煤，故亦具有通过资金配置来优化国内经济体制的功能。

双循环角度看 ESG

在什么情况下，ESG 能架起中外资本市场的桥梁？这个问题可从双循环的角度看。

首先，在国内循环方面，前面已经表明，过去经济增长的弊病需要经由体制改革来解决，而企业的 ESG 实践能帮助优化经济体制，解决一部分问题。供给侧的产业结构调整和经济的高质量发展都需要资金助力，故金融必须为实体企业服务，把资金导入符合可持续发展目标的 ESG 践行企业。

其次，在国内国际双循环方面，这涉及如何以 ESG 来深化国内与国际金融资源的互动与流通。双循环包括国内资金向国外投资、国际资金往国内投资，但投资方向不能盲目，应该与我国的国家发展目标及人类的可持续发展目标一致，而这就涉及 ESG 投资。

从半世纪前崛起开始，ESG 投资就是有方向、有目的之投资方式，而这反映于它所发展出的七种投资方法。方向表现于它的选择性上，譬如负面排除法和依公约排除法回避不符合 ESG 理念之投资标的，而正面筛选法挑出符合 ESG 理念之标的。目的表现在它的积极性和意向上，譬如可持续主题法和影响力投资法以资金驱动社会朝向发展目标前行，而积极股东法以持股权主导企业优化 ESG 实践。

特别是，像挪威央行投资管理公司等国际大型主权财富基金，所有的投资议题都围绕着 ESG 展开，而以推动可持续发展为目标。因此,国内大型机构投资者也逐渐理解,ESG 是国际投资必备的语言,在对外投资时,必须建立标准、学会语言,否则会有沟通障碍。譬如,作为中国资本市场重要资产所有人的社保基金,去年成立了内部的 ESG 研究团队,今年更基于国家绿色发展理念而向海外试点 ESG 投资。另一些曾与国际资金交手的国内企业,也有因 ESG 实践未达标而被否定的惨痛经验,其后才励精图治而强化 ESG 实践。

事实上,在国内国际资金双循环过程中,开放国际资金进入国内,能加速优化国内企业的 ESG 实践,而引导国内资金走向国际,也能加速学习国际上先进的 ESG 投资实践。在这种意义下,ESG 得以架起中外资本市场的桥梁,而通过 ESG 标准来进行有方向、有目的之投资,才能推进新格局,为全球建立新的体系和秩序。

[2020-12-23 首发于澎湃新闻]

参考文献

1. GHANDI V,SCHENK L,2018. Morgan Stanley:Building long-term sustainability[DB]. Harvard Business School Case 8-318-103.
2. HINRICHSEN D,1992. Our Common Future:A Reader's Guide — The Brundtland Report Explained[M]. Oxford University Press.
3. Morgan Stanley,2020. 2019 Sustainability Report[R].
4. Morgan Stanley,2021. 2020 Sustainability Report[R].
5. Starbucks,2020. 2019 Global Social Impact Report[R].
6. Starbucks,2021. 2020 Global Environmental and Social Report[R].

◉ 碳中和目标的投资想象

我国于 2016 年签署《巴黎协定》，成为缔约国之一，随之而来的任务，就是拟订翔实的气候政策，及早推动具体工作。国务院 2020 年 12 月发表了《新时代的中国能源发展》白皮书，揭示了我国长期气候目标：争取在 2030 年前实现碳达峰，2060 年前实现碳中和。虽然国内外气候变化专家的研究指出，中国有条件实现净零碳排放的碳中和目标，但目前我国碳排放总量高居全球之首，衡诸现实，上述目标显然极为艰巨。

平心而论，若是欠缺大力度的改革举措，实体经济不会自动进行低碳转型，重点行业不会自动实现净零排放。因此，倘要在 2030 年、2060 年达标，我国必须制订路线图，加速推动电力、交通、建筑和工业的大规模去碳化，实现自身的近零排放，而难以消除的碳排放则由碳汇来吸收（Goldman Sachs，2020）。

实现碳中和需要庞大的绿色投资，除了政府会提供一部分绿色引导资金外，其余部分有赖民间社会资本的支持。民间投资人显然对相关投资颇为热衷，笔者所属的几个微信群里，最近常有人以碳中和为题，谈论其所带来的绿色金融机遇。

然而，分析这些言论后，笔者却发现其中对盈利机遇说的多，对投资挑战说的少，更未言及相关投资机会的认知挑战。特别是，实现碳中和目标需要完善绿色基础建设，其投资金额极为庞大，背后的低碳技术也有待开发。当投资人对实况不尽理解，对心态未及调整时，可能会对投资机会的看法过度乐观，对回报预期也可能有所偏差。

因此,对于实现碳中和所需要的投资量、投资机会的盈利性,以及回报率的预期,投资人应该建立正确的认知并形成合理的心态,才能以绿色资本来赋能实体经济,完成碳中和大业。

碳中和需要多少投资

实现气候目标所需要的累计投资金额依目标高低而定,目标愈高,金额自然愈大。亦即,要实现《巴黎协定》的目标——把全球温升控制在工业革命前的 1.5℃ 内,其累计投资金额一定高于把全球温升控制在 2℃ 内。但科学证据指出,当全球温升 2℃ 时,人类和自然系统会发生不可逆转的颠覆性破坏。因此,1.5℃ 目标虽然严格,却是《巴黎协定》的要求。

以实现 1.5℃ 目标而言,依据经济学家测算,光是从 2020 年到 2030 年这十年期间,需要的累计新增投资就高达十万亿美元。如果把时间延长到《巴黎协定》所预设实现气候目标的 2050 年,需要的累计新增投资可能是十万亿美元的几倍,甚至几十倍。

国内方面,有关实现碳中和所需的绿色低碳投资,许多专家和机构也做了测算,但因预设情境不同,测算数字也不尽相同。譬如,依据《中国长期低碳发展战略与转型路径研究》的估测,倘要实现 1.5℃ 目标导向转型路径,从 2020 年到 2050 年之间,在新源系统方面需要的累计新增投资额约为 138 万亿元人民币(项目综合报告编写组,2020)。值得注意的是,我国 2020 年 GDP 总量首度达到 100 万亿元人民币,而上面所说的投资金额竟比 2020 年 GDP 总量还多出一大截。换言之,就算 2020 年全国的生产总值全部用来发展绿色低碳转型,其金额还不足以在预设时间内实现碳中和。

当然,可能有人认为上述的测算数字过高,但事实上其他测算也得出类似结果。譬如,依据《零碳中国·绿色投资》的测算,在碳中和的愿景下,中国从 2020 年到 2050 年之间在绿色基础建设方面的投资大概需要 70 万亿元人民币(中国投资协会和落基山研究所,2020)。

因此,从各方测算看,未来三十年内,我国实现碳中和所需的绿色低碳投资规模,应该在一百万亿元人民币到数百万亿元人民币之间。换言之,气候目标固然可把温升控制在一个限度内,但这绝非白吃的午餐,涉及庞大的成本。实体经济低碳转型所需的绿色投资,是用来驱动各种减排项目:从家庭式节能电器、小型提能效方案,到低成本风电、小型水电,乃至于高成本风电、碳捕捉和储存技术等。值得关注的是,当投资人提供绿色转型资金时,对回报率应该做什么预期?

绿色投资回报预期

有人喜欢把投资绿色项目视为善行,宣称"做好事有好报"(doing well by doing good)。那么,这类投资真能义利并举,既以资金驱动绿色经济转型又可产生市场回报率,还是义利难以兼得,必须为了实现目标而牺牲部分回报率呢?

回答这个问题前,我们需先了解绿色经济转型背后涉及的碳成本线。针对我国实现碳中和的任务,各方专家可能也测算了碳成本线,但在此我们借由极具启发性的荷兰案例来做解析(Schwartz 和 Finighan,2020)。

荷兰能源研究中心所测算的碳成本线,意指该国以最具成本效益的技术来降低碳排放量时所需要的成本。该国气候政策以 1990 年为基准年,拟在 2050 年达成减排 95% 的目标。为实现目标,荷兰能源研究中心把可行的低碳技术分成六类,分别由图 1 中各区块表示(从左至右):生物质能&碳捕捉和储存、节能、降低 CO_2 以外的温室气体排放、核能、可再生暖气及电力和其他。各区块代表一种低碳投资,其面积代表该投资所能降的温室气体量(以每年十亿吨为单位计),其高度代表减排成本(以每吨计)。

值得注意的是,图中有一条粗黑的零成本线(zero-cost line),在这条线左下方区块所表明的,是无须改变现有政策就可盈利的投资项目,其中包括小型提能效项目、家庭式节能电器项目、低成本风电项目等。另一方面,这条线上方区块所表明的,是净成本大于零的投资项目,亦即其投资成本大于投资收益。对这些项目而言,只有当其所降低的碳排量被奖励时,它们才具有竞争性,而相关的奖励政策包括政府直接补贴及碳排放交易市场的碳定价机制。特别是,这条线上方最右边灰色区块里的项目,其盈利性需要高碳价奖励的保证和支持,而所涉碳价从每吨 220 欧元到 380 欧元不等。

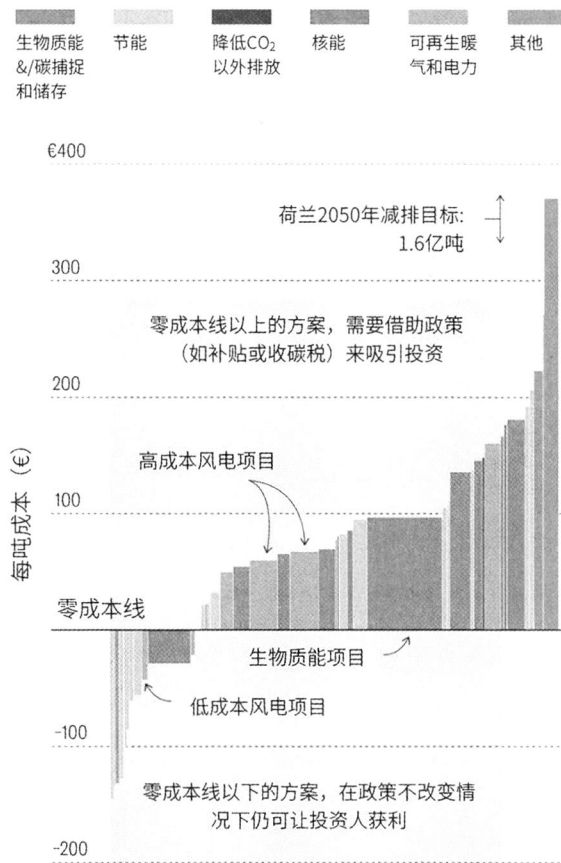

图 1　碳成本线

资料来源:荷兰能源研究中心

事实上,这条线最左侧下方显示的,是已经盈利的减排案例,如上面所言的小型提能效项目,它们能带给投资人市场回报率。但是,如果荷兰拟在 2050 年以前实现减排目标,则必须推动零成本线以上的能源项目,譬如使用碳捕捉和储存技术、开发高成本风电项目等,而它们可能盈利不佳,甚至完全无法盈利。

当然,使项目获利的一个方法是把图中的零成本线往上拉,通过补贴、碳定价或法令法规等措施,让其他的项目都能盈利,以吸引投资人参与。毋庸置疑,这涉及庞大的补贴,以及对碳排放收取高价。

碳中和下的投资心态部署

企业碳排放是经济学里典型的外部效应,而且是负面外部效应。此时,市场上的价格机制失调,企业的运营成本未能充分反映它对世界产生的负面影响。补贴和征税是解决外部效应的办法,也形成碳中和目标下的补贴激励和碳定价机制。但是,因为涉及实体经济的承受力,我们不能预期补贴会持续、碳定价能彻底,而在减排成本及效应之间寻求平衡,其本身就是一个动态优化过程(Norhaus,2019)。

现实世界里存在着多种因素,会阻碍零成本线的上移或持续上移,其中包括经济理由、市场摩擦及诱因分歧等。譬如,在 1.5℃ 目标导向转型路径下,从 2020 年到 2050 年间需要累计新增投资额 138 万亿元人民币,约占每年 GDP 的 2.5% 以上。固然新增投资也会带来新的就业机会和经济增长点,但是否能超过 GDP 下跌的幅度则是一个问号。倘使 1.5℃ 气候目标造成 GDP 净成长率衰退,则经济受挫会阻碍零成本线的上移。此时执行这些减排项目,纵使整体社会仍可以受益,但民间投资人却无法从它们盈利。

在此背景下,我们可以把绿色经济转型的投资项目,依其回报率分成三种。第一种是自动盈利项目,投资人可以从中获得市场回报率。第二种是原本不能盈利,但经由部分补贴可以勉强盈利的项目,投资人可以从中获得低于市场的让步回报率。第三种是不能盈利,也不被补贴的项目,此时投资人不仅无法从中盈利,可能还会亏损。

以上分析表明,绿色经济转型下的投资项目,除了需要市场导向的投资人外,还需要让步投资人及使命导向的投资人。后两种投资人都愿意在财务回报率和绿色绩效之间做出折抵,但额度有所不同。特别是,使命导向的投资人有推动绿色目标的强烈动机,故愿意折抵的回报率最多,甚至不惜以牺牲部分本金的方式来推动世界前行(Bauer等,2019;Barber等,2021)。

由财政部、生态环境部及上海市人民政府所形成的国家绿色发展基金,可被视为使命导向资金,由政府引导,推动市场化运作。该基金首期规模885亿,投资重点落在低碳经济转型上,涉及国土绿化、生态修复、清洁能源等。当然,国家引导资金不会仅止于此,未来会有更多陆续登场,但与实现碳中和目标所需的百万亿级资金相比,它们堪称杯水车薪,差距悬殊。

此时,民间的公益慈善基金应该承担更多责任,加入政府引导资金的行列,以投入本金的方式来推动世界前行。至于民间的责任导向资金,譬如影响力投资资金,更应该建立正确的心态,以让步投资人自许,致力于以折抵部分回报率的方式来驱动低碳项目,产生社会效益。

对于追求回报率最大化的棕色投资人,折抵部分回报来换取碳中和目标的实现,可能非其所愿。但碳中和有赖政府和民间的共同努力,考虑到达成目标所要求的庞大绿色投资,可能未来所有投资人都必须有所让步,才能推动环境使命、达成气候愿景。

[2021-2-3首发于财新网,共同作者张旭华]

参考文献

1.项目综合报告编写组.中国长期低碳发展战略与转型路径研究,综合报告[J].中国人口·资源与环境,2020,30(11):1-25.

2. 中国投资协会和落基山研究所，2020. 零碳中国·绿色投资：以实现碳中和为目标的投资机遇[R].

3. BARBER B，MORSE A，YASUDA A，2021. Impact investing[J]. Journal of Financial Economics，139(1)：162-185.

4. BAUER R，RUOF T，SMEETS P，2019. Get real! Individuals prefer more sustainable investments ［R/OL］. Maastricht University Working Paper，file：///C：/Users/saif/Downloads/SSRN-id3287430%20(3).pdf，2021-7-25 查阅.

5. Goldman Sachs，2020. Carbonomics：Innovation，Deflation，and Affordable Decarbonization[R].

6. NORHAUS W，2019. Climate change：The ultimate challenge for economics[J]. American Economic Review，109(6)：1991-2014.

7. SCHWARTZ A，FINIGHAN R，2020. Impact investing won't save capitalism[R]. Harvard Business Review，July 17.

◉ 碳中和目标：丰收前的耕耘

自从我国提出长期气候目标，争取在 2030 年前实现碳达峰，2060 年前实现碳中和后，碳中和立即成了国内热门话题，各种报道陆续登场。有些只是解说名词术语，有些进一步分析碳中和目标下的具体发展，更有一些聚焦碳中和相关的投融资。

各类报道针对的读者不同，身为金融学者，笔者自然关注投融资议题。读后却发现，很多发言常欠周全，过于强调碳中和目标带来的金融机遇，却忽略了撬动绿色转型资金的困难。甚至，有分析师居然曲解碳中和，竟以加速实现碳达峰为旨，而大肆推荐煤炭、水泥及钢铁等高碳排行业下的企业股。

事实上，任何经济体要实现碳中和，不仅所涉时间长，所需工夫亦多。虽然最终可以丰收，譬如 GDP 成长、生活成本降低、工作岗位增加等，但其间必须缜密规划、深耕易耨，最后才能卓然有成。特别是，依据专家估算，虽然碳中和能够以净零成本实现，但其中半数投资案的净现值为负，不具商业盈利性。因此，在完善绿色低碳转型的资金部署上，除了政府要形成能推动所需资金的政策外，社会资本的驱动及投资人正确观念的建立，都是丰收前的必要耕耘。

目标：长期、艰巨

国内外气候变化专家的研究都指出，中国确实有条件实现净零碳排放的碳中和目标。但目前我国碳排放总量高居全球之首，衡诸现实，上述目标显然极为艰巨。特别是，碳中和是个长期气候目标，其间须经历碳达峰、绿色低碳转型，而后，碳排量才能逐渐趋近于零，所涉时间长达几十年，具体情况视各国经济发展阶段、能源结构、减排魄力等因素而定。

依据清华大学气候变化与可持续发展研究院，欧美发达国家从碳达峰到碳中和，有五十年到七十年的过渡期，比如欧盟于 1990 年代达峰、美国于 21 世纪初达峰，才能于 2050 年实现碳中和。中国拟以三十年时间完成，表示将面临更重大的挑战，必须付出更巨大的努力，其年减排率必须远远超过发达国家的速度和力道。

特别是，实现碳中和涉及巨额资本支出，才能完成绿色经济转型。许多专家和机构做了估算，但因预设情境不同，估算数字也不尽相同。譬如，依据《中国长期低碳发展战略与转型路径研究》的估算，倘要实现 1.5℃ 目标导向转型路径，从 2020 年到 2050 年之间，在新能源系统方面需要的累计新增投资额约为 138 万亿元人民币（清华大学气候变化与可持续发展研究院，2020）。值得注意的是，这个投资金额比我国 2020 年 GDP 总量 100 万亿元人民币还多出一大截。换言之，就算 2020 年全国的生产总值全部用来发展绿色低碳转型，其金额还不足以在预设时间内实现碳中和。

成果：GDP 成长、生活成本降低、工作岗位增加

实现碳中和所需的投资虽高，但碳中和也将产生丰硕的成果。针对于此，笔者迄今未看到我国的具体数字，但麦肯锡顾问公司对欧盟和日本做了估算，结果具有相当的参考性（McKinsey & Company，2020a；2020b）。

欧盟预计在 2030 年之前将其排放量减少（1990 年水平的）55%，并在 2050 年之前达到净零排放。绿色转型将使某些人失业，譬如煤炭工人会因工厂停产而失业，但也会创造新工作，譬如风电和光伏装机量增加而产生的新岗位。专家预测，欧盟在能源转型期间将可创造

1 100多万个工作岗位，淘汰 600 多万个工作岗位，最终净增 500 万个工作岗位。

碳中和也会对家庭的生活成本带来影响。研究指出，食的成本会因耕种方式改变而增加，住的成本会因能源效率提高产生的长期成本节约而下降，行的成本会因交通运营成本下降及电动车价格下降而减少。整体而言，中低收入人口的生活成本会下降，生活质量会提高。

日本方面的整体情况更乐观。依据麦肯锡测算，日本除了能实现碳中和目标外，还能在脱碳技术方面保持领先地位，并刺激经济成长，故整体社会可由碳中和获利。

成本：净零成本

一个经济体在绿色低碳转型过程中，必须付出成本，但也会获得效益。依上所言，相关投资庞大，但令人振奋的是，研究显示成本终能回收，而碳中和得以净零成本实现。

资本支出是转型成本，主要落在能源、交通、建筑、工业、农业和基建等领域，用于低碳技术的研发、电网升级、能源配输基建的改善、建筑物隔绝系统的改造、农机的电气化等。成本节约也落在这些领域，为转型带来的效益，现金流为正。譬如，长期供电成本会随着可再生能源发电成本的下降和智能电网的发展而下降，家庭暖气支出会因建物绝缘效果的改善而降低，交通费用也会因系统电气化而降低。当实现低碳转型的资本支出，最终可由转型产生的成本节约覆盖时，则该经济体即能以净零成本达成碳中和。

我国实现碳中和的净成本估算，笔者迄今未看到具体数字，但依据一些国家级专家，我国实现碳中和应该离净零成本的概念不远。譬如，清华大学何建坤教授在"气候变化大讲堂"中指出，中国长期低碳转型路径显示了电力和能源供应成本的趋势，短期成本会因大规模朝向可再生能源转型而上升，但随着新型能源的建立和能源总需求量的下降，长期成本会大幅下降。因此，从长远看，这方面的净零成本可拭目以待。

国内尚未出现的具体数据，或可参考麦肯锡顾问公司《零碳欧洲》的报告，其中有欧盟于 2050 年实现碳中和的资本支出及成本节约。实现碳中和目标所要求的投资，包括资本重新配置和增量投资两部分。第一种投资是当碳中和目标不存在时也会发生的部分，但在新目标下，这些投资不再针对高碳技术而发，反之，它们被重新配置到绿色低碳技术上。第二种投资在欠缺碳中和目标下不会发生，因此是额外增加的投资。

更具体地，依据麦肯锡的估算，欧盟达到碳中和目标所需的整体投资为 28.4 万亿欧元（约人民币 223 万亿元），其中资本重置部分为 23 万亿欧元（约人民币 181 万亿元），占欧盟 GDP 总额的 4%，增量投资为 5.4 万亿欧元（约人民币 42 万亿元），占欧盟 GDP 的 1%。不过，低碳转型会产生重大的运营成本节约，因此 5.4 万亿欧元的额外投资部分，在 2020 年至 2040 年这段时间就会抵销 70%，此后随着时间的拉长，净成本节约将更大，以致碳中和目标能够以净零成本达成。

投资：盈利性不足

碳中和能够以净零成本实现，这是从宏观视角看。但是，投资者在进行资本配置决定时，往往从个人的资金成本及预设的回报时限来考虑问题，其看法有别于社会整体。尤其是，碳中和是个长期目标，在转型路径的几十年中，进行必要投资的时点和资金回收的时点存在着相当的时间落差，再加上个人资金成本不同，产生了许多必要投资之净现值为负的问题。

依据麦肯锡的估算，欧盟实现碳中和所需的 28.4 万亿欧元投资里，其中近半数投资的净现值为负。更具体地，欧盟 2020 年到 2050 年在能源、交通、建筑、工业、农业等五个行业的绿色低碳投资，投资总额为 24 万亿欧元,但依净现值的正负可分成盈利型与不盈利型两种。净现值为负的投资占比,依行业而不同,能源行业有 46%,交通有 36%,建筑有 85%,工业有 95%,而农业仅 11%。

这表明两件事。第一,在欠缺政策干预下,个人的投资决策会有别于实现碳中和的最优路径。第二,盈利投资案在各行业的占比差异很大,如何撬动资金来推动绿色转型,相关的金融支持方案和金融创新方案亦会依行业而不同。

关键:转型资金的驱动

当投资案的净现值为负时,对投资者不具商业吸引力,此时如何通过合适的政策干预措施与创意金融方案来驱动资金流向必要之处,成为碳中和目标下的重要思考。

相关措施有政府直接融资、价格机制、商业式去风险化等几种,其适用性依低碳转型投资案的收益模式及现金流情况而定。

政府直接融资适用于因欠缺现金流而难以吸引民间投资人的项目,或是用在直接由政府运营的项目,譬如电网升级、捕碳封存系统等。当然,对于盈利性不足的项目,政府亦可通过税收抵免及补贴来降低项目成本,用以加速已崛起市场的运作,譬如提高工业的能效、强化建筑物的绝缘效果等。此外,对于短期内无法产生收益的研发项目,由政府提供赞助款来驱动更是常用方法。

绿色低碳转型最相关的价格机制,有碳定价、碳排放权上限和交易系统(ETS)等。提高碳排放权的价格会使更多的投资案盈利,故碳定价会增加民间资本的积极性。

在欧盟方面,对于无法盈利的投资案,麦肯锡分别估算了由政府直接融资来弥补资金缺口的金额,以及由价格机制来驱动投资的碳价。首先,政府直接融资方面,未来 30 年欧盟必须以财政挹注大约 5 万亿欧元来弥补资金缺口。其次,在碳定价方面,当(每吨二氧化碳当量排放的)碳价为零时，只有 40% 的必要投资会盈利。当碳定价每吨 50 欧元时，另有 21% 的必要投资会盈利。当碳价每吨 100 欧元时，86% 的必要投资都会盈利。至于剩下的 14% 投资案，必须以每吨 100 欧元以上的碳价来驱动才能令其盈利。

当然，以上两种方法可以同时使用，而当政府直接融资已降低了部分资金成本时，用以撬动必要投资的碳价格亦会下降。依据测算，当资金成本降低 4% 且放松资本回收期限时，纵使碳价格为零，盈利投资案也会从目前(必要的 28 万亿欧元)的 40% 增加到 50%。

除上所言外，驱动转型资金的方法有商业式去风险化及引入长期投资人，其中包括风险担保、政府和社会资本合作(PPP)、混搭式资本等。此外，资本市场的创新机制，诸如绿色资产证券化、绿色供应链金融产品、转型债券、革新型房屋贷款合同、创意租赁合同、企业能源购买协议等，都可以提高脱碳化的速度。

在此比较值得一提的是混搭式资本。"混搭"有几种形式，可以用期限不同的资金搭配或风险承担力不同的资金搭配，但无论何种形式，参与各方都能因搭配而各取所需，达到自身目标。现实世界里，属于 ESG 投资策略之一的影响力投资，就常通过混搭式资本来降低商业投资人的风险，由只要求让步回报率的使命导向资本先进场，把市场风险吸收掉一部分后，再引入追求竞争回报率的商业资本。惠普公司创始人之一修利特所成立的修利特基金会，就以让步投资人立场来推动碳中和目标，形成一则混搭式资本的实践案例。

笔者以上所言，并未否定各利益相关方在推动碳中和目标上的努力。反之，近几个月来，政府、金融机构及民间资本都已开始采取行动，具体措施包括生态环境部颁布了碳排放权交易办法、中国银行发行了公募转型债券等。但相形之下，目前比较缺少的有几方面。第一是必须全面性规划实现碳中和所需的资金，其中不只包括对各阶段性目标下各行业之低碳转型资金额的估算，也包括资金来源的部署。第二是建立必要的激励措施,其中不只包括对产业绿色低碳转型的激励,也包括对民间社会资本参与碳中和目标的激励。第三是建立正确的理念和投资观,其中不只包括对碳中和相关的全民责任承担做广泛倡导,也包括对相关投资的低盈利性提出数据佐证。唯有在比较完整的信息下,社会整体才能更理解达成碳中和目标的必要成本,也才能做出相应的付出。

以碳中和为长期气候目标的任何经济体,虽然最终可以丰收,但不可能跳过其间所需的缜密规划和深耕易耨。中国亦然。

[2021-2-24 首发于财新网]

参考文献

1. 项目综合报告编写组. 中国长期低碳发展战略与转型路径研究,综合报告[J]. 中国人口、资源与环境,2020,30(11):1-25.

2. McKinsey & Company,2020a. Meeting Japan's Paris Agreement Targets — More Opportunity Than Cost[R].

3. McKinsey & Company,2020b. Net-zero Europe:Decarbonization Pathways and Socioeconomic Implications[R].

◉ 中国公众急救领域的资本困局

2019 年 11 月底，电视节目录制现场，台湾演员高以翔在奔跑中突然倒地，后经抢救无果，遗憾离世，其死因为心脏骤停。但在此之前的 3 月，北京东单体育馆的篮球场上，一名五十多岁的男子心脏骤停倒地。所幸在隔壁场地，来自协和医院的医生正在打羽毛球。六名医生当即赶到现场，对男子进行胸外按压、AED 体外除颤。随后男子被送往同仁医院接受后续救治，与死神擦肩而过。

同样是心脏骤停，一人憾然离世，一人成功存活。除了医生的及时出手外，这也离不开东单体育馆配备的 AED（自动体外除颤器）。AED 能够在瞬间以电击形式刺激心脏，恢复其正常跳动状态。针对心脏骤停，急救中存在"黄金四分钟"，超过四分钟，大脑将产生不可逆性损伤，同时，单纯心肺复苏，存活的成功率只有 10%，假如有 AED 早期参与，成功率将达到 74%。可见，AED 的角色更是不可或缺（Kitamura 等，2016）。

此次东单体育馆的 AED 提供方，是一家注册在上海的公司，叫做合恩医疗。合恩医疗在 2015 年，就进入了公众急救领域。对于合恩医疗而言，这可能是一个存在巨大潜力的市场。

市场潜力有多大

我们可以重点关注一个指标，即"每十万人 AED 拥有量"。日本为 500 多台，新加坡与美国各为 300 多台（吕仁杰，2019）。中国尚未有官方统计数据，但我们以上海为例，AED 投放量不足 2 000 台，而常住人口超过 2 000 万,计算下来,每十万人 AED 拥有量不足 10 台。这仅仅是日本的 1/50。以上只是 AED 的投放数量上的差异,我们还要考虑急救知识与技能的普及,公众急救体系和人员的搭建,相关法律法规的完善等问题。可以说,国内该领域的发展仍然处于初级阶段。

既然市场潜力巨大,为什么我们没看到该领域的爆发式增长?据公开资料显示,合恩医疗在 2015 年完成了天使轮融资,此后在 2019 年获得了一只小型风险投资基金的 Pre-A 轮融资。第一反应是国内另一家急救领域的公司,在 2015 年由鱼跃科投及腾讯投资做过一轮融资。还有一家叫做辰邦急救的公司,成立于 2015 年,暂无融资信息。该领域的融资规模较小,仅在千万级别。

困难在哪里

事实上,企业与投资人都能看到该市场的潜力,但是市场刚起步,困难重重。

对于企业而言,有效地提供急救相关的产品与服务之前,市场基础设施建设才是重中之重。所谓"想致富,先修路",就反映了基础设施的重要性,而急救领域的基础设施包括消费者意识的培养、公众急救体系的搭建、配套法律法规的出台等。

对于合恩医疗,急救产品与服务的受益方与支付方是不同的。在一场马拉松赛事中,受益方是参加比赛的跑步者,而支付方是赛事主办方或地方政府。在上述北京东单救人事件中,受益方是突发心脏骤停的男子,而支付方,同时也是捐赠人,是一名北京急救志愿者。受益方范围广,基本面向大众,而支付方通常是政府、企业、捐赠机构与个人。

这与普通商品是不同的。例如,智能手机市场规模巨大的同时,支付方和受益方是重合的。公众急救领域两者的不重合,使得企业要做两件事情:一方面,要寻找到有支付意愿的机构和个人;另一方面要提升大众对急救的认知水平,从而促进该领域的发展。

一家企业投入的资本,完成了消费者意识培养后,最终会产生正面的溢出效应,有利于降低后来者的进入门槛和成本。消费者意识的培养,也属于一种公共品。最终,成本是由初期进入该领域的企业承担,而好处则是全市场享有。

正由于上述现象的存在,一开始进入急救领域的企业和投资者就成了冤大头。有人可能会问:公众急救的事情难道不能交给政府机构,或者慈善公益机构吗?

其实,政府机构本身在行业政策制定和行业生态建设方面,都扮演着重要角色。例如,新加坡民防部队不仅主导 AED 在公共场所的投放,还推出了手机应用,标记 AED 地理位置,公告突发性心脏骤停的情况。民防部队还借助"救人一命"(Save a Life)计划培训社区急救员。

当然,民间机构也可以主导该领域的发展。例如,日本救急医疗财团是急救相关的基金会,成立于 1991 年,为急救领域的研究提供资助,并提供相关教育与培训。它还推出了 AED 地图,汇集了日本各家 AED 制造商、销售商所提供的 AED 设备安装位置和维护情况信息。从发展周期看,日本从开始投放 AED 到"每十万人拥有量"达 100 台,用时七年左右。从发展模式来看,日本依赖于民间的参与,有效调动全社会力量,才达到了现在每十万人 500 多台的结果(吕仁杰,2019)。

谁可以破局

按照"每十万人 AED 拥有量 100 台"的目标预测,中国 AED 的需求量在 140 万台左右。现实与目标的差异,仅仅依赖政府或慈善公益机构,显然是无法解决的。这就需要民间资本的参与。公众急救医疗是个相当特殊的行业,该领域企业的发展可以带来更多的社会效益,但是企业又处于发展初期,不确定性大,相对而言,风险比较高,现阶段的财务回报未必能达到市场平均水平。纯粹考虑回报率的普通投资者不一定愿意参与，因为这里存在"回报折让"的问题。这种折让是指，在开拓一个新的市场领域过程中，投资者为达到预期之市场层级的社会效益，需要在财务回报上给出一定的让步。

相比于传统投资者，影响力投资者（impact investor）更愿意进入该领域进行投资。影响力投资者有主动的意图去创造积极的、可度量的社会影响力，并兼顾财务回报（Brest 和 Born，2013；IFC，2019；Impact Frontiers，2020）。在推动公众领域发展、铺垫基础建设等特定条件下，影响力投资者愿意牺牲一部分财务回报以换取市场层级的社会效益，因此可接受低于市场平均水平的财务回报率（Bannick 等，2017；McCreless，2017）。

孟子有云："当今之世，舍我其谁也？"对于公众急救的相应企业而言，没有影响力投资的资本就难以扩大规模；对于影响力投资者而言，其推动社会前行的积极意图在投资上就形成"舍我其谁"的本质。从另一视角看，为了与"舍我其谁"的精神相辉映，影响力资本具有一种"外加性"（additionality）：倘使我不投资，还有谁投资？这种外加性反映了影响力资本在新市场领域之任重道远，当其他类别的资本畏首畏尾，不愿承担更多责任时，它却勇猛精进，流向资本匮乏之处，以创造最大的社会影响力。这种"舍我其谁"的精神是影响力投资里的重要理念，有些实践组织已将其正式纳入投资流程，譬如 Bridges Ventures 的影响力雷达（Rangan 和 Appleby，2018）。另有学者开始对其做更细致的界定，并建立理论推导模型（Green 和 Roth，2021）。

在很多情况下，当商业资本因风险过高、回报期过长而不愿进场时，慈善组织会弥补空隙，把公益捐赠导入市场。但此处一般人会问到，相比于公益慈善，影响力投资的资金使用效率是否更高呢？亦即，同样的一块钱，投资是否能比捐赠产生更大的社会效益呢？换句话说，当公众急救领域的发展，政府及公益机构都有参与时，怎么衡量影响力投资的效率呢？

针对于此，影响力投资领域的先锋聪明人基金（Acumen Fund）提供了一个方案，叫做 BACO，即以最优慈善选项（best available charitable option）作为比较基准，以凸显影响力投资与传统慈善之间的差异。影响力投资相较于 BACO，具有财务杠杆优势、企业效率优势、技术创新优势。通过 BACO 比率，亦即影响力投资与 BACO 的单位社会效益比值，我们可以确定影响力投资的"效率乘数"。例如，聪明人基金曾经以非洲抗疟蚊帐为例，旗下基金投资一元所产生的社会效益是 BACO 的 52 倍，即 BACO 比率为 52（Lee 和 London，2008）。这足以显示，影响力投资者在其中所能发挥的巨大能量。

总的来说，在市场拓荒阶段，企业参与的基础设施建设具有公共财产的特性，也反过来制约了初期企业的进入和发展。这个时候，怀着"舍我其谁"精神的影响力投资者可以成为破局人。从资金的可得性和效率看，影响力投资者是公众急救领域的重要参与方。国内影响力投资先行者都须深谋远虑，打破资本困局，启动公众急救医疗领域的投资，而未来发展值得进一步关注与跟进。

[2020-1-14 首发于 FT 中文网，共同作者张旭华]

参考文献

1. 吕仁杰，2019. 全球公众 AED 发展现况报告[R].

2. BANNICK，M，GOLDMAN P，KUBZANSKY M，SALTUK Y，2017. Across the return continuum[J]. Stanford Social Innovation Review，Winter：42-48.

3. BREST P，BORN K，2013. When can impact investing create real impact[J]? Stanford Social Innovation Review，Fall：22-31.

4. GREEN D，ROTH B，2021. The allocation of socially responsible capital[R/OL]. Harvard Business School Working Paper，file:///

C:/Users/saif/Downloads/SSRN-id3737772%20（1）.pdf，2021-7-25 查阅.

5. IFC，2019. Creating Impact：The Promise of Impact Investing [R].

6. Impact Frontiers，2020. Impact-Financial Integration：A Handbook for Investors[R].

7. KITAMURA T. KIYOHARA K，SAKAI T，MATSUYAMA T，HATAKEYAMA T，SHIMAMOTO T，IZAWA J，FUJII T，NISHIYAMA C，KAWAMURA T，IWAMI T，2016. Public access defibrillation and out-of-hospital cardiac arrest in Japan[J]. New England Journal of Medicine，375：1649-1659.

8. LEE M，LONDON T，2008. Acumen Fund：How to make the greatest impact [DB]. Michigan Ross School of Business Case W85C92.

9. MCRELESS M，2017. Toward the efficient impact frontier[J]. Stanford Social Innovation Review，Winter：49-53.

10. RANGAN K，AppLEBY P，2018. Bridges Ventures [DB]. Harvard Business School Case 9-514-001.

⬤ 影响力投资英文教学案例：中国首发

　　"Century Galaxy Group：The price of compassion"（世纪长河集团：情怀的代价）于 2020 年 9 月 18 日首发，进入哈佛商学院联合案例库。这只英文教学案例使得国内企业首度以影响力投资为主题，出现在国际案例库中（Chiu 等，2020；Chiu 和 Liang，2020）。

　　案例由本人及新加坡管理大学的梁昊教授所开发，以北京世纪长河集团董事长郭美玲为案例中的决策者，以宜生健康的增资案为决策情境，深入探讨影响力投资的核心议题，诸如投资方与被投资方的互动、影响力度量和管理的推进、财务回报和社会回报之间的关系等。

　　世纪长河为医疗健康行业的营利集团，有产业及投资两大运营体系，通过组织内部的投资部门来完善业务链。宜生健康是一家以强化残疾人福利为宗旨的营利组织，由宜生到家及宜生无忧两家 O2O 平台组成，郭董于 2016 年首度投资，而本案解析的这次是二度融资。

　　郭董本人富含社会情怀，很快即被近年兴起的社会效益投资所吸引，盼能把情怀融入医疗事业。在她主导下，集团重新诠释了"自然大健康"，做了几项同时追求财务回报与社会回报的双底线投资，而宜生健康即为其一。不过，影响力投资在国内才起步几年，有志实践者仍在筚路蓝缕中奋力前行。那么，世纪长河集团在影响力投资的生态里究竟扮演什么角色？它如何能融合影响力投资与医疗事业？如何能把影响力投资与集团所参与的慈善活动予以区隔？如何能把影响力投资实践到位？

　　针对这些问题，本案以宜生健康增资案作为决策驱动点，凸显其中的两难,以符合案例教学所需的场景铺陈、情境设计、双向互动等条件,而达到启迪智慧的教学目标。

案例教学及案例开发

案例教学法(case-based teaching)是一种以案例为基础的教学方法,崛起于 1920 年代,先在法学院使用,后在商学院流行,至今已有百年历史,而近年也为国内商学院所沿用。

案例通常有一个强制性决策点,由身为案例主角的决策者把学生引入案例情境,让他们置身决策者立场而做出选择。强制性决策点通常由一个两难来反映,凸显决策者处于高难度情境,而须在至少两种无法兼容的选择下做出决定。

案例教学是一种高度互动的教学法,学生在课前须先研读案例,对案例公司的行业、特质、发展及决策情境有所理解,临场才能参与讨论。有别于其他教学法,案例教学的独特处在于,教师必须引导讨论,但要尽量从决策情境中退出,避免影响学生,更不能表示自身立场。反之,教师应让学生针对两难情境做出决定、说明理由,并为个人选择辩护(McDowall,2019)。

这类教学所需的案例,通常由教授及专业的案例作家所开发,有时为了让学生学习,也会请他们当研究助理,帮助收集材料。案例材料由两部分形成,一是案例本身,另一是教学手册。教学手册仅供教师使用,案例库对其严格控管,只有在确认教师身份后才会提供。

教学手册由开发案例的教授所编写,目的在于引导其他教师如何教这个案例。否则,除了开发者以外,他人未必会教。手册通常会纳入案例定位、适用课程、学习目标及讨论议题,另加上教学时间配置。典型的案例教学以 120 分钟为准,内容包括破题、概念导入、案例公司介绍、问题解析及结语等,各部分的时间配置会依其重要性而不同。一般而言,占时最久的部分是问题解析,大约 50 分钟;因为案例目的就在于讨论,而讨论会围绕着教学手册中预拟的三到五个问题展开,最后聚焦于案例所凸显的两难。占时次久的部分是概念导入和案例公司介绍,通常分别占时 25 分钟。至于破题和结语,它们是前菜和甜点,能让案例教学流程更流畅,但与主菜相比,显然有主从之分。

开发案例是一件费时费力的工作,除了必须具备相关领域的学术基础之外,还需要让案例公司认同案例教学的教育主旨,愿意提供必要信息和协助实地访谈,才能开发出成功案例。案例有真实和虚构两种,前者会以公司实名撰写,而后者则不必。不过,所谓"真实"是指案例公司及情境的真实性,并不代表案例中所有人名、数字的真实性,而案例作者通常会依行规要求,基于保护公司机密的理由而刻意隐藏或改动某些可辨识资讯。

案例纯属教学用途,而不是宣传材料,故案例首页会依规表示:作者并不影射案例公司在管理效能上的高低。不过,能成为案例的公司,常是行业先行者,因而具有某种启发意义。

重要的是,无论案例公司实际表现如何,案例作者都须以中立的、分析的视角来撰写案例,最终才能通过案例库的同行评审而被收录其中。如同学术论文的同行评审制度,哈佛商学院联合案例库也有类似流程,目的就在于维持案例质量,并让作者依评审建议而优化案例。

影响力投资案例的重点何在

本案是国内企业第一个冠上影响力投资的英文教学案例,当然影响力投资就是其中的关键。影响力投资的英文由 impact 和 investing 两个字组成,用以形容一种可以产生社会影响力的投资方式(Geczy 等,2021)。因此,影响力投资除了关切传统投资里的风险与回报两大核心问题外,还纳入了与 impact 相关的问题,譬如影响力的度量和管理、投资人对社会回报的要求、社会回报和财务回报之间的关系等(Brest 和 Born,2013;Bannick 等,2017;Daggers 和 Nicholls,2016;

IFC，2019）。换言之，影响力投资案例主要凸显的，是 impact 对传统投资带来的改变（Ormiston 等，2015；Cole 等，2018a）。

在实践上，影响力投资在一级市场以风险资本（venture capital，VC）的方式，由社会效益导向的金融中介通过"募、投、管、退"四个阶段，来进行影响力风险资本（impact VC）的投资，而标的常是能为紧迫社会问题提供解决方案的初创公司（Barber 等，2021）。在此，"募"是资金募集，"投"是标的挑选、尽职调查及合同签署等投资流程，"管"是投后管理，"退"是变现退场。

不过，传统 VC 以财务回报为主要考虑，其投资流程里的各阶段并不纳入社会影响力的因素。反之，影响力 VC 以财务和社会两种回报为考虑，造成其"募、投、管、退"有别于传统 VC。

更具体地，在募资方面，有别于传统 VC 之向单底线投资人募资，影响力 VC 向双底线投资人募资，包括社区发展基金、公益基金会、家族办公室等（GIIN，2020）。在投资标的方面，有别于传统 VC 之投资于高科技、生物医学等主流行业，影响力 VC 通常投资于弱势人口特别需要的一些非主流行业，像是穷人使用的卫生设备和教育软件（Kovner 和 Lerner，2015）。在投后管理方面，影响力 VC 除了会像传统 VC 一样地协助被投资方拟订战略规划、优化管理团队外，还须协助落实影响力的度量与管理，以反映这类投资所衍生的独特问题，譬如财务回报和社会影响力之间的互抵性。在变现退场方面，影响力 VC 会比传统 VC 面临更大的障碍，规划时间更久，考虑层面更广，甚至还有不能变现之虞。

影响力投资崛起至今，已十年有余，发展时间虽不长，但它能将 impact 和 investing 两种理念予以融合，故可视度甚高，更被列为 ESG 投资的七种策略之一。迄今为止，哈佛商学院联合案例库所纳入的影响力投资案例，已有几百个之多。

那么，这些案例到底以谁为主角？以什么为内容？围绕着什么决策点展开？涉及哪些问题？针对于此，我们可以从这几百个案例归纳出几点。

第一，案例公司通常是影响力 VC，譬如英国的 Bridges Asset Management、美国的 Acumen Fund、巴西的 Vox Capital，而案例主角则是这些案例公司的高管，或其创始人（Rangan 和 Appleby，2018；Denend 和 Meehan，2011；Battilana 等，2018）。

第二，案例内容通常关乎影响力 VC 的"募、投、管、退"四个阶段，特别是它们有别于传统 VC 之处，诸如向那些双底线投资人募资，如何选择能产生社会影响力之投资标的等。

第三，案例决策点通常是影响力投资里的两难情境。例如，当决策者面对两个投资项目，各项目之社会回报和财务回报的组合不同时，他应如何选择？又如，当决策者处于二次投资情境，面对单独增资、共同投资和出场了结等选择，各选项都涉及两种回报因素时，他应如何选择？

第四，案例所涉问题都关乎影响力投资的核心特质，其中以影响力度量和管理两种回报之间的关系最重要。特别是，传统投资并没有影响力度量和管理，而影响力投资在这方面的发展又亟须创新，因此很多案例以此为讨论重点，譬如 Rise Fund 案例所针对的影响力货币化问题，Root Capital 案例所针对的影响力外加性问题，Acumen Fund 所针对的精简数据问题等（Ghandi 等，2018；Rangan 和 Lee，2011；McCreless，2017；Cole 等，2018b）。

国内为什么欠缺影响力投资的教学案例

影响力投资的理念于六七年前引入国内，其后有几家推动组织成立，举办了培训活动、论坛与峰会，但参与者以慈善界人士为主，而与投资界关系不大（邱慈观，2019a；邱慈观，2019b）。国内台面上也出现了影响力投资的领头人士，宣称中国是世界上的影响力投资大国，要开发教学案例传播到全球，作为仿效的楷模。然而，迄今为止，这种宣称仍在重复,但距离现实相当遥远(邱慈观,2019c)。

特别是,国际知名的教学案例库里,一直欠缺国内的影响力投资案例,以致高校教师在相关课程上只能使用欧美案例。那么,是什么原因造成这种结果呢? 依本人分析,原因大概有四。

第一是涉入机构的真实性问题。国内宣称实践影响力投资的机构很多,但其真实性令人质疑,特别是在影响力度量和管理方面,绝大部分的组织都没法拿出有力的数据。如前所言,影响力投资必须融合 impact 和 investing 两方面,当某一实践者只能提出 investing 的数据(例如财务回报),但却拿不出 impact 的数据时,则其实践的不是影响力投资,也没法成为案例公司。

第二和行业组织的误解有关。国内是有一些以影响力投资为名的组织,但其成员以社会企业为主,而欠缺影响力投资的骨干——影响力 VC。无论社会企业对人类有多少贡献,但它们并非展开 impact VC 之投资流程的主动者,因而也不能成为影响力投资的案例公司。更具体地,低价家庭式太阳能设备厂商 d.light(光悦科技)、低价移动卫生设备厂商 Sanergy(生能洁)等社会企业的案例,通常用在创业精神、战略管理等课程,而非影响力投资课程(Kennedy 等,2012;Walske 和 Tyson,2016)。倘使行业组织宣称社会企业案例是影响力投资课程的主轴,那是张冠李戴,反映了对这类投资的认识不足。

第三和案例开发者有关。开发者通常是专门研究影响力投资的教授,否则无法理解这类案例的讨论重点,也没法编写教学手册。迄今为止,国内投入影响力投资研究的学者非常有限,而人才欠缺形成了开发案例的瓶颈。当然,国内有记者开发过一些影响力投资案例,但其信息来源及方法学都难称严谨,不具备理念基础、场景铺陈、决策思考和问题解析等要素,因而达不到教学案例的标准。

第四和案例公司的心态有关。如前所言,教学案例以教学为目的,有一定的撰写框架和内容要求,立场必须中立客观,最后才能通过案例库的审核。当然，能被开发的案例，其案例公司本身必定有相当的正面价值；最终能进入国际知名案例库的案例，其案例公司的可视度必定会随之提高。但是，教学案例绝非宣传品，不可能由案例公司以渲染方式撰写后要求教授背书，而就算有这种案例，最终将难以通过审核，也难以被教学目的严正的教师使用。因此，当一家公司愿意被开发成案例时，应该对相关标准及流程有所理解，以正确的心态面对之。

本文借由国内首只影响力投资的英文教学案例，说明了开发相关案例的先决条件、市场现况，以及发展阻碍。本文结束前，身为案例作者，我特别向世纪长河集团的郭美玲董事长致敬。郭董是成功的企业家及创业者寻求天使资金的对象，先前未必理解教学案例的开发，但在我说明了流程及立场后，郭董除了给予必要的协助外，全然放手让我完成工作。正是郭董的宽厚和尊重，才能让国内有了第一个进入哈佛商学院联合案例库的影响力投资案例，期盼这个案例能抛砖引玉，引发更多相关案例的开发，最终能和国际的影响力投资行业并驾齐驱。

[2020-9-20 首发于新华社]

参考文献

1. 邱慈观，2019a. 可持续金融[M]. 上海：上海交通大学出版社，2019：104-107.

2. 邱慈观，2019b. 可持续金融[M]. 上海：上海交通大学出版社，2019：108-111.

3. 邱慈观，2019c. 可持续金融[M]. 上海：上海交通大学出版社，2019：106-125.

4. BANNICK M，GOLDMAN P，KUBZANSKY M，SALTUK Y，2017. Across the return continuum[J]. Stanford Social Innovation Review，Winter：42-48.

5. BARBER B，MORSE，A，YASUDA A，2021. Impact investing

[J]. Journal of Financial Economics，139(1)：162-185.

6. BATTILANA J，KIMSEY M，PAETZOLD F，ZOGBI P，2018. Vox Capital：Pioneering impact investing in Brazil[DB]. Harvard Busniess School Case 9-417-051.

7. BREST P，BORN K，2013. When can impact investing create real impact[J]. Stanford Social Innovation Review，Fall，22-31.

8. CHIU T，LIANG H，WANG J，2020. Century Galaxy Group：The price of compassion[DB]. Singapore Management University Case 835.

9. CHIU T.，LIANG H，2020. Teaching note SMU-20-0023TN Century Galaxy Group：The price of compassion[DB]. Singaporea Management University Case 936.

10. COLE S，GHANDI V，BRUMME C，2018a. Investing in the 21st Century：Return，risk，and impact[DB]. Harvard Business School Case 5-219-005.

11. COLE S，RANGAN K，EBRAHIM A，BRUMME C，2018b. Acumen and lean data 2018[DB]. Harvard Business School Case 9-218-086.

12. DAGGERS L，NICHOLLS J，2016. The Landscape of Social Impact Investment Research：Trends and Opportunities[R]. Säid Business School，Oxford University.

13. DENEND L，MEEHAN W，2011. Acumen Fund and Embrace：From the leading edge of social venture investing[DB]. Stanford Graduate School of Business Case SM-191.

14. GECZY C，JEFFERS J，MUSTO D，TUCKER A，2021. Contract with benefits：The implementation of impact investing [J]. Journal of Financial Economics，Forthcoming.

15. GHANDI V，BRUMME C，MEHTA S，2018. The Rise Fund：TPG bets big on impact［DB］. Harvard Business School Case 9-318-041.

16. Global Impact Investing Network（GIIN），2020. Annual Impact Investor Survey 2020［R］.

17. IFC，2019. Creating Impact：The Promise of Impact Investing［R］.

18. KENNEDY M，JORASCH G，SORENSEN J，2012. D.LIGHT：Selling solar to the poor［DB］. Stanford Graduate School of Business Case IDE-03.

19. KOVNER A，LERNER J，2015. Doing well by doing good? Community development venture capital［J］. Journal of Economics and Management Strategy，24（3）：643-663.

20. MCCreless，M.，2017. Toward the efficient impact frontier. Stanford Social Innovation Review［J］. Winter：49-53.

21. MCDOWALL K，2019. Case Studies and Case-based Learning［M］. Prufrock Press Inc.

22. ORMISTON J，CHARLTON K，RONALD S，SEYMOUR R，2015. Overcoming the challenges of impact investing：Insights from leading investors［J］. Journal of Social Entrepreneurship，6（3）：352-378.

23. RANGAN K，AppLEBY P，2018. Bridges Ventures［DB］. Harvard Business School Case 9-514-001.

24. RANGAN K，LEE K，2011. Root Capital［DB］. Harvard Business School Case 9-510-035.

25. WALSKE J，TYSON L，2016. Sanergy：Tackling sanitation in Kenyan slums［DB］. Berkeley Haas Case Series B5871.

● 可持续金融：课程定位和内容设计

最近两三年，ESG 投资、可持续金融在国内蔚为风潮，课程需求随之浮现。笔者在相关领域耕耘多年，陆续开出几门课程，自然也成了征询对象。被问及的议题虽多，但大致可归纳成几个：这类课程的合适名称为何？涵盖哪些内容？应该理论和实践并重吗？会面临哪些挑战？

这些问题虽重要，却没有标准答案，其中关键在于授课对象和时间要求。笔者是金融学学者，在金融学院任教，授课对象主要是金融学、商学和管理学领域的研究生，因此课程设计也针对这些群体，以提高可持续金融的专业知识、深化相关思考和加强判断力为学习目标。

课程名称及定位

可持续金融（sustainable finance）是最正统、最适合的课名，它不只有对应的官方界定和学术研究，同时也是国际知名高校采用的名称（Liang 和 Renneboog，2020）。

2018 年 G8 阿根廷峰会上对"可持续金融"的名称进行了梳理，表示它针对人类的可持续发展提供金融支持，其中包含 ESG 投资、气候金融、绿色银行、普惠金融等领域（SFSG，2018）。

这个界定除了表明可持续金融涵盖的领域外，也凸显两项特质。首先，它是有明确目标的金融，目标是人类自然生态环境和社会的可持续发展，而相关投融资决策必须围绕着目标来进行。其次，有目标的金融必须定期评估达成情况，故应该有一套相应的绩效考核系统。

以上特质更明确标示出可持续金融与传统金融的差异。传统金融很少论及恢宏目标,也无须考核与目标相连的绩效,譬如是否能解决残疾人问题,是否能纾缓水资源短缺问题。反之,传统金融强调的是资源配置功能,其绩效常以风险和回报来度量。

事实上,哈佛大学、宾夕法尼亚大学、纽约大学、牛津大学等国际知名高校的商学院,都已开出这类课程。课程定位为研究所选修课,一般是 3 学分(36 课时),授课对象以金融学硕士和金融导向的 MBA 学生为主。另外,修课常有先决条件,即学生须先修过金融和会计方面的入门课程,掌握了相关基本概念,才能由传统金融延伸到可持续金融。

不过,除了可持续金融,这类课程还会使用其他名称。可持续投资是一个可能的名称,但投资的范围小于金融,因此以投资为名的课程可能会剔除普惠金融和绿色银行等内容,而把课程重点放在资产管理方面。此外,也有学者使用更有创意的名称,哈佛大学的柯尔教授(Shawn Cole)就将其课程名为"二十一世纪的投资:回报、风险与影响力",以凸显这是新时代的投资。当然,这类投资所特别纳入的影响力维度及衍生的相应问题,也成为课程的讨论重点(Cole 等,2018a)。

课程内容

课程内容应该结合理论与实务,除了可持续金融的实践外,亦应纳入相应的学术研究,对实践行为做全面性的梳理和诠释。特别是,无论是 ESG 投资或普惠金融,其实践虽已逾半世纪,但严谨的学术研究直到近十年才出现,而其中若干结论甚至对实践绩效持保留看法(Hudon 和 Sanberg,2013)。譬如,2019 年诺贝尔奖得主班那吉教授以随机对照试验对几个地区的微额贷款进行研究,发现其边际效果微弱,而这项发现对未来的投资实践有一定的指导意义(Banerjee 等,2015)。

至于课程内容应该涵盖的议题,虽然没有统一规定,但参考国际知名学者的课程提纲,大概可梳理出一些必备议题。一门 36 课时的课,以每 3 小时讨论一个议题计,则可纳入 12 个议题。可持续金融的必备议题有以下几个:理论基础、ESG 投资、影响力投资、影响力度量与评估、普惠金融、气候金融、可持续报告、金融机构的可持续金融布局等,但各议题纳入的比重则视教师个人专长及学生兴趣而定。

以下依本人经验,说明其中几个议题。

议题:可持续投资理论

在理论基础方面,我通常会纳入两次,一是可持续投资对于现代投资组合理论(MPT)的重塑,另一是投资人对可持续性的价值认同。近年来,学者对这两个议题做了很多研究,研究成果更刊登在金融学的顶级期刊上,教师可引导学生深入研读。

特别是,关于第一个议题,从 20 世纪 50 年代开始发展的 MPT,其投资决策是在风险与回报的二维架构下进行,而 21 世纪投资则纳入了资金后果的考虑,投资决策开始在三维架构下进行。基于这个改变,学者启动了 MPT 理论重塑的工作,其中包括 ESG 效率前沿、ESG 调整的资本资产定价模型、不同类别投资人的回报预期、均衡状态下的绿色资产回报等(Pastor 等,2021;Pedersen 等,2021;Oehmke 和 Opp,2020)。

第二个议题方面,学者利用多方来源数据,针对投资人是否具有非财务动机及其对投资决定的影响进行研究。譬如,有学者利用荷宝(Robeco)可持续性公募基金的数据,加上投资人问卷的数据及人为实验结果的数据,来发掘投资人的非财务动机(Riedl 和 Smeets,2017)。又譬如,有学者把晨星公司(Morningstar)首次推出基金 ESG 评级视为测试良机,依据投资人回应来观察可持续性被赋予的价值。研究结果表明,投资人对可持续性有偏好,还会为了它的价值而折让一些财务回报,而这种折让更凸显了可持续投资的特质(Hartzmark 和 Sussman,2019)。

议题：ESG 投资实践

ESG 投资的相关理论已如上述，接下来的重点为投资实践。我通常会就 ESG 投资的具体策略、历史发展、市场规模、生态、驱动因素、投资回报等进行解说，辅以相关文献和数据，其中包括行业报告、专题报告及学术研究等。

ESG 投资是以七大投资策略来界定，其中包括负面剔除法、同类最佳法、可持续主题投资法、ESG 整合法、积极股东法等，而各策略有其独特的理念和发展背景（GSIA，2021）。针对这些策略，实践者开发了很多金融商品，教师可择优分享，以实际产品来凸显抽象策略的具体应用。譬如，以具有历史意义的 MSCI KLD 400 社会指数来解说同类最佳法，以 Calvert 全球水资源基金来解说可持续主题投资法，以世代管理投资（GIM）案例来解说全方位 ESG 整合法的应用（邱慈观，2019；Ghandi 和 Mehta，2020；MSCI，2018）。

另外，哈佛商学院出版社（HBSP）收集了不少 ESG 投资策略案例，通过多维度视角，针对这些策略实际运用上可能面临的挑战予以分析。譬如，AVIVA Investors 就以基金经理在应用积极股东法时所面临的挑战为情景，供教师在课堂上进行互动式讨论（Serafeim 等，2015）。又譬如，Fossil Fuel Divestment 是以哈佛大学校务基金所持有的石化燃料资产为背景，描述职业经理人以负面剔除法"脱产"时所面临的挑战，供教师在课堂上就受托人的法律责任进行讨论（Toffel 和 Gulick，2020）。

议题：影响力投资

影响力投资是 ESG 投资的七大投资策略之一，但它始于以资本驱动可持续发展的初心，其独具一格的积极性及绩效评估要求，令其形成一个有别于其他 ESG 投资策略的议题。特别是，影响力投资针对人类所面对的可持续发展挑战,注资于能提供规模化解决方案的新创企业,并通过影响力度量和管理来收集数据、评估进展并优化管理(IFC,2018；IFC,2021)。

我通常会纳入影响力投资的主题如下：影响力投资的界定特质、市场生态及要角、影响力风投基金、投资人类别、混搭式资本结构、财务回报率光谱,以及影响力度量等。教学材料以行业研究报告、专家论述及 HBS 教学案例为主。

"影响力"本身是个不易掌握的概念,当它放在影响力投资的框架下与资本投入相连时,它是资本带来的 ESG 后果,这又涉及后果的度量与评估,即所谓的"影响力度量与评估"。我常会通过几篇讨论影响力投资界定特质的专家论述,来反复说明影响力概念,并利用具体案例来深化理解。在此,Brest 教授 2013 年发表在《斯坦福创新评论》上的专文被认为是经典论述,更是不可或缺的教材(Brest 和 Born,2013)。

影响力投资崛起至今虽才十多年,发展速度却令人瞩目,HBSP 也累积了大量教学案例。我会挑选几个风格迥异的影响力基金相互对照,通过其"募、投、管、退"的流程,来分析其影响力策略、双底线回报的相容性及影响力度量问题,以凸显其生态的多样化。譬如,美国的聪明人基金、美国德太集团的睿思基金及英国的桥风投基金的对照就很明显,它们在募资对象、投资标准、投资金额等方面都颇为不同,对社会回报和财务回报孰先孰后的看法亦大相径庭(Denend 和 Meehan,2011；Ghandi 等,2018；Rangan 和 Appleby,2018)。

议题：影响力度量与评估

简单地说,影响力度量与评估是对这类投资的后果("影响力")做绩效评估,以判断它是否真的产生了预期的后果、是否真的推进了预设的目标、是否真的达成了可持续发展的愿景。

所有的 ESG 投资策略都应针对后果做绩效评估，不独影响力投资而已，故迄今所开发的影响力评估法可用于所有的 ESG 投资策略（Cole 等，2018b）。

我通常会介绍三种影响力评估法。第一种是 Bridgespan 集团开发的"投资的影响力倍数"（impact multiplier of money），计算每一元投资可能产生的影响力货币值（Addy 等，2019）。它适合在投资前使用，帮助投资人判断某项投资的潜在影响力价值。第二种是影响力管理专项开发的"影响力五维法"（Five dimensions of impact），通过影响力的目标、相关社群、影响范围等维度，收集影响力数据并评估之（GIIN，2019）。这个方法的深度有限，但优点在于易于使用，故常被规模小、经验不足的新创企业所沿用。

第三种评估法是由美国哈佛大学孵化的影响力加权报表（Impact-Weighted Accounts，IWA）。IWA 是一套会计框架，先把影响力货币化，再经由调整 EBITDA（未计利息、税项、折旧及摊销前的利润）而将其纳入财务报表。因此，企业的 ESG 影响力是通过调整传统报表的方式而与财务数据结合，最终出现在企业损益账上的，是企业对所有利益相关方产生的影响力价值（Serafeim 等，2019）。

影响力度量和评估是个重要议题，但专业性也比较高，自然不易引起学生兴趣。HBSP 已累积柯尔教授等众多知名学者编写的教学手册，可供有志教师参考。

案例、论文及国际资源

可持续金融的教学案例，如上所言，HBSP 已累积了几百例，但与国内相关的只有几例，其中半数由我开发。欠缺国内案例成为教学上的短板，期盼有志教师能予以开发。

国内 MBA 课程教学一般以案例为主，很少引用学术论文。本人会在课程中纳入一些论文，理由如下。第一是学术论文的视角比较客观公正，对问题的看法也相对深入，而如何利用严谨的证据来为自己的论点辩护是学生必须学习的。第二是国内对于硕士生有提交学位论文的要求，而研读学术论文能帮助学生理解专业论文的标准。

教师通常要经过相当时间的准备，才能开出一门新课。据本人所知，国内迄今仅几家高校开出可持续金融课程，其中关键之一在于欠缺师资。那么，有志教师要如何准备呢？

事实上，参考有经验教师的课程提纲、参加同行教师联盟都很有用。上面提及的哈佛大学等名校，都要求教师把可持续金融的课程提纲挂在学校官网上，供大家自行下载。另外，这领域的教师形成了影响力及可持续金融教授联盟（Impact and Sustainable Finance Faculty Consortium），依托在美国西北大学凯洛格商学院下。联盟采取会员制，申请入会的教授须有相关课程的教学经历，提出课程提纲、教学案例、学术论文等文件，然后通过审核即可入会。联盟拟通过会员之间的相互交流，以达到扩大可持续金融的教学、提高教学质量之目的。

准备一门新课大概需要一年，现场完善需要另一年。因此，倘使教师要把可持续金融教得纯熟流利，至少两年才能有成。这其中包括教师本人求知过程中的学习，以及和学生互动过程中的学习。唯有走过了其中的高低起伏、抑扬顿挫，教学才能信手拈来，流畅自如。

[2021-5-13 首发于财新网]

参考文献

1. 邱慈观. 可持续金融[M]. 上海：上海交通大学出版社，2019：47-54.

2. ADDY C，CHORENGEL M，COLLINS M，ETZEL M，2019. Calculating the value of impact investing[J]. Harvard Business Review，January-February：102-109.

3. BANERJEE A，KARLAN D，ZINMAN J，2015. Six randonmized evaluations of microcredit：Introduction and further steps[J].

American Economic Review，7(1)：1-21.

4. BREST P，BORN K，2013. When can impact investing create real impact? ［J］. Stanford Social Innovation Review，Fall：22-31.

5. COLE S，GHANDI V，BRUMME C，2018a. Investing in the 21st Century：Return，risk，and impact［DB］. Harvard Business School Case 5-219-005.

6. COLE S，GHANDI V，BRUMME C，2018b. Background note：Managing and measuring impact［DB］. Harvard Business School Case 9-218-115.

7. DENEND L，MEEHAN W，2011. Acumen Fund and Embrace：From the leading edge of social venture investing［DB］. Stanford Graduate School of Business Case SM-191.

8. GHANDI V，BRUMME C，MEHTA S，2018. The Rise Fund：TPG bets big on impact［DB］. Harvard Business School Case 9-318-041.

9. GHANDI V，MEHTA S，2020. Generation Investment Management ［DB］. Harvard Business School Case 9-820-033.

10. Global Impact Investing Network（GIIN），2019. IRIS＋ and the Five Dimensions of Impact［R］.

11. Global Sustainable Investment Alliance，2021. Global Sustainable Investment Review 2020［R］.

12. G20 Argentina 2018 Sustainable Finance Study Group（SFSG），2018. Synthesis Report［R］.

13. HARTZMARK S，SUSSMAN A，2019. Do investors value sustainability? A natural experiment examining ranking and fund flows［J］. Journal of Finance，74(6)：2789-2836.

14. HUDON M，SANBERG J，2013. The ethical crisis in

microfinance: Issues, findings, and implications[J]. Business Ethics Quarterly, 23(4): 561-589.

15. LIANG, H, RENNEBOOG L, 2020. Corporate social responsibility and sustainable finance: A review of literature[R/OL]. ECGI Finance Working Paper No. 701/2020, file:///C:/Users/saif/Downloads/SSRN-id3698631%20(1).pdf, 2021-7-25 查阅

16. IFC, 2018. Guide to Investing for Impact: Operating Principles for Impact Management[R].

17. IFC, 2021. Creating Impact: The Promise of Impact Investing [R].

18. MSCI, 2018. MSCI KLD 400 Social Index Methodology[R].

19. PASTOR L, STAMBAUGH R, TAYLOR L, 2021. Sustainable investing in equilibrium[J]. Journal of Financial Economics, Forthcoming.

20. PEDERSEN L, FITZGIBBONS S, POMORSKI L, 2021. Responsible investing: The ESG-efficient frontier[J]. Journal of Financial Economics, Forthcoming.

21. RANGAN K, AppLEBY P, 2018. Bridges Ventures[DB]. Harvard Business School Case 9-514-001.

22. RIEDL A, SMEETS P, 2017. Why do investors hold socially responsible mutual funds[J]. Journal of Finance, 72 (6): 2505-2550.

23. SERAFEIM G, ECCLES R, ARMBRESTER K, 2015. AVIVA investors[DB]. Harvard Business School Case 9-112-047.

24. SERAFEIM G, ZOCHOWSKI R, DOWNING J, 2019. Impact-Weighted Financial Accounts: The Missing Piece for an Impact Economy[R]. Harvard Business School.

25. TOFFEL M，GULICK S，2020. Fossil fuel divestment［DB］. Harvard Business School Case 9-620-093.

26. OEHMKE M，OPP M.，2020. A theory of socially responsible investment［R/OL］. Swedish House of Finance Research Paper No. 20-2，file：///C:/Users/saif/Downloads/SSRN-id3467644%20(3).pdf，2021-7-25 查阅.